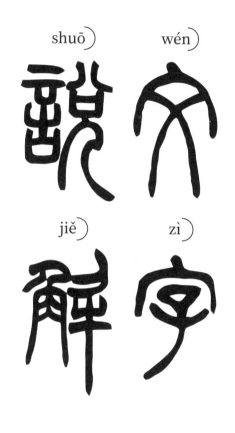

shuō wén jiě zì

循篆索引

范敏——著

上海書店出版社
SHANGHAI BOOKSTORE PUBLISHING HOUSE

序

　　《说文解字》是历史上第一部从形音义方面分析、说解汉字的字典。至今，仍然是我们从事文字研究、文物考古，乃至书法艺术教学不可或缺的工具书。

　　由于时代的局限，《说文解字》在内容编排上还不具有严密的章式和体例，因此后人检索起来十分困难。查阅者多有"寻求一字，往往终卷"之叹。

　　近年来，由于学者、专家的努力，《说文解字》的检索方式有了很大的改进，各种注音版本的出现，给广大读者查阅《说文解字》提供了诸多方便。然而遗憾的是，当我们面临一个陌生的篆形时，却不能通过一本工具书，查到它在《说文解字》所从属的部首以及它在此类字群中的位置，从而了解它的构形由来、释义及读音。

　　范敏女士这部《说文解字——循篆索引》，正好消弭了这个遗憾，填补了由篆形检索《说文解字》的一项空白。

　　初识范敏女士大约是两年前，当她从提包里拿出一大叠手写书稿的刹那间，我眼前一亮，这可是我们企盼已久的好书呀。

　　范敏女士并非专业的文科出身，却能孜孜于这个文科专业领域里极少有人触及的命题，而且冷板凳一坐就是九年，这需要多大的信心和毅力啊。

　　《说文解字》是一座难以攀越的文字高峰，在通往其峰巅的道路上，范敏女士这本《〈说文解字〉循篆索引》，无疑给我们又添加了一架可以凭借的阶梯，让我们受益匪浅。

　　范敏女士，厥功甚伟。

一枝堂林子序

2021 年 3 月 8 日

目　录

使用说明

　　《〈说文解字〉循篆索引》(下简称《索引》)是以《说文解字》中篆文字头和该字头在《说文解字》中的具体位置为要素,按《索引》的使用要求重新排列制作而成。意在帮助人们更便捷地使用《说文解字》来学习古汉字小篆。是使用《说文解字》的辅助工具。

一、正文样式说明

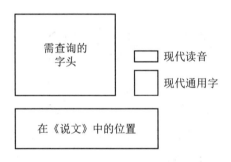

(一) 关于"需查询的字头"的说明

　　1. 需查询的字头在《索引》中的位置,是根据每个字头的线条数多少和线条形状不同这两方面作为基础来有序呈现的。

　　2. 线条数少的字头排在前面,多的排在后面。

　　线条是指:篆文字头中的每一条线段。指从一端起笔连续至另一端断开,不论形状如何均定义为一条,在《索引》中表示为一画。

　　线条数是指:该字头由几条线段构成,即为几画。

　　如:䚩4画　羊6画　槅7画　䲠21画

1

《索引》将相同线条数的字头归在同一画部中,不同线条数的字头则归入不同画部中,由少至多顺序排列,《索引》共有33画部。

3. 线条形状区分归类:平直的排在前,弯曲的则靠后。

线条形状的相同与不同,是对同一画部中全部字头再进行有序排列的主要依据。

《索引》通过对全部篆文字头的笔画逐个整理,将不同的线段形状做出详细归类,共分成10大类,各大类下分别含若干相近似线段,建立次序。依此作为《索引》全部字头的排序基准。制表见表1。

4.《索引》中,同一画部中的所有字头是以各自第一画的线段形状,按表1的次序进行前后排列。

确定字头第一画的方式:是按现代汉字的书写原则决定的:先左后右;从上到下;由外向内。

例中的每个篆文均按以上原则确定其第一画,并参照《索引》表1,可见其分别属于表1中各大类。同理,第二画、第三画……都是按以上原则确定的。

5. 如果第一画的线条形状相同的字头有多个,则就对其各自的第二画之线条形状按表1再作排序,以此类推,进而构成《索引》中全部字头的有序呈现。

(二) 关于"在《说文》中的位置"的说明

这部分有上下两行。上一行是指这个需查询的字头在《说文解字》中的卷号,下一行是指它在《说文解字》中的部首名和其在该部中处第几位/该部总共有几个字。是该需查询字头在《说文解字》中的坐标。

　　例一：卷十四 上

　　　　金部 122 /204

　　表示：需查询的字头位于《说文解字》第十四卷上卷，金部第 122 个字，金部共有 204 个字。

　　例二：卷十三 下

　　　　土部 91$^{(+)}$/144

　　若是《说文解字》中的"重文字"，则以在所处位号后加$^{(+)}$表示。上例表示：需查询的字头是位于《说文解字》第十三卷下卷，土部第 91 个字的重文字，土部共有 144 个字。

　　如果一个字头后有多个重文字，则都以$^{(+)}$表示。

（三）关于"现代通用字、现代读音"的说明

　　1. 现代通用字是指包括现在常用的简体字和没有简化的但仍在使用中的现代汉字。现代读音是指用汉语拼音表示的该字的读音。

　　2.《索引》设立这个部分并不是说篆文字头与该字是完全两两对应的。小篆流传至今，其音、型变化如繁华似锦，这个部分的简单表达是为了让读者了解该篆文在今天呈现出的某个模样。

　　这个部分是基于以下两个原则建立的：

　　① 通过将《说文解字》或《康熙字典》的字头释文与《辞海》或《汉语大字典》的词条逐个对照查明后作相应标注。

　　② 如果遇见一篆对应多字或一字多音时，则依据《辞海》《汉语大字典》和《说文解字》，选取一个较常用的字和一个较常用的读音作相应标注。

　　因为《索引》以帮助读者快捷地查阅《说文解字》学习小篆文字为要旨，所以诸如多字多音等其他方面的学问，读者可以从其他途径获得更详尽的学习和了解,故《索引》仅作简单表示即止,还望广大读者谅解。

二、具体查阅步骤

(一)清点构成需查询字头的线条数

(二)确定该字头第一笔线条的形状

通过以上两个步骤,就能在《索引》中迅速找到需查询的篆文字头,进而确定该字头在《说文解字》中的位置并且同时可以了解现代文字与该篆文字头的某个传承。

三、同字不同写法的处理方式

因历史悠久,有些篆文字头的偏旁在不同版本的《说文解字》中写法稍有不同,有时会导致笔画数不一样,例如:

等等,

为此,《索引》将常见的一些偏旁整理出来,作笔画数规定的统一表达。见表2。

另外还有少量的字,《索引》则努力将其出现在经典资料中的不同写法,尽量按笔画数纳入不同的画部中,希望读者不会因为笔画数不同而错过了这个字。

《说文解字》中收录的篆文字头有九千四百多个,本索引参考《现代汉语词典》《辞海》等权威工具书,选取其中常用字字头,计有七千五百多字。

学识所限,错漏实在难免,抱憾且恭请指教。

本书参考资料：

《说文解字》　清陈昌治刻本

　　　　　　　　　　　　　中华书局 1963 年版

　　　　　　　　　　　　上海古籍出版社 2007 年版

《仿北宋小字本　说文解字》　清滕花榭藏版

　　　　　　　　　　　　　广陵书社 2014 年版

《宋本说文解字》　宋刻元修本（影印）

　　　　　　　　　　　国家图书馆出版社 2017 年版

《康熙字典》

　　　　　　　　　　　上海辞书出版社 2007 年版

《辞海》

　　　　　　　　　　　上海辞书出版社 2009 年版

《汉语大字典》

　　　　　　　　　　　四川辞书出版社 2010 年版

表1

序号	大类	说　明	分类:首笔的线条形状排序(以例字提示)
1	一	凡水平状态的线段均归此类	
2	丨	凡垂直状态的线段均归此类	
3	／	凡自右上起,延至左下止的线段均归此类	
4	＼	凡自左上起,延至右下止的线段均归此类	
5	∪	凡开口向上的弧形线段均归此类	
6	∩	凡开口向下的弧形线段均归此类	
7	⊃	凡开口向左的弧形线段均归此类	
8	⊂	凡开口向右的弧形线段均归此类	
9	8	所有不属以上八类的曲线均归此类	
10	○	所有环型线均归此类	

注:在∩和8类的括号中,这些线形不会出现在首笔,但因是常用,故一并列示。

6

表 2

笔画数	索引中采用的偏旁字形
1	⼫ 尸
2	虫　　石　　子
4	力
5	酉　　仓　　高　　鬼
6	革　　食　　委　　长　　柔
7	隹　　崗
8	音
9	齿　　番
11	鱼
12，14	黑　　齐

1—2 画

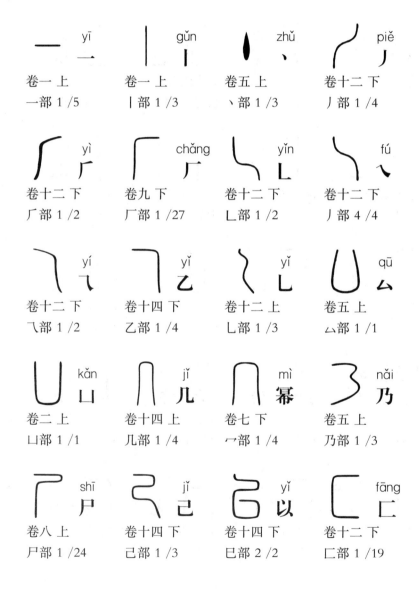

yī	gǔn	zhǔ	piě
一	丨	、	丿
卷一 上	卷一 上	卷五 上	卷十二 下
一部 1/5	丨部 1/3	、部 1/3	丿部 1/4

yǐ	chǎng	yǐn	fú
乛	厂	乚	乀
卷十二 下	卷九 下	卷十二 下	卷十二 下
乛部 1/2	厂部 1/27	乚部 1/2	丿部 4/4

yí	yǐ	yǐ	qū
乁	乙	乚	厶
卷十二 下	卷十四 下	卷十二 上	卷五 上
乁部 1/2	乙部 1/4	乚部 1/3	厶部 1/1

kǎn	jǐ	mì	nǎi
凵	几	冖幂	乃
卷二 上	卷十四 上	卷七 下	卷五 上
凵部 1/1	几部 1/4	冖部 1/4	乃部 1/3

shī	jǐ	yǐ	fāng
尸	己	以	匚
卷八 上	卷十四 下	卷十四 下	卷十二 下
尸部 1/24	己部 1/3	巳部 2/2	匚部 1/19

乚 xì 卷十二 下 乚部 1/7	**く** quǎn 卷十一 下 く部 1/1	**亅** jué 卷十二 下 亅部 2/2	**厶** sī 卷九 上 厶部 1/3
亅 jué 卷十二 下 亅部 1/2	**了** liǎo 卷十四 下 了部 1/3	**巳** sì 卷十四 下 巳部 1/2	**围** wéi 卷六 下 囗部 1/26
二 èr 卷十三 下 二部 1/6	**下** xià 卷一 上 丄部 4/4	**十** shí 卷三 上 十部 1/9	**迅** xùn 卷十一 下 卂部 1/2
考 kǎo 卷五 上 丂部 1/4	**乚** xì 卷十二 下 乚部 1/7	**廿** niàn 卷三 上 十部 8/9	**七** qī 卷十四 下 七部 1/1
弓 gōng 卷十二 下 弓部 1/27	**集** jí 卷五 下 人部 1/6	**突** tū 卷十四 下 𠫓部 1/3	**卜** bǔ 卷三 下 卜部 1/8
上 shàng 卷一 上 丄部 1/4	**广** guǎng 卷九 下 广部 1/55	**入** rù 卷五 下 入部 1/6	**宀** mián 卷七 下 宀部 1/74

bāo 包
卷九 上
勹部 1/15

rén 人
卷八 上
人部 1/263

bǐ 匕
卷八 上
匕部 1/9

bā 八
卷二 上
八部 1/12

shū 几
卷三 下
几部 1/3

rén 人
卷八 下
儿部 1/6

jiǔ 九
卷十四 下
九部 1/2

shí 石
卷九 下
石部 1/58

chóng 虫
卷十三 上
虫部 1/160

yì 乂
卷十二 下
丿部 2/4

fù 父
卷三 下
又部 6/28

huà 化
卷八 上
匕部 1/4

zhé 屮
卷六 下
毛部 1/1

kǒu 口
卷二 上
口部 1/190

chè 屮
卷一 下
屮部 1/7

mǎo 卯
卷七 下
卯部 1/4

jīn 巾
卷七 下
巾部 1/71

fán 凡
卷十三 下
二部 6/6

yòu 又
卷三 下
又部 1/28

xī 夕
卷七 上
夕部 1/9

hàn 马
卷七 上
马部 1/5

chǐ 尺
卷八 下
尺部 1/2

jū 居
卷十四 上
几部 3/4

jīn 斤
卷十四 上
斤部 1/15

jiū 纠 卷三 上 丩部 1 /3	**jié** 节 卷九 上 卩部 1 /13	**zuǒ** 左 卷三 下 ナ部 1 /2	**dāo** 刀 卷四 下 刀部 1 /68
sháo 勺 卷十四 上 勺部 1 /2	**zòu** 卪 卷九 上 卩部 13 /13	**kuài** 巜 卷十一 下 巜部 1 /2	**jué** 孒 卷十四 下 了部 3 /3
jié 孑 卷十四 下 了部 2 /3	**zǐ** 子 卷十四 下 子部 1 /15	**rì** 日 卷七 上 日部 1 /86	**huí** 回 卷六 下 囗部 7 /26

3 画

三 sān 卷一 上 三部 1 /1	**于** yú 卷五 上 亏部 1 /5	**工** gōng 卷五 上 工部 1 /4	**士** shì 卷一 上 士部 1 /4
土 tǔ 卷十三 下 土部 1 /144	**才** cái 卷六 上 才部 1 /1	**巿** fú 卷七 下 巿部 1 /2	**开** jī 卷五 上 开部 1 /7
兀 wù 卷八 下 儿部 2 /6	**也** yě 卷十二 下 乁部 2^(+) /2	**丏** yà 卷七 下 丏部 1 /4	**下** xià 卷一 上 丄部 4^(+) /4
屯 tún 卷一 下 屮部 2 /7	**引** yǐn 卷十二 下 弓部 15 /27	**弘** hóng 卷十二 下 弓部 17 /27	**亘** gèn 卷十三 下 二部 4 /6
贯 guàn 卷七 上 毌部 1 /3	**今** jīn 卷五 下 人部 5 /6	**午** wǔ 卷十四 下 午部 1 /2	**尪** wāng 卷十 下 尣部 1 /12

jiāo
交
卷十 下
交部 1 /3

dà
大
卷十 下
大部 1 /18

yāo
夭
卷十 下
夭部 1 /4

dīng
丁
卷十四 下
丁部 1 /1

kàng
亢
卷十 下
亢部 1 /2

piàn
片
卷七 上
片部 1 /8

bāo
包
卷九 上
包部 1 /3

bái
白
卷七 下
白部 1 /11

hé
禾
卷七 上
禾部 1 /89

réng
仍
卷八 上
人部 100 /263

sì
似
卷八 上
人部 137 /263

huàn
幻
卷四 下
予部 3 /3

shān
彡
卷九 上
彡部 1 /10

zhǐ
夂
卷五 下
夂部 1 /6

jiǔ
久
卷五 下
久部 1 /1

xiǎo
小
卷二 上
小部 1 /3

gōng
公
卷二 上
八部 10 /12

róu
蹂
卷十四 下
内部 1 /7

chì
彳
卷二 下
彳部 1 /37

yǐn
廴
卷二 下
廴部 1 /4

hù
户
卷十二 上
户部 1 /10

zhǎo
爪
卷三 下
爪部 1 /4

zè
仄
卷九 下
厂部 23 /27

guā
瓜
卷七 下
瓜部 1 /7

fǎn 反 卷三 下 又部 18 /28	è 厄 卷九 上 卩部 7 /13	chù 彳 卷二 下 彳部 37 /37	suī 夂 卷五 下 夂部 1 /16
qì 气 卷一 上 气部 1 /2	yě 也 卷十二 下 乁部 2 /2	máo 毛 卷八 上 毛部 1 /13	yì 弋 卷十二 下 厂部 2 /2
fāng 方 卷八 下 方部 1 /2	wáng 亡 卷十二 下 亾部 1 /5	zhǐ 止 卷二 上 止部 1 /14	wán 丸 卷九 下 丸部 1 /4
gān 干 卷三 上 干部 1 /3	zhōng 中 卷一 上 丨部 2 /3	niú 牛 卷二 上 牛部 1 /47	mù 木 卷六 上 木部 1 /432
jī 禾 卷六 下 禾部 1 /3	shǒu 手 卷十二 上 手部 1 /278	gān 甘 卷五 上 甘部 1 /5	shān 山 卷九 下 山部 1 /65
xiōng 凶 卷七 上 凶部 1 /2	yuē 曰 卷五 上 曰部 1 /7	hū 曶 卷五 上 曰部 4 /7	chū 出 卷六 下 出部 1 /5

兕 sì	剐 guǎ	帽 mào	內 nèi
卷九 下	卷四 下	卷七 下	卷五 下
舄部 1⁽⁺⁾/1	冎部 1 /3	冃部 1 /5	入部 2 /6

卷九 下 舄部 1 (+) /1

月 yuè	肉 ròu	叉 chā	尤 yóu
卷七 上	卷四 下	卷三 下	卷十四 下
月部 1 /10	肉部 1 /145	又部 4 /28	乙部 4 /4

寸 cùn	丑 chǒu	尹 yǐn	肱 gōng
卷三 下	卷十四 下	卷三 下	卷三 下
寸部 1 /7	丑部 1 /3	又部 12 /28	又部 3 /28

与 yǔ	上 shàng	危 wēi	千 qiān
卷十四 上	卷一 上	卷九 下	卷三 上
勺部 2 /2	上部 1⁽⁺⁾/4	厂部 27 /27	十部 3 /9

吊 diào	矛 máo	尼 ní	尻 kāo
卷八 上	卷十四 上	卷八 上	卷八 上
人部 236 /263	矛部 1 /6	尸部 11 /24	尸部 8 /24

弗 fú	巴 bā	允 yǔn	台 tái
卷十二 下	卷十四 下	卷八 下	卷二 上
丿部 3 /4	巴部 1 /2	儿部 4 /6	口部 89 /190

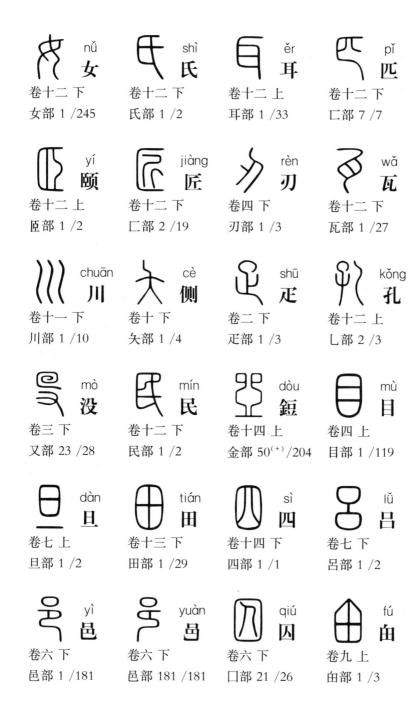

女 nǚ	**氏** shì	**耳** ěr	**匹** pǐ
卷十二 下	卷十二 下	卷十二 上	卷十二 下
女部 1 /245	氏部 1 /2	耳部 1 /33	匸部 7 /7
颐 yí	**匠** jiàng	**刃** rèn	**瓦** wǎ
卷十二 上	卷十二 下	卷四 下	卷十二 下
臣部 1 /2	匚部 2 /19	刃部 1 /3	瓦部 1 /27
川 chuān	**侧** cè	**疋** shū	**孔** kǒng
卷十一 下	卷十 下	卷二 下	卷十二 上
川部 1 /10	矢部 1 /4	疋部 1 /3	乚部 2 /3
没 mò	**民** mín	**鈺** dòu	**目** mù
卷三 下	卷十二 下	卷十四 上	卷四 上
又部 23 /28	民部 1 /2	金部 50⁽⁺⁾/204	目部 1 /119
旦 dàn	**田** tián	**四** sì	**吕** lǚ
卷七 上	卷十三 下	卷十四 下	卷七 下
旦部 1 /2	田部 1 /29	四部 1 /1	吕部 1 /2
邑 yì	**邑** yuàn	**囚** qiú	**由** fú
卷六 下	卷六 下	卷六 下	卷九 上
邑部 1 /181	邑部 181 /181	囗部 21 /26	由部 1 /3

予 yǔ

卷四 下
予部 1 /3

厽 lěi

卷十四 下
厽部 1 /3

4 画

王 wáng
王
卷一 上
王部 1 /3

王 yù
玉
卷一 上
玉部 1 /140

壬 rén
壬
卷十四 下
壬部 1 /1

元 yuán
元
卷一 上
一部 2 /5

无 wú
无
卷十二 下
亾部 4$^{(+)}$/5

天 tiān
天
卷一 上
一部 3 /5

圮 pǐ
圮
卷十三 下
土部 92 /144

圯 yí
圯
卷十三 下
土部 129 /144

匝 zā
匝
卷六 下
帀部 1 /2

正 zhèng
正
卷二 下
正部 1 /2

乏 fá
乏
卷二 下
正部 2 /2

丏 miǎn
丏
卷九 上
丏部 1 /1

古 gǔ
古
卷三 上
古部 1 /2

末 mò
末
卷六 上
木部 154 /432

而 ér
而
卷九 下
而部 1 /2

巨 jù
巨
卷五 上
工部 4 /4

丈 zhàng
丈
卷三 上
十部 2 /9

五 wǔ
五
卷十四 下
五部 1 /1

戈 gē
戈
卷十二 下
戈部 1 /26

切 qiē
切
卷四 下
刀部 17 /68

互 hù	匹 pǐ	叵 pǒ	可 kě
卷五 上	卷十二 下	卷五 上	卷五 上
竹部 93⁽⁺⁾/149	匚部 7/7	可部 5/5	可部 1/5

不 bù	丙 bǐng	弜 jiàng	亚 yà
卷十二 上	卷十四 下	卷十二 下	卷十四 下
不部 1/2	丙部 1/1	弜部 1/2	亞部 1/2

囡 tiàn	合 hé	令 lìng	缶 fǒu
卷三 上	卷五 下	卷九 上	卷五 下
㐭部 2/2	亼部 2/6	卩部 2/13	缶部 1/22

去 qù	尔 ěr	支 zhī	夷 yí
卷五 上	卷二 上	卷三 下	卷十 下
去部 1/3	八部 3/12	支部 1/2	大部 18/18

占 zhān	歺 è	攴 pū	剥 bō
卷三 下	卷四 下	卷三 下	卷四 下
卜部 6/8	歺部 1/32	攴部 1/77	刀部 34⁽⁺⁾/68

冰 bīng	大 dà	文 wén	衣 yī
卷十一 下	卷十 下	卷九 上	卷八 上
仌部 1/17	才部 1/8	文部 1/4	衣部 1/119

kè 克	lǐn 廩	jiè 丯	rǒng 冗
卷七 上	卷五 下	卷四 下	卷七 下
克部 1 /1	㐭部 1 /4	丯部 1 /2	宀部 36 /74
xué 穴	guǐ 宄	dàng 宕	zhái 宅
卷七 下	卷七 下	卷七 下	卷七 下
穴部 1 /51	宀部 64 /74	宀部 66 /74	宀部 3 /74
xiàng 向	zì 字	jiǎ 甲	liù 六
卷七 下	卷十四 下	卷十四 下	卷十四 下
宀部 6 /74	子部 4 /15	甲部 1 /1	六部 1 /1
tā 它	yún 匀	bào 抱	xún 旬
卷十三 下	卷九 上	卷九 上	卷九 上
它部 1 /1	勹部 6 /15	勹部 9 /15	勹部 8 /15
quán 泉	yāo 幺	xìn 凶	xiù 秀
卷十一 下	卷四 下	卷十 下	卷七 上
泉部 1 /2	幺部 1 /3	凶部 1 /3	禾部 2 /89
tū 秃	sī 私	rén 仁	shí 什
卷八 下	卷七 上	卷八 上	卷八 上
秃部 1 /2	禾部 16 /89	人部 4 /263	人部 120 /263

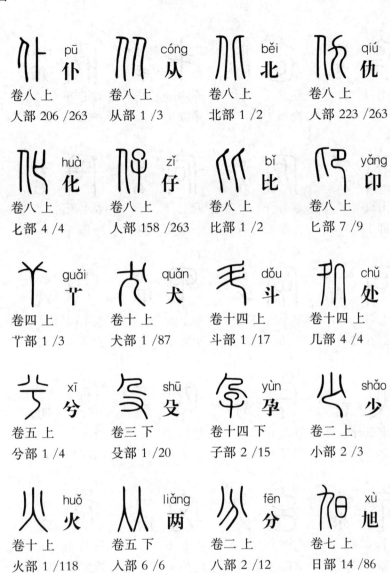

仆 pū
卷八 上
人部 206 /263

从 cóng
卷八 上
从部 1 /3

北 běi
卷八 上
北部 1 /2

仇 qiú
卷八 上
人部 223 /263

化 huà
卷八 上
匕部 4 /4

仔 zǐ
卷八 上
人部 158 /263

比 bǐ
卷八 上
比部 1 /2

卬 yǎng
卷八 上
匕部 7 /9

丫 guǎi
卷四 上
丫部 1 /3

犬 quǎn
卷十 上
犬部 1 /87

斗 dǒu
卷十四 上
斗部 1 /17

处 chǔ
卷十四 上
几部 4 /4

兮 xī
卷五 上
兮部 1 /4

殳 shū
卷三 下
殳部 1 /20

孕 yùn
卷十四 下
子部 2 /15

少 shǎo
卷二 上
小部 2 /3

火 huǒ
卷十 上
火部 1 /118

两 liǎng
卷五 下
入部 6 /6

分 fēn
卷二 上
八部 2 /12

旭 xù
卷七 上
日部 14 /86

斫 zhuó
卷十四 上
斤部 4 /15

厄 è
卷十二 上
戶部 6 /10

后 hòu
卷九 上
后部 1 /2

厄 zhī
卷九 上
厄部 1 /3

爻 yáo
卷三 下
爻部 1 /2

蚰 kūn
卷十三 下
蚰部 1 /25

虬 qiú
卷十三 上
虫部 113 /160

之 zhī
卷六 下
之部 1 /2

刈 yì
卷十二 下
丿部 2⁽⁺⁾/4

弟 dì
卷五 下
弟部 1 /2

乩 jì
卷九 下
乚部 1 /5

簪 zān
卷八 下
兂部 1 /2

牙 yá
卷二 下
牙部 1 /3

乍 zhà
卷十二 下
亾部 2 /5

布 bù
卷七 下
巾部 57 /71

斧 fǔ
卷十四 上
斤部 2 /15

司 sī
卷九 上
司部 1 /2

虍 hū
卷五 上
虍部 1 /9

逆 nì
卷三 上
干部 3 /3

叶 yè
卷十三 下
劦部 4⁽⁺⁾/4

号 háo
卷五 上
号部 1 /2

叱 chì
卷二 上
口部 128 /190

只 zhǐ
卷三 上
只部 1 /2

兄 xiōng
卷八 下
兄部 1 /2

吒 zhà
卷二 上
口部 130 /190

喧 xuān
卷二 上
吅部 1 /6

听 tīng
卷二 上
口部 72 /190

叫 jiào
卷二 上
口部 145 /190

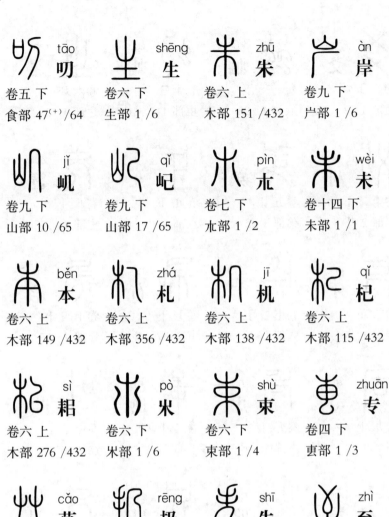

tāo 叨	shēng 生	zhū 朱	àn 岸
卷五 下	卷六 下	卷六 上	卷九 下
食部 47⁽⁺⁾/64	生部 1 /6	木部 151 /432	屵部 1 /6
jǐ 屼	qǐ 屺	pìn 朼	wèi 未
卷九 下	卷九 下	卷七 下	卷十四 下
山部 10 /65	山部 17 /65	朼部 1 /2	未部 1 /1
běn 本	zhá 札	jī 机	qǐ 杞
卷六 上	卷六 上	卷六 上	卷六 上
木部 149 /432	木部 356 /432	木部 138 /432	木部 115 /432
sì 耜	pò 籴	shù 束	zhuān 专
卷六 上	卷六 下	卷六 下	卷四 下
木部 276 /432	籴部 1 /6	束部 1 /4	叀部 1 /3
cǎo 草	rēng 扔	shī 失	zhì 至
卷一 下	卷十二 上	卷十二 上	卷十二 上
艸部 1 /458	手部 189 /278	手部 150 /278	至部 1 /6

kuài 块	zì 自	zī 甾	qiě 且
卷十三 下	卷四 上	卷十二 下	卷十四 上
土部 20 /144	白部 1 /7	甾部 1 /5	且部 1 /3

竹 zhú
卷五 上
竹部 1 /149

同 tóng
卷七 下
冃部 2 /4

肯 kěn
卷四 下
肉部 139 /145

禹 yǔ
卷十四 下
内部 5 /7

臆 yì
卷四 下
肉部 23 /145

肌 jī
卷四 下
肉部 5 /145

风 fēng
卷十三 下
風部 1 /16

爪 zhǎo
卷三 下
又部 5 /28

攀 pān
卷三 上
癶部 1 /3

聿 niè
卷三 下
聿部 1 /3

右 yòu
卷三 下
又部 2 /28

友 yǒu
卷三 下
又部 27 /28

外 wài
卷七 上
夕部 7 /9

名 míng
卷二 上
口部 57 /190

多 duō
卷七 上
多部 1 /4

夗 yuàn
卷七 上
夕部 4 /9

及 jí
卷三 下
又部 16 /28

色 sè
卷九 上
色部 1 /3

壬 tǐng
卷八 上
壬部 1 /4

介 jiè
卷二 上
八部 8 /12

皮 pí
卷三 下
皮部 1 /5

斫 yín
卷十四 上
斤部 15 /15

㫫 fú
卷三 下
又部 19 /28

尾 wěi
卷八 下
尾部 1 /4

jú 局	**niǎn** 戻	**jù** 句	**zhuàn** 叩
卷二 上	卷八 上	卷三 上	卷九 上
口部 179 /190	尸部 14 /24	句部 1 /4	卩部 12 /13
jǐ 丮	**gǔ** 夃	**gǔ** 兂	**gǒng** 拱
卷三 下	卷五 下	卷八 下	卷三 上
丮部 1 /8	夂部 5 /6	兂部 1 /2	収部 1 /17
xīn 心	**bǎo** 早	**wú** 毋	**fēi** 妃
卷十 下	卷八 上	卷十二 下	卷十二 下
心部 1 /276	匕部 3 /9	毋部 1 /2	女部 23 /245
jué 氒	**dǐ** 氐	**chén** 臣	**yí** 戺
卷十二 下	卷十二 下	卷三 下	卷十二 上
氏部 2 /2	氏部 1 /4	臣部 1 /3	臣部 2 /2
yí 匜	**lì** 力	**chuāng** 创	**wù** 勿
卷十二 下	卷十三 下	卷四 下	卷九 下
匚部 5 /19	力部 1 /44	刃部 2 /3	勿部 1 /2
zhào 召	**zāi** 灾	**qīng** 卿	**móu** 牟
卷二 上	卷十一 下	卷九 上	卷二 上
口部 63 /190	川部 8 /10	卯部 1 /2	牛部 24 /47

xīn

昕

卷七 上

日部 70 /86

dì

的

卷七 上

日部 11 /86

yǎo

皀

卷七 上

日部 41 /86

zú

足

卷二 下

足部 1 /92

yuàn

肙

卷四 下

肉部 137 /145

yīn

因

卷六 下

口部 17 /26

qūn

囷

卷六 下

口部 12 /26

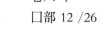

jiǒng

冏

卷七 上

冏部 1 /2

kùn

困

卷六 下

口部 24 /26

19

5 画

玘 qǐ	示 shì	井 jǐng	辛 qiān
卷一 上	卷一 上	卷五 下	卷三 上
玉部 134 /140	示部 1 /67	井部 1 /5	辛部 1 /3
華 bān	巧 qiǎo	吉 jí	圻 qí
卷四 下	卷五 上	卷二 上	卷十三 下
華部 1 /4	工部 3 /4	口部 97 /190	土部 87⁽⁺⁾ /144
存 cún	夫 fū	夬 guài	車 chē
卷十四 下	卷十 下	卷三 下	卷十四 上
子部 13 /15	夫部 1 /3	又部 11 /28	車部 1 /102
豕 shǐ	平 píng	虺 huǐ	百 bǎi
卷九 下	卷五 上	卷十三 上	卷四 上
豕部 1 /22	亏部 5 /5	虫部 17 /160	白部 7 /7
丕 pī	再 zài	弛 chí	弧 hú
卷一 上	卷四 下	卷十二 下	卷十二 下
一部 4 /5	冓部 2 /3	弓部 19 /27	弓部 5 /27

mǐ 弭 卷十二 下 弓部 3 /27	qiáng 强 卷十三 上 虫部 41 /160	dòu 豆 卷五 上 豆部 1 /6	yǒu 酉 卷十四 下 酉部 1 /73
quán 全 卷五 下 入部 5⁽⁺⁾/6	hán 含 卷二 上 口部 36 /190	shè 舍 卷五 下 亼部 6 /6	cāng 仓 卷五 下 倉部 1 /2
shǐ 矢 卷五 下 矢部 1 /11	tāo 夲 卷十 下 夲部 1 /6	xuán 玄 卷四 下 玄部 1 /3	chōng 充 卷八 下 儿部 6 /6
yì 亦 卷十 下 亦部 1 /2	liào 尥 卷十 下 尣部 8 /12	yù 育 卷十四 下 去部 2 /3	tū 突 卷十四 下 去部 1⁽⁺⁾/3
shū 菽 卷七 下 尗部 1 /2	quán 全 卷五 下 入部 5 /6	lì 立 卷十 下 立部 1 /19	zú 卒 卷八 上 衣部 107 /119
jīng 京 卷五 下 京部 1 /2	gāo 高 卷五 下 高部 1 /4	xiǎng 享 卷五 下 亯部 1 /4	páo 庖 卷九 下 广部 12 /55

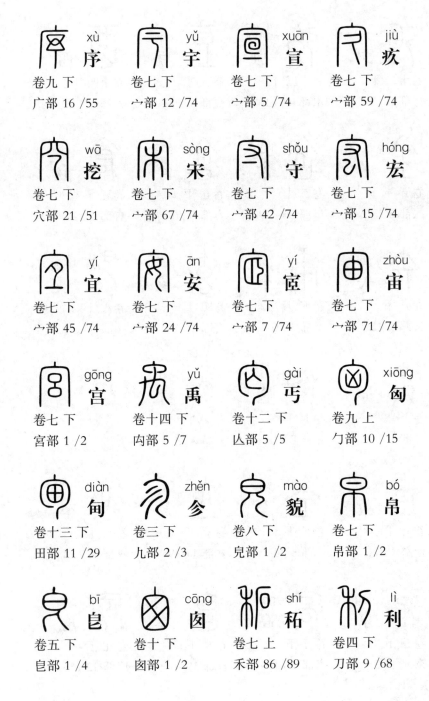

序 xù
卷九 下
广部 16 /55

宇 yǔ
卷七 下
宀部 12 /74

宣 xuān
卷七 下
宀部 5 /74

疚 jiù
卷七 下
宀部 59 /74

挖 wā
卷七 下
穴部 21 /51

宋 sòng
卷七 下
宀部 67 /74

守 shǒu
卷七 下
宀部 42 /74

宏 hóng
卷七 下
宀部 15 /74

宜 yí
卷七 下
宀部 45 /74

安 ān
卷七 下
宀部 24 /74

宧 yí
卷七 下
宀部 7 /74

宙 zhòu
卷七 下
宀部 71 /74

宫 gōng
卷七 下
宫部 1 /2

禹 yǔ
卷十四 下
内部 5 /7

丐 gài
卷十二 下
亾部 5 /5

匈 xiōng
卷九 上
勹部 10 /15

甸 diàn
卷十三 下
田部 11 /29

乡 zhěn
卷三 下
九部 2 /3

貌 mào
卷八 下
皃部 1 /2

帛 bó
卷七 下
帛部 1 /2

皀 bī
卷五 下
皀部 1 /4

囱 cōng
卷十 下
囪部 1 /2

秙 shí
卷七 上
禾部 86 /89

利 lì
卷四 下
刀部 9 /68

zǐ 秄 卷七 上 禾部 45 /89	tū 秃 卷八 下 秃部 1 /2	jì 季 卷十四 下 子部 8 /15	bǐng 秉 卷三 下 又部 17 /28
shì 仕 卷八 上 人部 7 /263	jiǎo 佼 卷八 上 人部 8 /263	bó 伯 卷八 上 人部 18 /263	qiū 丘 卷八 上 丘部 1 /3
yì 仡 卷八 上 人部 53 /263	dài 代 卷八 上 人部 134 /263	fǎng 仿 卷八 上 人部 71 /263	zhòng 仲 卷八 上 人部 19 /263
jiàn 件 卷八 上 人部 245 /263	xiū 休 卷六 上 木部 404 /432	fù 付 卷八 上 人部 109 /263	yī 伊 卷八 上 人部 20 /263
yǐ 佁 卷八 上 人部 184 /263	fú 佛 卷八 上 人部 72 /263	èr 佴 卷八 上 人部 102 /263	rèn 仞 卷八 上 人部 6 /263
dàn 但 卷八 上 人部 219 /263	diàn 佃 卷八 上 人部 176 /263	lǚ 侣 卷八 上 人部 246 /263	yú 伃 卷八 上 人部 23 /263

垂 chuí
卷六 下
夵部 1 /1

戉 yuè
卷十二 下
戉部 1 /2

各 gè
卷二 上
口部 154 /190

犮 bá
卷十 上
犬部 53 /87

欠 qiàn
卷八 下
欠部 1 /66

升 shēng
卷十四 上
斗部 17 /17

乎 hū
卷五 上
兮部 4 /4

尣 yín
卷五 下
冂部 3 /5

必 bì
卷二 上
八部 11 /12

丹 dān
卷五 下
丹部 1 /3

戊 wù
卷十四 下
戊部 1 /2

永 yǒng
卷十一 下
永部 1 /2

半 bàn
卷二 上
半部 1 /3

肸 xī
卷四 下
肉部 54 /145

朵 duǒ
卷六 上
木部 172 /432

水 shuǐ
卷十一 上
水部 1 /487

延 chān
卷二 下
延部 1 /2

所 suǒ
卷十四 上
斤部 9 /15

堆 duī
卷十四 上
自部 1 /3

启 qǐ
卷二 上
口部 91 /190

原 yuán
卷十一 下
灥部 2 (+)/2

昃 zè
卷七 上
日部 31 /86

肙 yī
卷八 上
冃部 1 /2

虹 hóng
卷十三 上
虫部 150 /160

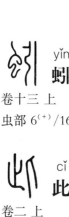
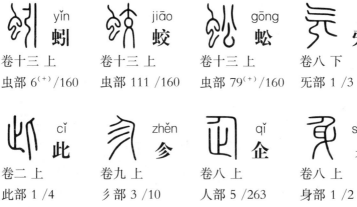

yǐn
蚓
卷十三 上
虫部 6⁽⁺⁾/160

jiāo
蛟
卷十三 上
虫部 111 /160

gōng
蚣
卷十三 上
虫部 79⁽⁺⁾/160

jì
旡
卷八 下
旡部 1 /3

cǐ
此
卷二 上
此部 1 /4

zhěn
参
卷九 上
彡部 3 /10

qǐ
企
卷八 上
人部 5 /263

shēn
身
卷八 上
身部 1 /2

shé
舌
卷三 上
舌部 1 /3

kān
刊
卷四 下
刀部 30 /68

xū
吁
卷二 上
口部 134 /190

tǔ
吐
卷二 上
口部 105 /190

yín
吟
卷二 上
口部 142 /190

páo
咆
卷二 上
口部 166 /190

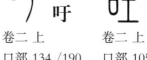
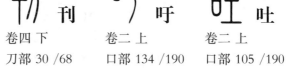
hè
和
卷二 上
口部 67 /190

chī
吃
卷二 上
口部 109 /190

gū
呱
卷二 上
口部 14 /190

duō
咄
卷二 上
口部 75 /190

shǔn
吮
卷二 上
口部 29 /190

shǐ
史
卷三 下
史部 1 /2

zhǔ
主
卷五 上
丶部 2 /3

huáng
坒
卷六 下
之部 2 /2

pìn
牝
卷二 上
牛部 5 /47

xiān
先
卷八 下
先部 1 /2

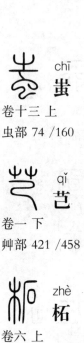

chī
蚩
卷十三 上
虫部 74 /160

gào
告
卷二 上
告部 1 /2

què
青
卷七 下
冂部 3 /4

nǎi
芳
卷一 下
艸部 418 /458

qǐ
芑
卷一 下
艸部 421 /458

yǐ
苢
卷一 下
艸部 102 /458

xiǔ
朽
卷四 下
歹部 19⁽⁺⁾/32

pǔ
朴
卷六 上
木部 160 /432

zhè
柘
卷六 上
木部 122 /432

xìng
杏
卷六 上
木部 11 /432

xī
析
卷六 上
木部 396 /432

sháo
杓
卷六 上
木部 299 /432

lǐ
李
卷六 上
木部 13 /432

yǎo
杳
卷六 上
木部 204 /432

zǐ
朿
卷六 下
朿部 5 /6

dōng
东
卷六 上
東部 1 /2

zhuān
专
卷四 下
叀部 1 /3

tuò
拓
卷十二 上
手部 158 /278

kòu
扣
卷十二 上
手部 261 /278

shé
折
卷一 下
艸部 389⁽⁺⁾/458

yǎn
㑆
卷七 上
㑆部 1 /23

xiōng
兇
卷七 上
凶部 2 /2

zì
自
卷四 上
自部 1 /2

jiù
臼
卷七 上
臼部 1 /6

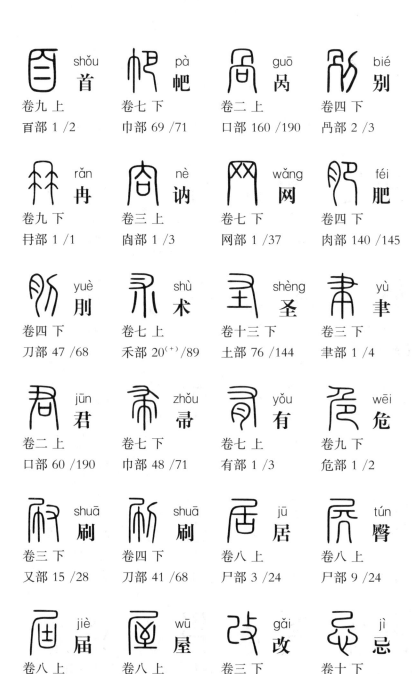

首 shǒu 卷九 上 首部 1 /2	帕 pà 卷七 下 巾部 69 /71	咼 guō 卷二 上 口部 160 /190	別 bié 卷四 下 冎部 2 /3
冉 rǎn 卷九 下 冄部 1 /1	讷 nè 卷三 上 肉部 1 /3	网 wǎng 卷七 下 网部 1 /37	肥 féi 卷四 下 肉部 140 /145
刖 yuè 卷四 下 刀部 47 /68	术 shù 卷七 上 禾部 20⁽⁺⁾ /89	圣 shèng 卷十三 下 土部 76 /144	聿 yù 卷三 下 聿部 1 /4
君 jūn 卷二 上 口部 60 /190	帚 zhǒu 卷七 下 巾部 48 /71	有 yǒu 卷七 上 有部 1 /3	危 wēi 卷九 下 危部 1 /2
刷 shuā 卷三 下 又部 15 /28	刷 shuā 卷四 下 刀部 41 /68	居 jū 卷八 上 尸部 3 /24	臀 tún 卷八 上 尸部 9 /24
届 jiè 卷八 上 尸部 7 /24	屋 wū 卷八 上 尸部 21 /24	改 gǎi 卷三 下 攴部 25 /77	忌 jì 卷十 下 心部 168 /276

xī 西	yì 异	zuǒ 左	mǔ 母
卷十二 上	卷三 上	卷五 上	卷十二 下
西部 1 /2	収部 8 /17	左部 1 /2	女部 31 /245
biào 受	yìn 印	fú 孚	zhǐ 旨
卷四 下	卷九 上	卷三 下	卷五 上
受部 1 /9	印部 1 /2	爪部 2 /4	旨部 1 /2
chà 妊	rú 如	nú 奴	shuò 妁
卷十二 下	卷十二 下	卷十二 下	卷十二 下
女部 14 /245	女部 135 /245	女部 53 /245	女部 16 /245
hǎo 好	hūn 昏	guā 昏	qǔ 取
卷十二 下	卷七 上	卷二 上	卷三 下
女部 81 /245	日部 33 /86	口部 163 /190	又部 24 /28
èr 聏	lòu 匛	xiá 匣	zhōu 舟
卷四 下	卷十二 下	卷十二 下	卷八 下
刀部 56 /68	匚部 4 /7	匚部 16 /19	舟部 1 /16
yì 抑	wú 吴	liè 乴	pài 辰
卷九 上	卷十 下	卷十一 下	卷十一 下
印部 2 /2	矢部 4 /4	川部 6 /10	辰部 1 /3

攺 yǐ
卷三 下
攴部 70 /77

孤 gū
卷十四 下
子部 12 /15

斫 zhuó
卷十四 上
斤部 7 /15

贝 bèi
卷六 下
貝部 1 /68

见 jiàn
卷八 下
見部 1 /46

艮 gèn
卷八 上
匕部 9 /9

里 lǐ
卷十三 下
里部 1 /3

果 guǒ
卷六 上
木部 156 /432

甹 pīng
卷五 上
丂部 2 /4

甹 yóu
卷七 上
马部 3 /5

鬼 guǐ
卷九 上
鬼部 1 /20

禺 yù
卷九 上
由部 3 /3

昉 fǎng
卷七 上
日部 74 /86

旰 gàn
卷七 上
日部 28 /86

旱 hàn
卷七 上
日部 40 /86

杲 gǎo
卷六 上
木部 203 /432

厚 hòu
卷五 下
旱部 1 /3

昌 chāng
卷七 上
日部 49 /86

昵 nì
卷七 上
日部 63 (＋) /86

晏 yàn
卷十二 下
女部 142 /245

鄙 bǐ
卷五 下
靣部 4 /4

固 gù
卷六 下
口部 22 /26

圀 líng
卷六 下
口部 19 /26

囮 é
卷六 下
口部 26 /26

qū
曲

卷十二 下
曲部 1 /3

6 画

开 jiān 卷十四 上 开部 1 /1	祀 sì 卷一 上 示部 22 /67	刏 wán 卷四 下 刀部 51 /68	毐 ǎi 卷十二 下 毋部 2 /2
辛 xīn 卷十四 下 辛部 1 /6	邛 qióng 卷六 下 邑部 122 /181	圭 guī 卷十三 下 土部 128 /144	垣 yuán 卷十三 下 土部 27 /144
卅 sà 卷三 上 卅部 1 /2	圪 gē 卷十三 下 土部 28 /144	地 dì 卷十三 下 土部 2 /144	坊 fāng 卷十三 下 土部 144 /144
址 zhǐ 卷十四 下 𨸏部 42⁽⁺⁾ /94	坦 tǎn 卷十三 下 土部 52 /144	在 zài 卷十三 下 土部 48 /144	吏 lì 卷一 上 一部 5 /5
轧 yà 卷十四 上 車部 67 /102	曹 wèi 卷十四 上 車部 41 /102	直 zhí 卷十二 下 乚部 2 /2	虱 shī 卷十三 下 蚰部 5 /25

chù 豕 卷九 下 豕部 19 /22	kǎo 考 卷三 下 攴部 56 /77	wú 吾 卷二 上 口部 58 /190	shì 式 卷五 上 工部 2 /4
shù 戍 卷十二 下 戈部 9 /26	huò 或 卷十二 下 戈部 13 /26	lòu 匜 卷十二 下 匸部 4 /7	gé 革 卷三 下 革部 1 /63
fǒu 否 卷二 上 口部 155 /190	mì 香 卷七 上 日部 65 /86	cūn 邨 卷六 下 邑部 169 /181	gòng 共 卷三 上 共部 1 /2
tāo 弢 卷十二 下 弓部 20 /27	chāo 弨 卷十二 下 弓部 6 /27	pèi 配 卷十四 下 酉部 27 /73	gé 蛤 卷十三 上 虫部 117 /160
mìng 命 卷二 上 口部 61 /190	yú 余 卷二 上 八部 12 /12	shè 舍 卷五 下 人部 6 /6	shí 食 卷五 下 食部 1 /64
méi 眉 卷四 上 眉部 1 /2	kuā 夸 卷十 下 大部 5 /18	niè 圭 卷二 上 止部 12 /14	jiāo 郊 卷六 下 邑部 8 /181

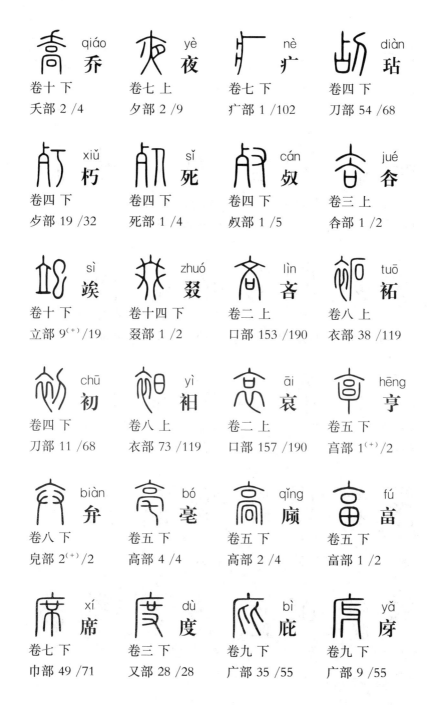

qiáo 乔 卷十 下 夭部 2 /4	yè 夜 卷七 上 夕部 2 /9	nè 疒 卷七 下 疒部 1 /102	diàn 玷 卷四 下 刀部 54 /68
xiǔ 朽 卷四 下 歹部 19 /32	sǐ 死 卷四 下 死部 1 /4	cán 奴 卷四 下 奴部 1 /5	jué 谷 卷三 上 谷部 1 /2
sì 竢 卷十 下 立部 9⁽⁺⁾/19	zhuó 叕 卷十四 下 叕部 1 /2	lìn 吝 卷二 上 口部 153 /190	tuō 袥 卷八 上 衣部 38 /119
chū 初 卷四 下 刀部 11 /68	yì 衵 卷八 上 衣部 73 /119	āi 哀 卷二 上 口部 157 /190	hēng 亨 卷五 下 亯部 1⁽⁺⁾/2
biàn 弁 卷八 下 兒部 2⁽⁺⁾/2	bó 毫 卷五 下 高部 4 /4	qǐng 廎 卷五 下 高部 2 /4	fú 富 卷五 下 富部 1 /2
xí 席 卷七 下 巾部 49 /71	dù 度 卷三 下 又部 28 /28	bì 庇 卷九 下 广部 35 /55	yǎ 庌 卷九 下 广部 9 /55

33

斥 chì
卷九 下
广部 47 /55

庢 zhì
卷九 下
广部 31 /55

庀 jū
卷九 下
广部 45 /55

底 dǐ
卷九 下
广部 30 /55

版 bǎn
卷七 上
片部 2 /8

完 wán
卷七 下
宀部 31 /74

定 dìng
卷七 下
宀部 22 /74

宆 miàn
卷七 下
宀部 50 /74

灾 zāi
卷十 上
火部 74⁽⁺⁾/118

穹 qióng
卷七 下
穴部 39 /51

究 jiū
卷七 下
穴部 40 /51

穸 xī
卷七 下
穴部 50 /51

室 shì
卷七 下
宀部 4 /74

宛 wǎn
卷七 下
宀部 10 /74

宦 huàn
卷七 下
宀部 40 /74

宎 yǎo
卷七 下
宀部 8 /74

卑 bēi
卷三 下
ナ部 2 /2

陶 táo
卷五 下
缶部 3 /22

郒 bāo
卷六 下
邑部 105 /181

牢 láo
卷二 上
牛部 30 /47

皎 jiǎo
卷七 下
白部 2 /11

吧 pā
卷七 下
白部 8 /11

糸 mì
卷十三 上
糸部 1 /257

考 kǎo
卷八 上
老部 9 /10

老 lǎo
卷八 上
老部 1 /10

孝 xiào
卷八 上
老部 10 /10

粳 jīng
卷七 上
禾部 26 /89

秝 lì
卷七 上
秝部 1 /2

耗 hào
卷七 上
禾部 27 /89

秆 gǎn
卷七 上
禾部 60 ⁽⁺⁾ /89

年 nián
卷七 上
禾部 69 /89

委 wěi
卷十二 下
女部 105 /245

卯 mǎo
卷十四 下
卯部 1 /1

任 rén
卷八 上
人部 139 /263

伍 wǔ
卷八 上
人部 119 /263

伐 fá
卷八 上
人部 217 /263

何 hé
卷八 上
人部 76 /263

伶 líng
卷八 上
人部 153 /263

伎 jì
卷八 上
人部 182 /263

依 yī
卷八 上
人部 99 /263

佗 tuō
卷八 上
人部 230 /263

佗 tuó
卷八 上
人部 75 /263

仳 pǐ
卷八 上
人部 226 /263

仰 yǎng
卷八 上
人部 114 /263

伏 fú
卷八 上
人部 213 /263

份 fèn
卷八 上
人部 34 /263

作 zuò
卷八 上
人部 126 /263

伺 cì
卷八 上
人部 260 /263

shēn 侁	yì 佚	tòng 侗	pèi 佩
卷八 上	卷八 上	卷八 上	卷八 上
人部 113 /263	人部 194 /263	人部 45 /263	人部 11 /263
chǐ 侈	jí 伋	jià 价	gōu 佝
卷八 上	卷八 上	卷八 上	卷八 上
人部 183 /263	人部 16 /263	人部 157 /263	人部 188 /263
dī 低	móu 侔	bǎo 保	cù 促
卷八 上	卷八 上	卷八 上	卷八 上
人部 255 /263	人部 90 /263	人部 3 /263	人部 214 /263
guāi 乖	yáng 羊	mǐ 芈	huá 茶
卷十二 上	卷四 上	卷四 上	卷六 上
乖部 1 /2	羊部 1 /26	羊部 2 /26	木部 275 /432
jì 苟	mò 首	lěi 耒	qià 韧
卷九 上	卷四 上	卷四 下	卷四 下
苟部 1 /2	首部 1 /4	耒部 1 /7	韧部 1 /3
chuǎn 舛	xiáng 降	fàn 犯	yín 狺
卷五 下	卷五 下	卷十 上	卷十 上
舛部 1 /3	夂部 4 /6	犬部 41 /87	犬部 31 /87

bì 祕 卷七 下 祕部 1 /2	shàng 尚 卷二 上 八部 5 /12	xiāo 肖 卷四 下 肉部 51 /145	guāng 光 卷十 上 火部 96 /118
gǔ 谷 卷十一 下 谷部 1 /8	duì 兑 卷八 下 儿部 5 /6	wèng 瓮 卷十二 下 瓦部 10 /27	xū 戌 卷十四 下 戌部 1 /1
níng 宁 卷十四 下 宁部 1 /2	yòng 用 卷三 下 用部 1 /5	jiǒng 炯 卷十 上 火部 92 /118	zhuó 灼 卷十 上 火部 60 /118
sì 汜 卷十一 上 水部 266 /487	chuò 辵 卷二 下 辵部 1 /131	chān 延 卷二 下 延部 1 /2	fǎn 返 卷二 下 辵部 50$^{(+)}$ /131
xíng 行 卷二 下 行部 1 /12	xǐ 徙 卷二 下 辵部 44$^{(+)}$ /131	tuì 退 卷二 下 彳部 27$^{(+)}$ /37	dí 彸 卷二 下 彳部 24/37
yán 延 卷二 下 延部 2 /2	zǒu 走 卷二 上 走部 1 /85	mén 门 卷十二 上 門部 1 /62	qì 砌 卷九 下 石部 55 /58

砭 biān	砢 kē	砧 zhēn	磊 lěi
卷九 下	卷九 下	卷九 下	卷九 下
石部 46 /58	石部 48 /58	石部 54 /58	石部 49 /58

破 pò	砥 dǐ	瓜 yǔ	辰 chén
卷九 下	卷九 下	卷七 下	卷十四 下
石部 36 /58	厂部 7(+) /27	瓜部 7 /7	辰部 1 /2

盾 dùn	戾 tì	房 fáng	肩 jiān
卷四 上	卷十二 上	卷十二 上	卷四 下
盾部 1 /3	户部 5 /10	户部 4 /10	肉部 31(+) /145

扈 hù	肩 jiān	厚 hòu	长 zhǎng
卷六 下	卷四 下	卷五 下	卷九 下
邑部 22 /181	肉部 31 /145	𠩺部 3 /3	長部 1 /4

米 mǐ	辨 biàn	季 jiào	癸 guǐ
卷七 上	卷二 上	卷十四 下	卷十四 下
米部 1 /42	釆部 1 /5	子部 14 /15	癸部 1 /1

蚖 yuán	蛄 gū	蛉 líng	蚊 wén
卷十三 上	卷十三 上	卷十三 上	卷十三 下
虫部 21 /160	虫部 49 /160	虫部 91 /160	虫部 18(+) /25

shé 蛇
卷十三 下
它部 1⁽⁺⁾/1

pí 蚍
卷十三 下
蟲部 3⁽⁺⁾/6

fén 蚡
卷十 上
鼠部 4⁽⁺⁾/20

chóng 虫
卷十三 下
蟲部 1/6

è 鳄
卷十三 上
虫部 137/160

bàng 蚌
卷十三 上
虫部 120/160

 zhū 蛛
卷十三 下
黽部 12/14

zhì 蛭
卷十三 上
虫部 26/160

diāo 蛁
卷十三 上
虫部 10/160

yuān 蜎
卷十三 上
虫部 123/160

jū 臼
卷三 上
臼部 1/2

huáng 坓
卷六 下
之部 2/2

xiān 先
卷八 下
先部 1/2

chī 蚩
卷十三 上
虫部 74/160

huāng 肓
卷四 下
肉部 11/145

wàng 妄
卷十二 下
女部 174/245

huāng 荒
卷十一 下
川部 3/10

 méng 氓
卷十二 下
民部 2/2

máng 盲
卷四 上
目部 101/119

máng 邙
卷六 下
邑部 41/181

bù 步
卷二 上
步部 1/2

bō 癶
卷二 上
癶部 1/3

xū 胥
卷四 下
肉部 99/145

shì 世
卷三 上
卅部 2/2

réng 迈 卷五 上 乃部 2 /3	háng 航 卷八 下 方部 2 /2	fāng 邡 卷六 下 邑部 102 /181	hǔ 虎 卷五 上 虎部 1 /17
wū 乌 卷四 上 乌部 1 /3	hán 邗 卷六 下 邑部 138 /181	mǐn 皿 卷五 上 皿部 1 /26	mǒu 某 卷六 上 木部 146 /432
shèn 甚 卷五 上 甘部 5 /5	hán 邯 卷六 下 邑部 63 /181	yí 咦 卷二 上 口部 44 /190	xiā 呷 卷二 上 口部 80 /190
fèi 吠 卷二 上 口部 165 /190	è 呃 卷二 上 口部 171 /190	hǒu 吼 卷九 上 后部 2 /2	yā 呀 卷二 上 口部 190 /190
pǐn 品 卷二 下 品部 1 /3	zhòu 咮 卷二 上 口部 172 /190	wèi 味 卷二 上 口部 38 /190	xì 咥 卷二 上 口部 68 /190
jǔ 咀 卷二 上 口部 24 /190	duō 哆 卷二 上 口部 13 /190	xī 吸 卷二 上 口部 48 /190	chéng 呈 卷二 上 口部 94 /190

wěn
吻
卷二 上
口部 5 /190

yān
咽
卷二 上
口部 10 /190

mǔ
牡
卷二 上
牛部 2 /47

rèn
牣
卷二 上
牛部 43 /47

sì
牭
卷二 上
牛部 9 /47

cén
岑
卷九 下
山部 22 /65

xiù
岫
卷九 下
山部 27 /65

shēn
屾
卷九 下
屾部 1 /2

fú
岪
卷九 下
山部 46 /65

yuán
袁
卷八 上
衣部 59 /119

shì
市
卷五 下
冂部 2 /5

cì
刺
卷七 上
朿部 1 /3

fēn
芬
卷一 下
屮部 5 /7

bèi
孛
卷六 下
𣎵部 4 /6

shěng
省
卷四 上
眉部 2 /2

shì
事
卷三 下
史部 2 /2

xiōng
芎
卷一 下
艸部 45$^{(+)}$ /458

jiāo
艽
卷一 下
艸部 391 /458

ài
艾
卷一 下
艸部 150 /458

huì
卉
卷一 下
艸部 390 /458

péng
芃
卷一 下
艸部 280 /458

qín
芹
卷一 下
艸部 152 /458

sháo
芍
卷一 下
艸部 206 /458

zǐ
芓
卷一 下
艸部 15 /458

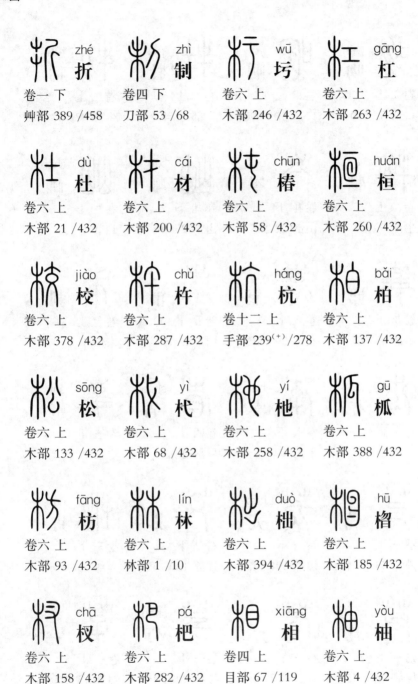

zhé 折
卷一 下
艸部 389 /458

zhì 制
卷四 下
刀部 53 /68

wū 圬
卷六 上
木部 246 /432

gāng 杠
卷六 上
木部 263 /432

dù 杜
卷六 上
木部 21 /432

cái 材
卷六 上
木部 200 /432

chūn 椿
卷六 上
木部 58 /432

huán 桓
卷六 上
木部 260 /432

jiào 校
卷六 上
木部 378 /432

chǔ 杵
卷六 上
木部 287 /432

háng 杭
卷十二 上
手部 239 (扌) /278

bǎi 柏
卷六 上
木部 137 /432

sōng 松
卷六 上
木部 133 /432

yì 杙
卷六 上
木部 68 /432

yí 杝
卷六 上
木部 258 /432

gū 柧
卷六 上
木部 388 /432

fāng 枋
卷六 上
木部 93 /432

lín 林
卷六 上
林部 1 /10

duò 柮
卷六 上
木部 394 /432

hū 榴
卷六 上
木部 185 /432

chā 杈
卷六 上
木部 158 /432

pá 杷
卷六 上
木部 282 /432

xiāng 相
卷四 上
目部 67 /119

yòu 柚
卷六 上
木部 4 /432

栺 lǚ	柶 sì	杼 zhù	捷 jié
卷六 上	卷六 上	卷六 上	卷二 上
木部 231 /432	木部 291 /432	木部 314 /432	止部 11 /14
剌 là	柬 jiǎn	扛 gāng	打 dǎ
卷六 下	卷六 下	卷十二 上	卷十二 上
束部 4 /4	束部 2 /4	手部 136 /278	手部 278 /278
抗 kàng	抱 bào	拑 qián	捍 hàn
卷十二 上	卷十二 上	卷十二 上	卷十二 上
手部 239 /278	手部 83 (+) /278	手部 32 /278	手部 238 /278
拙 zhuō	摙 zhé	把 bǎ	拂 fú
卷十二 上	卷十二 上	卷十二 上	卷十二 上
手部 198 /278	手部 54 /278	手部 49 /278	手部 233 /278
抵 zhǐ	抽 chōu	挹 yì	抒 shū
卷十二 上	卷十二 上	卷十二 上	卷十二 上
手部 226 /278	手部 167 (+) /278	手部 153 /278	手部 154 /278
看 kàn	胸 xiōng	妻 qī	每 měi
卷四 上	卷九 上	卷十二 下	卷一 下
目部 79 /119	勹部 10 (+) /15	女部 21 /245	屮部 3 /7

dào 到 卷十二 上 至部 2 /6	miàn 面 卷九 上 面部 1 /5	chù 畜 卷十四 下 畕部 1 /2	tiē 帖 卷七 下 巾部 32 /71
xún 帕 卷七 下 巾部 14 /71	zhì 帙 卷七 下 巾部 33 /71	zhú 竺 卷十三 下 二部 5 /6	pèi 帔 卷七 下 巾部 15 /71
gǔ 骨 卷四 下 骨部 1 /25	mào 冒 卷七 下 冃部 4 /5	shì 适 卷五 下 皀部 4 /4	liǎng 两 卷七 下 网部 1 /3
zhūn 肫 卷四 下 肉部 7 /145	bāo 胞 卷九 上 包部 2 /3	fáng 肪 卷四 下 肉部 21 /145	gān 肝 卷四 下 肉部 15 /145
fěi 朏 卷七 上 月部 3 /10	nà 肭 卷七 上 月部 7 /10	yóu 疣 卷四 下 肉部 67 /145	zhǒu 肘 卷四 下 肉部 36 /145
gōng 肱 卷三 下 又部 3 (+) /28	tāi 胎 卷四 下 肉部 4 /145	zǎo 蚤 卷十三 下 蚰部 4 (+) /25	huī 灰 卷十 上 火部 35 /118

44

好 hào
卷十二 下
女部 12 /245

叒 ruò
卷六 下
叒部 1 /2

豸 zhì
卷九下
豸部 1 /21

晴 qíng
卷七 上
夕部 6 /9

凤 sù
卷七 上
夕部 8 /9

兔 tù
卷十 上
兔部 1 /6

矜 jīn
卷十四 上
矛部 5 /6

柔 róu
卷六 上
木部 197 /432

叚 jiǎ
卷三 下
又部 26 /28

咫 zhǐ
卷八 下
尺部 2 /2

兵 bīng
卷三 上
収部 14 /17

屑 xiè
卷八 上
尸部 5 /24

收 shōu
卷三 下
攴部 54 /77

斪 qú
卷十四 上
斤部 5 /15

钩 gōu
卷四 下
刀部 5 /68

邰 tái
卷六 下
邑部 16 /181

矣 yǐ
卷五 下
矢部 10 /11

夋 qūn
卷五 下
夂部 2 /16

卵 luǎn
卷十三 下
卵部 1 /2

忻 xīn
卷十 下
心部 22 /276

穗 suì
卷七 上
禾部 34 /89

采 cǎi
卷六 上
木部 380 /432

受 shòu
卷四 下
受部 4 /9

寽 lǜ
卷四 下
受部 8 /9

zhēng 争	rǔ 乳	jìn 妗	jiāo 姣
卷四 下	卷十二 上	卷十二 下	卷十二 下
叒部 6 /9	乚部 3 /3	女部 110 /245	女部 85 /245
dù 妒	yì 妷	fáng 妨	jiān 奸
卷十二 下	卷十二 下	卷十二 下	卷十二 下
女部 164 /245	女部 54 /245	女部 173 /245	女部 230 /245
shǐ 始	èr 姬	jī 姬	dá 妲
卷十二 下	卷十二 下	卷十二 下	卷十二 下
女部 74 /245	女部 73 /245	女部 4 /245	女部 240 /245
zhóu 妯	dān 耼	wà 聉	wò 卧
卷十二 下	卷十二 上	卷十二 上	卷八 上
女部 179 /245	耳部 5⁽⁺⁾/33	耳部 24 /33	卧部 1 /4
xián 贤	yī 医	yǎn 匽	kuāng 匡
卷三 下	卷十二 下	卷十二 下	卷十二 下
臤部 1 /4	匸部 6 /7	匸部 5 /7	匚部 4 /19
shào 邵	shào 邵	jiā 加	wěn 刎
卷三 下	卷九 上	卷十三 下	卷四 下
卜部 7 /8	卩部 6 /13	力部 32 /44	刀部 65 /68

mǎ 马	zhōu 州	yōng 邕	zī 孜
卷十 上	卷十一 下	卷十一 下	卷三 下
馬部 1 /120	川部 10 /10	川部 7 /10	支部 19 /77

zhuǎn 叒	xū 盰	mào 眊	gàn 盰
卷十四 下	卷四 上	卷四 上	卷四 上
叒部 1 /3	目部 39 /119	目部 25 /119	目部 19 /119

chì 眙	jù 瞿	shì 是	mín 旻
卷四 上	卷四 上	卷二 下	卷七 上
目部 110 /119	朙部 1 /3	是部 1 /3	日部 2 /86

zǎo 早	kūn 昆	áng 昂	jiǒng 炅
卷七 上	卷七 上	卷七 上	卷十 上
日部 4 /86	日部 66 /86	日部 85 /86	火部 102 /118

zuó 昨	xīng 星	mèi 昧	dié 昳
卷七 上	卷七 上	卷七 上	卷七 上
日部 45 /86	晶部 2 (+) /5	日部 6 /86	日部 82 /86

yì 易	xù 昫	hū 昒	zhāo 昭
卷九 下	卷七 上	卷七 上	卷七 上
易部 1 /1	日部 19 /86	日部 5 /86	日部 9 /86

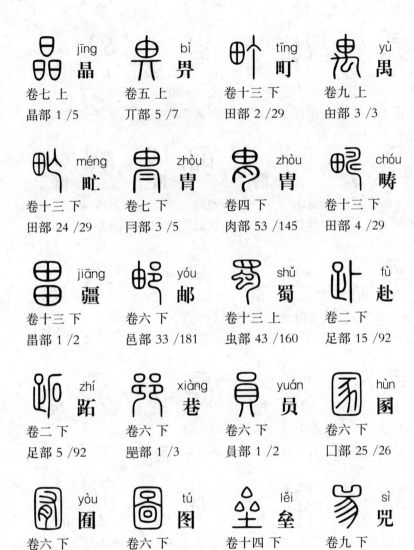

晶 jīng
卷七 上
晶部 1 /5

畀 bì
卷五 上
丌部 5 /7

町 tīng
卷十三 下
田部 2 /29

禺 yù
卷九 上
甶部 3 /3

盯 méng
卷十三 下
田部 24 /29

胄 zhòu
卷七 下
冃部 3 /5

胄 zhòu
卷四 下
肉部 53 /145

疇 chóu
卷十三 下
田部 4 /29

疆 jiāng
卷十三 下
畕部 1 /2

邮 yóu
卷六 下
邑部 33 /181

蜀 shǔ
卷十三 上
虫部 43 /160

赴 fù
卷二 下
足部 15 /92

跖 zhí
卷二 下
足部 5 /92

巷 xiàng
卷六 下
㠱部 1 /3

员 yuán
卷六 下
員部 1 /2

圂 hùn
卷六 下
囗部 25 /26

囿 yòu
卷六 下
囗部 14 /26

图 tú
卷六 下
囗部 8 /26

垒 lěi
卷十四 下
厽部 3 /3

兕 sì
卷九 下
舄部 1 /1

7　画

玎 dīng
卷一 上
玉部 72 /140

玖 jiǔ
卷一 上
玉部 82 /140

玕 gān
卷一 上
玉部 119 /140

钮 niǔ
卷十四 上
金部 77^(十) /204

珥 ěr
卷一 上
玉部 45 /140

珉 mín
卷一 上
玉部 107 /140

祏 shí
卷一 上
示部 30 /67

祈 qí
卷一 上
示部 41 /67

礿 yuè
卷一 上
示部 33 /67

刑 xíng
卷五 下
井部 4 /5

邢 jǐng
卷六 下
邑部 62 /181

次 cì
卷八 下
欠部 62 /66

祁 yuán
卷六 下
邑部 124 /181

亥 hài
卷十四 下
亥部 1 /1

旁 páng
卷一 上
上部 3 /4

冓 gòu
卷四 下
冓部 1 /3

言 yán
卷三 上
言部 1 /257

妾 qiè
卷三 上
辛部 3 /3

攻 gōng
卷三 下
攴部 58 /77

巩 gǒng
卷三 下
丮部 5 /8

gōng **功** 卷十三 下 力部 3 /44	yān **焉** 卷四 上 烏部 3 /3	kē **坷** 卷十三 下 土部 101 /144	pī **坯** 卷十三 下 土部 114 /144
diàn **坫** 卷十三 下 土部 38 /144	jūn **均** 卷十三 下 土部 10 /144	jiōng **坰** 卷五 下 门部 1⁽⁺⁾/5	gòu **垢** 卷十三 下 土部 112 /144
dié **垤** 卷十三 下 土部 115 /144	pō **坡** 卷十三 下 土部 8 /144	kū **窟** 卷十三 下 土部 35 /144	chí **坻** 卷十三 下 土部 68 /144
juǎn **埍** 卷十三 下 土部 117 /144	ǎi **毐** 卷十二 下 毋部 2 /2	tūn **吞** 卷二 上 口部 9 /190	zāi **哉** 卷十二 下 戈部 20 /26
wéi **韦** 卷五 下 韋部 1 /17	hú **胡** 卷四 下 肉部 84 /145	jiá **枱** 卷七 下 市部 2 /2	ér **耏** 卷九 下 而部 2 /2
nài **耐** 卷九 下 而部 2⁽⁺⁾/2	wū **巫** 卷五 上 巫部 1 /2	guǐ **轨** 卷十四 上 車部 70 /102	zhǎn **斩** 卷十四 上 車部 96 /102

dài
带
卷七 下
巾部 12 /71

 kān
戡
卷十二 下
戈部 15 /26

 wǔ
武
卷十二 下
戈部 23 /26

 yī
医
卷十二 下
匚部 6 /7

偃 yǎn
匽
卷十二 下
匚部 5 /7

fěng
覂
卷七 下
襾部 2 /4

yǔ
雨
卷十一 下
雨部 1 /51

liǎng
两
卷七 下
㒳部 2 /3

bǐng
邴
卷六 下
邑部 114 /181

 shěn
矤
卷五 下
矢部 8 /11

 xián
弦
卷十二 下
弦部 1 /4

 jīng
泾
卷十一 下
川部 2 /10

zhuó
酌
卷十四 下
酉部 30 /73

gé
鬲
卷三 下
鬲部 1 /13

fù
副
卷四 下
刀部 23 /68

gēng
庚
卷十四 下
庚部 1 /1

jīn
金
卷十四 上
金部 1 /204

niàn
念
卷十 下
心部 17 /276

hé
郃
卷六 下
邑部 28 /181

líng
瓴
卷十二 下
瓦部 13 /27

 chuāng
创
卷四 下
刃部 2 (十) /3

 jī
饥
卷五 下
食部 56 /64

 zhī
知
卷五 下
矢部 9 /11

xiè
卸
卷九 上
卪部 11 /13

缸 gāng 缸
卷五下
缶部 11 /22

奇 qí 奇
卷五上
可部 2 /5

㜝 niè 㜝
卷十下
㜝部 1 /7

夶 chì 赤
卷十下
赤部 1 /10

壺 hú 壺
卷十下
壺部 1 /2

來 lái 来
卷五下
來部 1 /2

斅 xiào 效
卷三下
攴部 10 /77

幸 xìng 幸
卷十下
夭部 3 /4

夾 shǎn 夾
卷十下
亦部 2 /2

夾 jiā 夹
卷十下
大部 3 /18

尬 gà 尬
卷十下
允部 7 /12

跛 bǒ 跛
卷十下
允部 3 /12

叔 shū 叔
卷三下
又部 22 /28

斻 qiāng 斻
卷十四上
斤部 3 /15

音 pǒu 音
卷五上
丶部 3 /3

殘 cán 残
卷四下
歺部 29 /32

殆 dài 殆
卷四下
歺部 20 /32

殁 mò 殁
卷四下
歺部 5⁽⁺⁾ /32

貞 zhēn 贞
卷三下
卜部 4 /8

鹵 tiáo 卤
卷七上
鹵部 1 /3

冶 yě 冶
卷十一下
仌部 10 /17

衾 qīn 衾
卷八上
衣部 71 /119

袌 bào 抱
卷八上
衣部 36 /119

袞 gǔn 袞
卷八上
衣部 3 /119

wén 彣 卷九 上 彣部 1 /2	páo 袍 卷八 上 衣部 20 /119	shān 衫 卷八 上 衣部 118 /119	zhǐ 只 卷十三 上 糸部 106⁽⁺⁾/257
tǎn 袒 卷八 上 衣部 86 /119	xiù 袖 卷八 上 衣部 32⁽⁺⁾/119	biǎo 表 卷八 上 衣部 7 /119	zhōng 衷 卷八 上 衣部 75 /119
mào 袤 卷八 上 衣部 23 /119	tíng 亭 卷五 下 高部 3 /4	yè 裛 卷八 上 衣部 99 /119	bǐng 稟 卷五 下 㐭部 2 /4
fù 复 卷五 下 夊部 3 /16	dǎn 亶 卷五 下 㐭部 3 /4	kù 庫 卷九 下 广部 14 /55	xiū 休 卷六 上 木部 404⁽⁺⁾/432
fǔ 府 卷九 下 广部 2 /55	yù 寓 卷七 下 宀部 57⁽⁺⁾/74	zōng 宗 卷七 下 宀部 69 /74	jiā 家 卷七 下 宀部 2 /74
yín 寅 卷十四 下 寅部 1 /1	fù 富 卷七 下 宀部 32 /74	jì 寂 卷七 下 宀部 28 /74	kè 客 卷七 下 宀部 55 /74

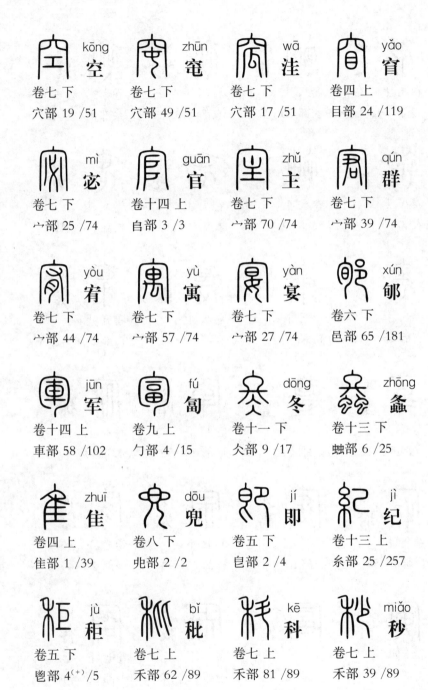

空 kōng
卷七 下
穴部 19 /51

窀 zhūn
卷七 下
穴部 49 /51

洼 wā
卷七 下
穴部 17 /51

窅 yǎo
卷四 上
目部 24 /119

宓 mì
卷七 下
宀部 25 /74

官 guān
卷十四 上
自部 3 /3

宔 zhǔ
卷七 下
宀部 70 /74

群 qún
卷七 下
宀部 39 /74

宥 yòu
卷七 下
宀部 44 /74

寓 yù
卷七 下
宀部 57 /74

宴 yàn
卷七 下
宀部 27 /74

郇 xún
卷六 下
邑部 65 /181

军 jūn
卷十四 上
車部 58 /102

匐 fú
卷九 上
勹部 4 /15

冬 dōng
卷十一 下
仌部 9 /17

螽 zhōng
卷十三 下
蚰部 6 /25

隹 zhuī
卷四 上
隹部 1 /39

兜 dōu
卷八 下
兆部 2 /2

即 jí
卷五 下
皀部 2 /4

纪 jì
卷十三 上
糸部 25 /257

秬 jù
卷五 下
鬯部 4 (+) /5

秕 bǐ
卷七 上
禾部 62 /89

科 kē
卷七 上
禾部 81 /89

秒 miǎo
卷七 上
禾部 39 /89

秩 zhì 秩
卷七 上
禾部 50 /89

租 zū 租
卷七 上
禾部 72 /89

移 yí 移
卷七 上
禾部 31 /89

捆 kǔn 捆
卷七 上
禾部 51 /89

袋 dài 袋
卷七 下
巾部 68 /71

背 bèi 背
卷四 下
肉部 24 /145

邶 bèi 邶
卷六 下
邑部 45 /181

凭 píng 凭
卷十四 上
几部 2 /4

佞 nìng 佞
卷十二 下
女部 167 /245

佶 jí 佶
卷八 上
人部 46 /263

佰 bǎi 佰
卷八 上
人部 121 /263

伾 pī 伾
卷八 上
人部 61 /263

树 shù 树
卷八 上
人部 115 /263

佺 quán 佺
卷八 上
人部 85 /263

位 wèi 位
卷八 上
人部 82 /263

伉 kàng 伉
卷八 上
人部 17 /263

倅 cuì 倅
卷八 上
人部 248 /263

倞 jìng 倞
卷八 上
人部 51 /263

攸 yōu 攸
卷三 下
攴部 40 /77

佻 tiāo 佻
卷八 上
人部 179 /263

伴 bàn 伴
卷八 上
人部 58 /263

佾 yì 佾
卷八 上
人部 252 /263

溺 nì 溺
卷十一 上
水部 312 /487

侁 shēn 侁
卷八 上
人部 113 /263

kǎn 侃	yòu 侑	fǔ 俯	jù 倨
卷十一 下	卷十二 下	卷九 上	卷八 上
川部 9/10	女部 147(+)/245	頁部 60(+)/93	人部 54/263
wò 偓	fú 俘	zhōu 侜	yǔ 俁
卷八 上	卷八 上	卷八 上	卷八 上
人部 84/263	人部 218/263	人部 174/263	人部 47/263
lǐ 俚	pīng 俜	kuǐ 傀	ǒu 偶
卷八 上	卷八 上	卷八 上	卷八 上
人部 57/263	人部 110/263	人部 32/263	人部 235/263
chāng 倡	bì 陛	chuí 垂	fǔ 甫
卷八 上	卷十三 下	卷十三 下	卷三 下
人部 190/263	土部 53/144	土部 130/144	用部 2/5
qiāng 羌	jiǔ 灸	jiù 咎	hài 奎
卷四 上	卷十 上	卷八 上	卷五 下
羊部 25/26	火部 59/118	人部 225/263	夂部 2/6
féng 逢	jié 桀	jì 苟	mò 首
卷五 下	卷五 下	卷九 上	卷四 上
夂部 3/6	桀部 1/3	苟部 1/2	首部 1/4

56

狟 huán
卷十上
犬部 49 /87

狡 jiǎo
卷十上
犬部 5 /87

犺 kàng
卷十上
犬部 44 /87

狐 hú
卷十上
犬部 80 /87

犴 àn
卷九 下
豸部 13⁽⁺⁾/21

狃 niǔ
卷十上
犬部 40 /87

尨 máng
卷十上
犬部 4 /87

系 xì
卷十二 下
系部 1 /4

我 wǒ
卷十二 下
我部 1 /2

央 yāng
卷五 下
冂部 4 /5

弁 biàn
卷八 下
兒部 2 /2

昶 chǎng
卷七 上
日部 77 /86

判 pàn
卷四 下
刀部 26 /68

邠 bīn
卷六 下
邑部 18 /181

遂 suì
卷二 上
八部 6 /12

酉 qiú
卷十四 下
酉部 1 /2

煊 xuān
卷十上
火部 108⁽⁺⁾/118

烄 jiǎo
卷十上
火部 28 /118

炕 kàng
卷十上
火部 103 /118

炮 pào
卷十上
火部 48 /118

秋 qiū
卷七 上
禾部 78 /89

焫 xiè
卷十上
火部 64 /118

炟 dá
卷十上
火部 2 /118

兆 zhào
卷三 下
卜部 8 /8

册 cè	渊 yuān	汁 zhī	汛 xùn
卷二 下	卷十一 上	卷十一 上	卷十一 上
册部 1 /3	水部 227 /487	水部 411 /487	水部 441 /487
汍 guǐ	氾 fán	泛 fàn	沂 yí
卷十一 上	卷十一 上	卷十一 上	卷十一 上
水部 259 /487	水部 198 /487	水部 180 /487	水部 99 /487
汋 zhuó	汨 mì	洄 huí	征 zhēng
卷十一 上	卷十一 上	卷十一 上	卷二 下
水部 211 /487	水部 58 /487	水部 302 /487	辵部 10⁽⁺⁾ /131
夷 yí	徂 cú	役 yì	级 jí
卷二 下	卷二 下	卷三 下	卷二 下
彳部 17 /37	辵部 15⁽⁺⁾ /131	殳部 19 /20	彳部 12 /37
彼 bǐ	征 zhēng	延 yán	廷 tíng
卷二 下	卷二 下	卷二 下	卷二 下
彳部 9 /37	廴部 3 /4	延部 2 /2	廴部 2 /4
衎 kàn	起 qǐ	阜 fù	帅 shuài
卷二 下	卷二 上	卷十四 下	卷七 下
行部 9 /12	走部 39 /85	自部 1 /94	巾部 3 /71

郈 hòu
卷六 下
邑部 140 /181

㻩 dié
卷七 下
瓜部 3 /7

碎 suì
卷九 下
石部 35 /58

砅 lì
卷十一 上
水部 308 /487

硯 yàn
卷九 下
石部 45 /58

厓 yá
卷九 下
厂部 2 /27

宩 qù
卷十二 上
戶部 9 /10

㞷 yǐ
卷十二 上
戶部 8 /10

戾 lì
卷十 上
犬部 54 /87

历 lì
卷九 下
厂部 11 /27

虒 sī
卷五 上
虎部 14 /17

疏 shū
卷二 下
㐬部 3 /3

肴 yáo
卷四 下
肉部 80 /145

蛣 jié
卷十三 上
虫部 28 /160

蚨 fú
卷十三 上
虫部 128 /160

蚗 jué
卷十三 上
虫部 87 /160

蝠 fú
卷十三 上
虫部 147 /160

蜥 xī
卷十三 上
虫部 18 /160

蝀 dōng
卷十三 上
虫部 152 /160

蜗 wō
卷十三 上
虫部 119 /160

蚺 rán
卷十三 上
虫部 4 /160

魍 wǎng
卷十三 上
虫部 138 /160

蛔 huí
卷十三 上
虫部 14 /160

蛫 guǐ
卷十三 上
虫部 135 /160

fú 蜉	tiáo 蜩	xiàn 蚬	guǒ 蜾
卷十三 下	卷十三 上	卷十三 上	卷十三 上
蚰部 23⁽⁺⁾/25	虫部 83⁽⁺⁾/160	虫部 66 /160	虫部 69⁽⁺⁾/160
huǐ 虺	huáng 坒	sì 寺	tè 忒
卷十三 上	卷六 下	卷三 下	卷十 下
虫部 13 /160	之部 2 /2	寸部 2 /7	心部 119 /276
fēn 氛	shī 施	niǎo 鸟	shēn 申
卷一 上	卷三 下	卷四 上	卷十四 下
气部 2 /2	支部 13 /77	鳥部 1 /119	申部 1 /4
xié 邪	jù 距	xiē 些	zǐ 呰
卷六 下	卷二 上	卷二 上	卷二 上
邑部 145 /181	止部 5 /14	此部 4 /4	口部 119 /190
fǔ 改	méng 虻	wàng 忘	jiāo 臦
卷三 下	卷十三 下	卷十 下	卷九 上
支部 41 /77	蚰部 19 /25	心部 141 /276	臦部 1 /2
fàng 放	gōng 躬	shuò 朔	gēng 庚
卷四 下	卷七 下	卷七 上	卷十四 下
放部 1 /3	呂部 2⁽⁺⁾/2	月部 2 /10	庚部 1 /1

甚 shèn
卷五 上
甘部 5 /5

啐 cuì
卷二 上
口部 132 /190

嗃 hè
卷二 上
口部 182 /190

吹 chuī
卷二 上
口部 50 /190

呼 hū
卷二 上
口部 47 /190

咏 yǒng
卷三 上
言部 100(+) /257

咷 táo
卷二 上
口部 19 /190

喔 wō
卷二 上
口部 170 /190

呶 náo
卷二 上
口部 127 /190

喁 yóng
卷二 上
口部 178 /190

唱 chàng
卷二 上
口部 66 /190

血 xuè
卷五 上
血部 1 /15

忠 zhōng
卷十 下
心部 11 /276

睂 shěng
卷四 上
目部 83 /119

邦 bāng
卷六 下
邑部 2 /181

牧 mù
卷三 下
攴部 74 /77

牲 shēng
卷二 上
牛部 26 /47

牶 tāo
卷二 上
牛部 22 /47

牬 bèi
卷二 上
牛部 7 /47

邾 zhū
卷六 下
邑部 95 /181

牴 dǐ
卷二 上
牛部 37 /47

物 wù
卷二 上
牛部 44 /47

志 zhì
卷十 下
心部 5 /276

壴 zhù
卷五 上
壴部 1 /5

hù 岵 卷九 下 山部 16 /65	qí 岐 卷六 下 邑部 17⁽⁺⁾/181	xún 峋 卷九 下 山部 55 /65	jū 岨 卷九 下 山部 20 /65
àn 岸 卷九 下 厂部 2 /6	lán 岚 卷九 下 山部 61 /65	jí 岌 卷九 下 山部 56 /65	dù 蠹 卷十三 下 蚰部 20⁽⁺⁾/25
niè 岜 卷十四 上 自部 2 /3	hàn 柬 卷七 上 柬部 1 /2	yù 芋 卷一 下 艸部 31 /458	yún 芸 卷一 下 艸部 155 /458
qín 芩 卷一 下 艸部 169 /458	jiāo 茭 卷一 下 艸部 373 /458	bāo 苞 卷一 下 艸部 149 /458	mào 茅 卷一 下 艸部 299 /458
gū 苽 卷一 下 艸部 232 /458	fāng 芳 卷一 下 艸部 335 /458	máng 芒 卷一 下 艸部 274 /458	wán 芄 卷一 下 艸部 50 /458
gān 苷 卷一 下 艸部 63 /458	zhuó 茁 卷一 下 艸部 254 /458	ruì 芮 卷一 下 艸部 295 /458	qiān 芊 卷一 下 艸部 453 /458

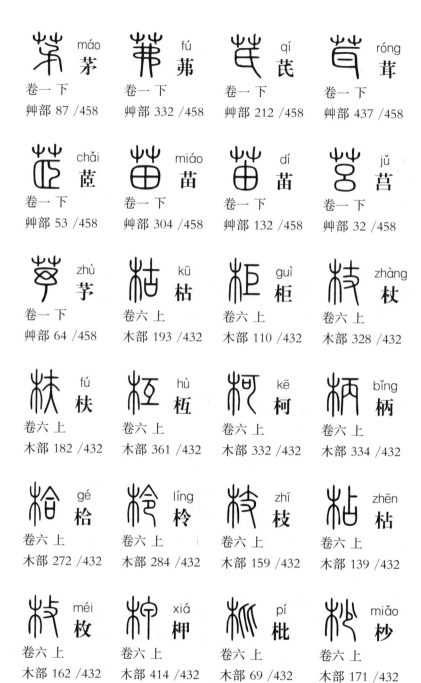

茅 máo 卷一下 艸部 87 /458
莆 fú 卷一下 艸部 332 /458
芪 qí 卷一下 艸部 212 /458
茸 róng 卷一下 艸部 437 /458

茝 chǎi 卷一下 艸部 53 /458
苗 miáo 卷一下 艸部 304 /458
苗 dí 卷一下 艸部 132 /458
莒 jǔ 卷一下 艸部 32 /458

苧 zhù 卷一下 艸部 64 /458
枯 kū 卷六上 木部 193 /432
柜 guì 卷六上 木部 110 /432
杖 zhàng 卷六上 木部 328 /432

枎 fú 卷六上 木部 182 /432
枑 hù 卷六上 木部 361 /432
柯 kē 卷六上 木部 332 /432
柄 bǐng 卷六上 木部 334 /432

枅 gé 卷六上 木部 272 /432
柃 líng 卷六上 木部 284 /432
枝 zhī 卷六上 木部 159 /432
枮 zhēn 卷六上 木部 139 /432

枚 méi 卷六上 木部 162 /432
柙 xiá 卷六上 木部 414 /432
枇 pí 卷六上 木部 69 /432
杪 miǎo 卷六上 木部 171 /432

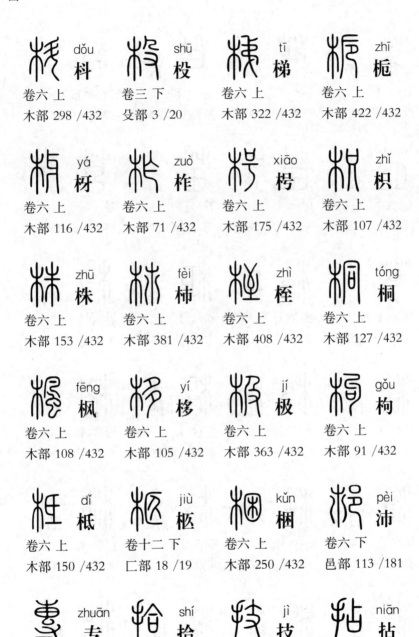

料 dǒu
卷六 上
木部 298 /432

投 shū
卷三 下
殳部 3 /20

梯 tī
卷六 上
木部 322 /432

栀 zhī
卷六 上
木部 422 /432

杩 yá
卷六 上
木部 116 /432

柞 zuò
卷六 上
木部 71 /432

枵 xiāo
卷六 上
木部 175 /432

枳 zhǐ
卷六 上
木部 107 /432

株 zhū
卷六 上
木部 153 /432

柿 fèi
卷六 上
木部 381 /432

桎 zhì
卷六 上
木部 408 /432

桐 tóng
卷六 上
木部 127 /432

枫 fēng
卷六 上
木部 108 /432

杉 yí
卷六 上
木部 105 /432

极 jí
卷六 上
木部 363 /432

枸 gǒu
卷六 上
木部 91 /432

柢 dǐ
卷六 上
木部 150 /432

柩 jiù
卷十二 下
匚部 18 /19

梱 kǔn
卷六 上
木部 250 /432

沛 pèi
卷六 下
邑部 113 /181

专 zhuān
卷三 下
寸部 5 /7

拾 shí
卷十二 上
手部 160 /278

技 jì
卷十二 上
手部 196 /278

拈 niān
卷十二 上
手部 55 /278

64

舀 yǎo
卷七 上
臼部 5⁽⁺⁾/6

拖 tuō
卷十二 上
手部 244 /278

抽 chōu
卷十二 上
手部 167⁽⁺⁾/278

扮 bàn
卷十二 上
手部 137 /278

投 tóu
卷十二 上
手部 99 /278

扼 è
卷十二 上
手部 50⁽⁺⁾/278

拜 bài
卷十二 上
手部 16⁽⁺⁾/278

披 pī
卷十二 上
手部 119 /278

哲 zhé
卷二 上
口部 59 /190

晢 zhé
卷七 上
日部 8 /86

拘 jū
卷三 上
句部 2 /4

抵 dǐ
卷十二 上
手部 24 /278

招 zhāo
卷十二 上
手部 93 /278

捉 zhuō
卷十二 上
手部 72 /278

捐 juān
卷十二 上
手部 256 /278

旗 qí
卷七 上
㫃部 7 /23

致 zhì
卷五 下
夂部 5 /16

郅 zhì
卷六 下
邑部 70 /181

儿 ér
卷八 下
儿部 3 /6

页 yè
卷九 上
頁部 1 /93

竽 yú
卷五 上
竹部 120 /149

筊 jiǎo
卷五 上
竹部 87 /149

笐 háng
卷五 上
竹部 29 /149

竿 gān
卷五 上
竹部 84 /149

xiào 笑 卷五 上 竹部 144 /149	chī 笞 卷五 上 竹部 115 /149	jī 筓 卷五 上 竹部 37 /149	dá 笪 卷五 上 竹部 114 /149
dí 笛 卷五 上 竹部 130 /149	jǔ 筥 卷五 上 竹部 57 /149	fú 幅 卷七 下 巾部 10 /71	bō 帗 卷七 下 巾部 5 /71
chóu 帱 卷七 下 巾部 24 /71	méng 蒙 卷七 下 冃部 4 /4	yuān 冤 卷十 上 兔部 3 /6	míng 冥 卷七 上 冥部 1 /2
pēi 胚 卷四 下 肉部 3 /145	qū 胠 卷四 下 肉部 33 /145	zhī 肢 卷四 下 肉部 49(+)/145	rán 然 卷四 下 肉部 131 /145
xī 肸 卷三 上 十部 4 /9	gǔ 股 卷四 下 肉部 43 /145	zuò 胙 卷四 下 肉部 76 /145	zhī 肢 卷四 下 肉部 49 /145
shèng 胜 卷四 下 肉部 108 /145	fèi 肺 卷四 下 肉部 13 /145	qū 蛆 卷四 下 肉部 136 /145	cuì 脆 卷四 下 肉部 124 /145

胊 qú
卷四 下
肉部 97 /145

胝 zhī
卷四 下
肉部 66 /145

肋 lèi
卷四 下
肉部 28 /145

飑 biāo
卷十三 下
風部 4⁽⁺⁾/16

隶 lì
卷三 下
隶部 1 /3

裙 qún
卷七 下
巾部 17 /71

䍃 yáo
卷五 下
缶部 14 /22

炙 zhì
卷十 下
炙部 1 /3

蜰 féi
卷十三 上
虫部 67 /160

碗 wǎn
卷十二 下
瓦部 12 /27

眢 yuān
卷四 上
目部 57 /119

甬 yǒng
卷七 上
马部 4 /5

函 hán
卷七 上
马部 2 /5

角 jiǎo
卷四 下
角部 1 /39

象 xiàng
卷九 下
象部 1 /2

䖺 chuò
卷十 上
怠部 1 /4

负 fù
卷六 下
貝部 30 /68

郢 yǐng
卷六 下
邑部 89⁽⁺⁾/181

陷 xiàn
卷七 上
臼部 6 /6

敄 wù
卷三 下
攴部 7 /77

蟊 máo
卷十三 下
蚰部 10 /25

懋 máo
卷十 下
心部 87⁽⁺⁾/276

疱 pào
卷三 下
皮部 2 /5

欣 xīn
卷八 下
欠部 14 /66

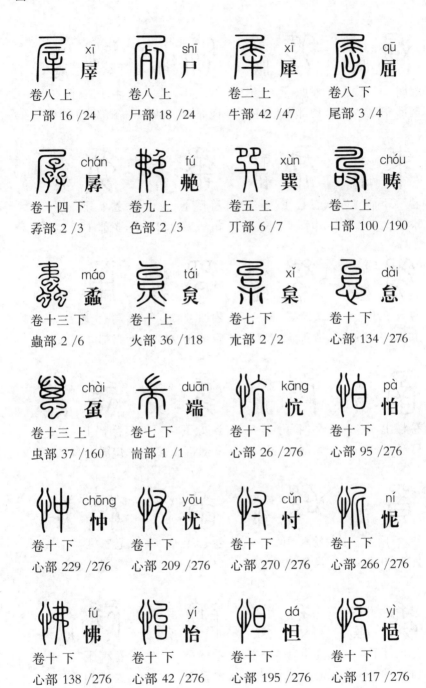

犀 xī
犀
卷八 上
尸部 16 /24

屍 shī
尸
卷八 上
尸部 18 /24

犀 xī
犀
卷二 上
牛部 42 /47

屈 qū
屈
卷八 下
尾部 3 /4

孱 chán
孱
卷十四 下
弄部 2 /3

舫 fú
舫
卷九 上
色部 2 /3

巽 xùn
巽
卷五 上
丌部 6 /7

疇 chóu
疇
卷二 上
口部 100 /190

蟊 máo
蟊
卷十三 下
蟲部 2 /6

炱 tái
炱
卷十 上
火部 36 /118

枲 xǐ
枲
卷七 下
木部 2 /2

怠 dài
怠
卷十 下
心部 134 /276

蚩 chài
蚩
卷十三 上
虫部 37 /160

端 duān
端
卷七 下
耑部 1 /1

忼 kāng
忼
卷十 下
心部 26 /276

怕 pà
怕
卷十 下
心部 95 /276

忡 chōng
忡
卷十 下
心部 229 /276

忧 yōu
忧
卷十 下
心部 209 /276

忖 cǔn
忖
卷十 下
心部 270 /276

怩 ní
怩
卷十 下
心部 266 /276

佛 fú
佛
卷十 下
心部 138 /276

怡 yí
怡
卷十 下
心部 42 /276

怛 dá
怛
卷十 下
心部 195 /276

悒 yì
悒
卷十 下
心部 117 /276

称 chēng 卷四 下 冓部 3 /3	淫 yín 卷八 上 壬部 4 /4	帤 rú 卷七 下 巾部 8 /71	弩 nǔ 卷十二 下 弓部 21 /27
砮 nǔ 卷九 下 石部 5 /58	帑 tǎng 卷七 下 巾部 56 /71	妊 rèn 卷十二 下 女部 25 /245	姑 gū 卷十二 下 女部 36 /245
婀 ē 卷十二 下 女部 61 /245	姶 è 卷十二 下 女部 69 /245	妓 jì 卷十二 下 女部 150 /245	姨 yí 卷十二 下 女部 45 /245
妣 bǐ 卷十二 下 女部 38 /245	毁 shū 卷十二 下 女部 84 /245	娣 dì 卷十二 下 女部 41 /245	姤 gòu 卷十二 下 女部 245 /245
姓 xìng 卷十二 下 女部 2 /245	姺 shēn 卷十二 下 女部 10 /245	姝 shū 卷十二 下 女部 80 /245	妹 mèi 卷十二 下 女部 40 /245
姪 zhí 卷十二 下 女部 44 /245	姐 jiě 卷十二 下 女部 35 /245	妎 hài 卷十二 下 女部 163 /245	娓 wěi 卷十二 下 女部 128 /245

婳 xū
卷十二 下
女部 34 /245

娟 juān
卷十二 下
女部 243 /245

姻 yīn
卷十二 下
女部 20 /245

邸 dǐ
卷六 下
邑部 9 /181

刮 guā
卷四 下
刀部 42 /68

聆 líng
卷十二 上
耳部 13 /33

耿 gěng
卷十二 上
耳部 7 /33

耻 chǐ
卷十 下
心部 251 /276

嬰 yí
卷十二 下
女部 123 /245

区 qū
卷十二 下
匸部 2 /7

忍 rěn
卷十 下
心部 259 /276

邵 shào
卷六 下
邑部 48 /181

甾 zī
卷一 下
艸部 326 $^{(+)}$ /458

列 liè
卷四 下
刀部 29 /68

娩 miǎn
卷十四 下
子部 3 /15

敃 mǐn
卷三 下
支部 6 /77

蚊 wén
卷十三 下
蚰部 18 /25

眨 zhǎ
卷四 上
目部 115 /119

眄 miǎn
卷四 上
目部 99 /119

眜 mò
卷四 上
目部 49 /119

昗 xuè
卷四 上
夏部 1 /4

眴 xuàn
卷四 上
目部 59 $^{(+)}$ /119

眇 miǎo
卷四 上
目部 98 /119

盼 xì
卷四 上
目部 112 /119

盼 pàn
卷四 上
目部 18 /119

则 zé
卷四 下
刀部 13 /68

睇 dì
卷四 上
目部 108 /119

眛 mèi
卷四 上
目部 89 /119

眹 dié
卷四 上
目部 96 /119

䀹 wò
卷四 上
目部 107 /119

眵 chī
卷四 上
目部 85 /119

具 jù
卷三 上
奴部 17 /17

眸 móu
卷四 上
目部 118 /119

阳 yáng
卷九 下
勿部 2 /2

怛 dá
卷十 下
心部 195⁽⁺⁾/276

昊 hào
卷十 下
齐部 4 /5

昱 yù
卷七 上
日部 52 /86

景 jǐng
卷七 上
日部 23 /86

晏 yàn
卷七 上
日部 21 /86

升 shēng
卷七 上
日部 86 /86

晬 zuì
卷七 上
日部 79 /86

晧 hào
卷七 上
日部 24 /86

晚 wǎn
卷七 上
日部 32 /86

睍 xiàn
卷七 上
日部 20 /86

毕 bì
卷四 下
華部 2 /4

畋 tián
卷三 下
攴部 69 /77

畎 quǎn
卷十一 下
〈部 1⁽⁺⁾/1

界 jiè
卷十三 下
田部 16 /29

男　nán
卷十三 下
男部 1 /3

踂　yuè
卷二 下
足部 79⁽⁺⁾ /92

踂　yuè
卷二 下
足部 79 /92

明　míng
卷七 上
朙部 1 /2

圂　juàn
卷四 上
朙部 2 /3

圄　yǔ
卷六 下
口部 20 /26

国　guó
卷六 下
口部 10 /26

园　yuán
卷六 下
口部 15 /26

圆　yuán
卷六 下
口部 6 /26

8 画

珏 jué
珏
卷一 上
珏部 1 /3

玩 wán
玩
卷一 上
玉部 69 /140

弣 yì
弣
卷十二 下
弓部 27 /27

刑 xíng
刑
卷四 下
刀部 58 /68

珂 kē
珂
卷一 上
玉部 133 /140

玲 líng
玲
卷一 上
玉部 70 /140

玫 méi
玫
卷一 上
玉部 115 /140

珣 xún
珣
卷一 上
玉部 17 /140

玭 pín
玭
卷一 上
玉部 112 /140

珩 héng
珩
卷一 上
玉部 42 /140

玤 bàng
玤
卷一 上
玉部 77 /140

珠 zhū
珠
卷一 上
玉部 109 /140

玠 jiè
玠
卷一 上
玉部 36 /140

弄 lòng
弄
卷三 上
収部 9 /17

社 shè
社
卷一 上
示部 55 /67

祊 bēng
祊
卷一 上
示部 28 (＋) /67

祉 zhǐ
祉
卷一 上
示部 10 /67

祷 dǎo
祷
卷一 上
示部 42 (＋) /67

祇 qí
祇
卷一 上
示部 17 /67

祁 qí
祁
卷六 下
邑部 60 /181

雨 zhèn 両 卷十二 上 門部 50 /62	**帝** dì 帝 卷一 上 上部 2 /4	**亲** zhēn 亲 卷六 上 木部 16 /432	**音** yīn 音 卷三 上 音部 1 /7
記 jì 记 卷三 上 言部 95 /257	**魂** hún 魂 卷九 上 鬼部 3 /20	**貢** gòng 贡 卷六 下 貝部 13 /68	**卦** guà 卦 卷三 下 卜部 2 /8
封 kuī 刲 卷四 下 刀部 44 /68	**坪** píng 坪 卷十三 下 土部 9 /144	**塙** què 塙 卷十三 下 土部 12 /144	**附** fù 附 卷十三 下 土部 74 /144
坎 kǎn 坎 卷十三 下 土部 66 /144	**垡** fá 垡 卷十三 下 土部 24 /144	**垛** duò 垛 卷十三 下 土部 37 /144	**坦** jì 坦 卷十三 下 土部 77 /144
埽 sǎo 埽 卷十三 下 土部 47 /144	**島** dǎo 岛 卷十三 下 土部 82 /144	**垠** yín 垠 卷十三 下 土部 87 /144	**塊** kuài 块 卷十三 下 土部 20^(艸) /144
隅 yú 隅 卷十三 下 土部 6 /144	**故** gù 故 卷三 下 支部 11 /77	**奕** ruǎn 奕 卷十 下 亢部 6 / 8	**恧** nù 恧 卷十 下 心部 255 /276

軑 **軑** dài	軓 **钣** fǎn	軒 **轩** xuān	輒 **辄** zhé
卷十四 上	卷十四 上	卷十四 上	卷十四 上
車部 44 /102	車部 21 /102	車部 2 /102	車部 24 /102
軔 **轫** rèn	軵 **轩** chūn	軸 **轴** zhóu	畮 **亩** mǔ
卷十四 上	卷十四 上	卷十四 上	卷十三 下
車部 34 /102	車部 25 /102	車部 32 /102	田部 10⁽⁺⁾/29
豝 **豝** bā	汀 **汀** tīng	亟 **亟** jí	戔 **戋** jiān
卷九 下	卷十一 上	卷十三 下	卷十二 下
豕部 6 /22	水部 369⁽⁺⁾/487	二部 2 /6	戈部 26 /26
戎 **戎** róng	䖑 **虩** huà	戒 **戒** jiè	政 **政** zhèng
卷十二 下	卷三 下	卷三 上	卷三 下
戈部 3 /26	丮部 7 /8	収部 13 /17	攴部 12 /77
區 **区** qū	哥 **哥** gē	黃 **黄** huáng	靳 **靳** jìn
卷十二 下	卷五 上	卷十三 下	卷三 下
匸部 2 /7	可部 4 /5	黃部 1 /6	革部 34 /63
靮 **靮** dí	䣆 **邳** pī	㒼 **㒼** mán	賈 **贾** jiǎ
卷三 下	卷六 下	卷七 下	卷六 下
革部 63 /63	邑部 136 /181	㒼部 3 /3	貝部 42 /68

75

更 gèng 卷三 下 攴部 27 /77	**弼** bì 卷十二 下 弜部 2 /2	**张** zhāng 卷十二 下 弓部 10 /27	**贯** guàn 卷七 上 毌部 2 /3
郖 dòu 卷六 下 邑部 37 /181	**酊** dǐng 卷十四 下 酉部 71 /73	**酏** yí 卷十四 下 酉部 57 /73	**酣** hān 卷十四 下 酉部 38 /73
酎 zhòu 卷十四 下 酉部 16 /73	**贪** tān 卷六 下 貝部 48 /68	**合** hé 卷三 下 攴部 33 /77	**弇** yǎn 卷三 上 収部 5 /17
舒 shū 卷六 下 邑部 170 /181	**舒** shū 卷四 下 予部 2 /3	**饲** sì 卷五 下 食部 19 /64	**刳** kū 卷四 下 刀部 28 /68
劫 jié 卷十三 下 力部 37 /44	**奄** yǎn 卷十 下 大部 4 /18	**乘** chéng 卷五 下 桀部 3 /3	**畜** chù 卷十三 下 田部 27 /29
尪 wāng 卷十 下 尣部 1 (+) /12	**叔** shū 卷三 下 又部 22 (+) /28	**壮** zhuàng 卷一 上 士部 3 /4	**疖** jiǎo 卷七 下 疒部 12 /102

76

床 chuáng
卷六 上
木部 266 /432

将 jiāng
卷十二 上
手部 29 /278

妆 zhuāng
卷十二 下
女部 156 /245

殊 shū
卷四 下
歺部 7 /32

殂 cú
卷四 下
歺部 10 /32

殁 mò
卷四 下
歺部 5 /32

迫 yóu
卷五 上
乃部 3 /3

禼 xiè
卷十四 下
内部 7 /7

冷 lěng
卷十一 下
仌部 12 /17

却 què
卷九 上
卩部 10 /13

俎 zǔ
卷十四 上
且部 2 /3

奎 dá
卷四 上
羊部 6⁽⁺⁾/26

邟 kàng
卷六 下
邑部 73 /181

彦 yàn
卷九 上
彣部 2 /2

忞 mín
卷十 下
心部 83 /276

袵 rèn
卷八 上
衣部 12 /119

夹 jiā
卷八 上
衣部 67 /119

袪 qū
卷八 上
衣部 31 /119

袉 tuó
卷八 上
衣部 41 /119

祖 jù
卷八 上
衣部 77 /119

衸 jiè
卷八 上
衣部 39 /119

被 bèi
卷八 上
衣部 70 /119

祗 dī
卷八 上
衣部 26 /119

裹 xié
卷八 上
衣部 93 /119

zhì 袠	jiù 就	gǎo 稿	gǎo 槁
卷七 下	卷五 下	卷七 上	卷六 下
巾部 33⁽⁺⁾ /71	京部 2 /2	禾部 61 /89	木部 194 /432

巾部 33(+) /71　京部 2 /2　禾部 61 /89　木部 194 /432

gāo 膏　卷四 下　肉部 20 /145
hào 鄗　卷六 下　邑部 67 /181
kè 勊　卷十三 下　力部 27 /44
shù 庶　卷九 下　广部 36 /55

bì 庳　卷九 下　广部 34 /55
xiáng 庠　卷九 下　广部 4 /55
tíng 庭　卷九 下　广部 6 /55
zhì 庤　卷九 下　广部 37 /55

xiāng 厢　卷九 下　广部 52 /55
yǔ 庾　卷九 下　广部 20 /55
zǎi 宰　卷七 下　宀部 41 /74
wù 寤　卷七 下　宀部 52 /74

sù 宿　卷七 下　宀部 48 /74
hài 害　卷七 下　宀部 61 /74
xiāo 宵　卷七 下　宀部 47 /74
sǒu 叟　卷三 下　又部 7 /28

biǎn 窆　卷七 下　穴部 48 /51
yā 窫　卷七 下　穴部 51 /51
tū 突　卷七 下　穴部 34 /51
róng 容　卷七 下　宀部 35 /74

chuān 穿 卷七 下 穴部 9 /51	zhì 窒 卷七 下 穴部 33 /51	yǎo 窅 卷七 下 穴部 42 /51	shěn 审 卷二 上 釆部 3 /5
chén 宸 卷七 下 宀部 11 /74	wān 剜 卷四 下 刀部 66 /68	cǎi 采 卷七 下 宀部 74 /74	àn 案 卷六 上 木部 295 /432
shí 寔 卷七 下 宀部 23 /74	pí 蜱 卷十三 下 蚰部 14$^{(+)}$/25	měng 黾 卷十三 下 黽部 1 /14	chú 刍 卷一 下 艸部 372 /458
fù 复 卷九 上 夂部 14$^{(+)}$/15	zhǒng 冢 卷九 上 勹部 15 /15	jū 掬 卷九 上 勹部 5 /15	sǔn 隼 卷四 上 鸟部 10$^{(+)}$/119
juàn 隽 卷四 上 隹部 38 /39	gāo 皋 卷十 下 夲部 6 /6	pò 魄 卷九 上 鬼部 4 /20	jiǒng 絅 卷十三 上 糸部 66 /257
jiū 纠 卷三 上 丩部 3 /3	yuē 约 卷十三 上 糸部 53 /257	yōu 丝 卷四 下 丝部 1 /3	yòu 幼 卷四 下 幺部 2 /3

pí **毗**	shū **毹**	sī **思**	jiān **兼**
卷十 下	卷二 下	卷十 下	卷七 上
囟部 3 /3	疋部 2 /3	思部 1 /2	秝部 2 /2
dié **耋**	gǒu **耇**	zǐ **秭**	shú **秫**
卷八 上	卷八 上	卷七 上	卷七 上
老部 2 /10	老部 5 /10	禾部 84 /89	禾部 20 /89
fū **稃**	gǎn **秆**	kē **稞**	jiā **佳**
卷七 上	卷七 上	卷七 上	卷八 上
禾部 55 /89	禾部 60 /89	禾部 52 /89	人部 30 /263
shǐ **使**	zhí **值**	gòng **供**	kuā **侉**
卷八 上	卷八 上	卷八 上	卷八 上
人部 151 /263	人部 229 /263	人部 78 /263	人部 210 /263
qiáo **侨**	bǐ **俾**	wō **倭**	jiān **戋**
卷八 上	卷八 上	卷八 上	卷十二 下
人部 43 /263	人部 148 /263	人部 41 /263	戈部 22 /26
qiū **邱**	sú **俗**	zhù **伫**	tǐng **侹**
卷六 下	卷八 上	卷八 上	卷八 上
邑部 156 /181	人部 147 /263	人部 262 /263	人部 64 /263

伥 chāng
卷八 上
人部 171 /263

佚 shēn
卷八 上
人部 113 /263

岱 dài
卷九 下
山部 3 /65

侍 shì
卷八 上
人部 104 /263

健 jié
卷八 上
人部 103 /263

侮 wǔ
卷八 上
人部 200 /263

倒 dǎo
卷八 上
人部 253 /263

価 miǎn
卷八 上
人部 146 /263

俅 qiú
卷八 上
人部 10 /263

假 jiǎ
卷八 上
人部 127 /263

俟 sì
卷八 上
人部 44 /263

俊 jùn
卷八 上
人部 13 /263

偃 yǎn
卷八 上
人部 207 /263

傅 zhuàn
卷八 上
人部 37 /263

花 huā
卷六 下
琴部 1 /2

皆 jiē
卷四 上
白部 2 /7

脑 nǎo
卷八 上
匕部 6 /9

飞 fēi
卷十一 下
飛部 1 /2

羌 qiāng
卷四 上
羊部 25 /26

美 měi
卷四 上
羊部 24 /26

姜 jiāng
卷十二 下
女部 3 /245

昔 xī
卷七 上
日部 62 /86

乖 guāi
卷四 上
丫部 2 /3

怯 qiè
卷十 上
犬部 45 /87

xiá 狎	yín 狋	dí 狄	jū 狙
卷十 上	卷十 上	卷十 上	卷十 上
犬部 39 /87	狀部 1 /3	犬部 70 /87	犬部 74 /87
gǒu 狗	juàn 狷	cháng 常	chēng 撑
卷十 上	卷十 上	卷七 下	卷二 上
犬部 2 /87	犬部 86 /87	巾部 16 /71	止部 3 /14
xuē 削	liè 劣	suǒ 贠	xì 隙
卷四 下	卷十三 下	卷六 下	卷七 下
刀部 4 /68	力部 24 /44	貝部 2 /68	白部 10 /11
yán 炎	pàn 叛	bān 攽	fèn 忿
卷十 上	卷二 上	卷三 下	卷十 下
炎部 1 /8	半部 3 /3	攴部 20 /77	心部 169 /276
bǐng 炳	huǐ 烜	jué 焆	yān 烟
卷十 上	卷十 上	卷十 上	卷十 上
火部 81 /118	火部 3 /118	火部 76 /118	火部 75(+) /118
duō 剟	bì 邲	xián 咸	chéng 成
卷四 下	卷六 下	卷二 上	卷十四 下
刀部 31 /68	邑部 52 /181	口部 93 /190	戊部 2 /2

82

彤 tóng
彤
卷五 下
丹部 3 /3

周 zhōu
周
卷二 上
口部 98 /190

污 wū
污
卷十一 上
水部 365 /487

沄 yún
沄
卷十一 上
水部 181 /487

江 jiāng
江
卷十一 上
水部 8 /487

泓 hóng
泓
卷十一 上
水部 199 /487

洹 huán
洹
卷十一 上
水部 94 /487

泠 gàn
泠
卷十一 上
水部 305⁽⁺⁾ /487

洨 xiáo
洨
卷十一 上
水部 111 /487

汏 dà
汏
卷十一 上
水部 384 /487

汀 tīng
汀
卷十一 上
水部 369 /487

沆 hàng
沆
卷十一 上
水部 183 /487

泡 pào
泡
卷十一 上
水部 91 /487

汔 qì
汔
卷十一 上
水部 355 /487

沽 gū
沽
卷十一 上
水部 122 /487

汳 biàn
汳
卷十一 上
水部 83 /487

方 fāng
方
卷八 下
方部 1⁽⁺⁾ /2

沚 zhǐ
沚
卷十一 上
水部 262 /487

汛 xùn
汛
卷十一 上
水部 441 /487

汍 wán
汍
卷十一 上
水部 467 /487

泔 gān
泔
卷十一 上
水部 394 /487

汗 hàn
汗
卷十一 上
水部 450 /487

沖 chōng
冲
卷十一 上
水部 179 /487

汕 shàn
汕
卷十一 上
水部 287 /487

沐 mù	沓 tà	汩 gǔ	汭 ruì
卷十一 上	卷五 上	卷十一 上	卷十一 上
水部 426 /487	曰部 6 /7	水部 464 /487	水部 162 /487
汧 qiān	泥 ní	沸 fèi	治 zhì
卷十一 上	卷十一 上	卷十一 上	卷十一 上
水部 145 /487	水部 125 /487	水部 263 /487	水部 106 /487
汝 rǔ	汜 sì	沴 niàn	没 méi
卷十一 上	卷十一 上	卷十一 上	卷十一 上
水部 36 /487	水部 146 /487	水部 132 /487	水部 313 /487
泯 mǐn	油 yóu	洇 yì	泗 sì
卷十一 上	卷十一 上	卷十一 上	卷十一 上
水部 468 /487	水部 62 /487	水部 253 /487	水部 93 /487
洇 qiú	迅 xùn	近 jìn	往 wǎng
卷十一 上	卷二 下	卷二 下	卷二 下
水部 307⁽⁺⁾ /487	辵部 31 /131	辵部 89 /131	彳部 7 /37
律 lǜ	很 hěn	退 tuì	建 jiàn
卷二 下	卷二 下	卷二 下	卷二 下
彳部 35 /37	彳部 30 /37	彳部 27 /37	廴部 4 /4

sì 徙
卷五 下
來部 2⁽⁺⁾/2

dàn 蛋
卷十三 上
虫部 154 /160

fù 赴
卷二 上
走部 3 /85

qǐn 趁
卷二 上
走部 53 /85

jiū 赳
卷二 上
走部 7 /85

duàn 段
卷三 下
殳部 14 /20

shǎn 閃
卷十二 上
門部 51 /62

mǐn 閩
卷十三 上
虫部 149 /160

wèn 问
卷二 上
口部 64 /190

yán 研
卷九 下
石部 38 /58

bēi 碑
卷九 下
石部 13 /58

yǔn 陨
卷九 下
石部 15 /58

lóu 娄
卷十二 下
女部 213 /245

shèn 蜃
卷十三 上
虫部 116 /160

chún 唇
卷二 上
口部 133 /190

jiōng 扃
卷十二 上
戶部 10 /10

xiá 狭
卷九 下
厂部 22 /27

máng 厐
卷九 下
厂部 20 /27

lǐ 姦
卷三 下
姦部 1 /3

liáng 良
卷五 下
富部 2 /2

yù 蜮
卷十三 上
虫部 136 /160

yáng 蛘
卷十三 上
虫部 109 /160

xiāo 蛸
卷十三 上
虫部 60 /160

tuì 蜕
卷十三 上
虫部 105 /160

tíng 蜓 卷十三 上 虫部 20 /160	gōng 蚣 卷十三 上 虫部 79 /160	dié 蝶 卷十三 上 虫部 73 /160	mián 蝒 卷十三 上 虫部 56 /160
xiā 虾 卷十三 上 虫部 130 /160	yǎn 蝘 卷十三 上 虫部 19 /160	xū 蝑 卷十三 上 虫部 80 /160	yǐ 乙 卷十二 上 乚部 1(+)/3
xiāo 枭 卷六 上 木部 420 /432	yú 臾 卷十四 下 申部 3 /4	yè 曳 卷十四 下 申部 4 /4	tuàn 彖 卷九 下 彑部 3 /5
yì 希 卷九 下 帟部 1 /5	ài 爱 卷十 下 心部 76 /276	jīn 炑 卷八 下 先部 2 /2	fēi 非 卷十一 下 非部 1 /5
chái 柴 卷六 上 木部 201 /432	zī 娿 卷十二 下 女部 149 /245	zì 眦 卷四 上 目部 5 /119	qián 前 卷二 上 止部 6 /14
gēn 跟 卷二 下 足部 3(+)/92	zhēn 真 卷八 上 匕部 3 /4	háng 航 卷八 下 方部 2 /2	wō 㿺 卷九 下 丸部 2 /4

 shè
射

卷五 下
矢部 2⁽⁺⁾/11

gōng
躬

卷七 下
吕部 2 /2

 qián
虔

卷五 上
虍部 4 /9

chǔ
处

卷十四 上
几部 4⁽⁺⁾/4

shì
舐

卷三 上
舌部 3⁽⁺⁾/3

chā
臿

卷七 上
臼部 4 /6

tián
甜

卷五 上
甘部 2 /5

wā
哇

卷二 上
口部 115 /190

zhuó
啄

卷二 上
口部 174 /190

xiào
哮

卷二 上
口部 169 /190

shào
哨

卷二 上
口部 150 /190

xián
涎

卷二 上
口部 147 /190

chuò
啜

卷二 上
口部 25 /190

xī
唏

卷二 上
口部 71 /190

hǔ
唬

卷二 上
口部 175 /190

kū
哭

卷二 上
哭部 1 /2

è
咢

卷二 上
吅部 4 /6

jí
晶

卷三 上
晶部 1 /6

niè
嵒

卷二 下
品部 2 /3

yán
岩

卷九 下
石部 30 /58

dān
单

卷二 上
吅部 5 /6

āi
唉

卷二 上
口部 76 /190

shēn
甡

卷六 下
生部 6 /6

dú
毒

卷一 下
屮部 4 /7

牷 quán 牷 卷二 上 牛部 27 /47	𤙴 liáng 𤙴 卷二 上 牛部 12 /47	牿 gù 牿 卷二 上 牛部 29 /47	𤛮 tāo 犉 卷二 上 牛部 36 /47
夌 líng 夌 卷五 下 夂部 4 /16	郜 gào 郜 卷六 下 邑部 120 /181	詵 shēn 詵 卷八 下 先部 2 /2	臬 niè 臬 卷六 上 木部 347 /432
崒 zú 崒 卷九 下 山部 24 /65	嵩 sōng 嵩 卷九 下 山部 62 /65	坴 lù 陆 卷十三 下 土部 17 /144	炭 tàn 炭 卷十 上 火部 31 /118
嵬 wéi 嵬 卷九 上 嵬部 1 /2	嵎 yú 嵎 卷九 下 山部 7 /65	刺 cì 刺 卷四 下 刀部 63 /68	南 nán 南 卷六 下 𣎵部 6 /6
林 pài 林 卷七 下 林部 1 /3	祟 suì 祟 卷一 上 示部 59 /67	芫 yuán 芫 卷一 下 艸部 226 /458	苦 kǔ 苦 卷一 下 艸部 84 /458
苣 jù 苣 卷一 下 艸部 381 /458	苛 kē 苛 卷一 下 艸部 305 /458	茯 fú 茯 卷一 下 艸部 259 /458	答 dá 答 卷一 下 艸部 8 /458

líng 苓
卷一下
艸部 126 /458

jì 芰
卷一下
艸部 173 /458

tí 荑
卷一下
艸部 82 /458

shàn 苫
卷一下
艸部 348 /458

xún 荀
卷一下
艸部 449 /458

yǒu 莠
卷一下
艸部 13 /458

bì 庇
卷一下
艸部 244 /458

fēn 芬
中部 5⁽⁺⁾ /7

shān 芟
卷一下
艸部 340 /458

gòu 苟
卷一下
艸部 175 /458

yá 芽
卷一下
艸部 252 /458

zhī 芝
卷一下
艸部 4 /458

zhū 茱
卷一下
艸部 247 /458

mǎng 莽
卷一下
茻部 1 /4

dié 苵
卷一下
艸部 229 /458

jū 苴
卷一下
艸部 367 /458

ruò 若
卷一下
艸部 360 /458

xìng 荇
卷一下
艸部 223⁽⁺⁾ /458

míng 茗
卷一下
艸部 454 /458

yuàn 苑
卷一下
艸部 324 /458

jī 芨
卷一下
艸部 72 /458

jiè 芥
卷一下
艸部 393 /458

gǒu 苟
卷一下
艸部 397 /458

chén 茞
卷一下
艸部 41 /458

tiáo 苕	wù 芴	móu 莝	yīn 茵
卷一下	卷一下	卷五下	卷一下
艸部 425 /458	艸部 403 /458	麥部 2(+) /13	艸部 371 /458
jùn 菌	lí 离	nài 柰	fàn 梵
卷一下	卷十四下	卷六上	卷六上
艸部 239 /458	内部 3 /7	木部 12 /432	林部 10 /10
xī 晳	jié 桔	jiàn 栫	píng 枰
卷七下	卷六上	卷六上	卷六上
白部 4 /11	木部 70 /432	木部 320 /432	木部 391 /432
dòu 豆	bǐ 福	qiāng 枪	shū 梳
卷五上	卷六上	卷六上	卷六上
豆部 2 /6	木部 401 /432	木部 253 /432	木部 271 /432
háng 杭	liáng 椋	bǐng 柄	fū 柎
卷十二上	卷六上	卷六上	卷六上
手部 239(+) /278	木部 40 /432	木部 334(+) /432	木部 351 /432
gé 格	zhěn 枕	táo 桃	bì 柲
卷六上	卷六上	卷六上	卷六上
木部 191 /432	木部 267 /432	木部 14 /432	木部 335 /432

栝 guā
卷六 上
木部 345 /432

楫 jí
卷六 上
木部 376 /432

枉 wǎng
卷六 上
木部 180 /432

柱 zhù
卷六 上
木部 215 /432

梏 gù
卷六 上
木部 409 /432

柿 shì
卷六 上
木部 8 /432

栋 dòng
卷六 上
木部 213 /432

楠 nán
卷六 上
木部 9 /432

桅 wéi
卷六 上
木部 142 /432

椐 jū
卷六 上
木部 63 /432

楃 wò
卷六 上
木部 261 /432

梼 táo
卷六 上
木部 395 /432

桴 fú
卷六 上
木部 212 /432

橄 zōu
卷六 上
木部 397 /432

栝 kuò
卷六 上
木部 341 /432

根 gēn
卷六 上
木部 152 /432

槐 huái
卷六 上
木部 111 /432

梱 gù
卷六 上
木部 369 /432

馯 gàn
卷七 上
馯部 1 /3

专 zhuān
卷三 下
寸部 5 /7

敕 chì
卷三 下
攴部 28 /77

壸 kǔn
卷六 下
口部 11 /26

橐 tuó
卷六 下
橐部 2 /5

惠 huì
卷四 下
叀部 2 /3

91

桔 jié 拮 卷十二 上 手部 203 /278	**扶** fú 扶 卷十二 上 手部 28 /278	**抉** jué 抉 卷十二 上 手部 105 /278	**抨** pēng 抨 卷十二 上 手部 217 /278
拍 pāi 拍 卷十二 上 手部 63 /278	**抗** kàng 抗 卷十二 上 手部 239 /278	**拉** lā 拉 卷十二 上 手部 26 /278	**捽** zuó 捽 卷十二 上 手部 79 /278
掠 lüè 掠 卷十二 上 手部 269 /278	**按** àn 按 卷十二 上 手部 59 /278	**拊** fǔ 拊 卷十二 上 手部 64 /278	**拯** zhěng 拯 卷十二 上 手部 134 /278
拔 bá 拔 卷十二 上 手部 169 /278	**挌** gé 挌 卷十二 上 手部 253 /278	**挑** tiāo 挑 卷十二 上 手部 104 /278	**揖** yī 揖 卷十二 上 手部 12 /278
捌 bā 捌 卷十二 上 手部 274 /278	**据** jū 据 卷十二 上 手部 109 /278	**握** wò 握 卷十二 上 手部 47 /278	**搗** dǎo 搗 卷十二 上 手部 171 /278
拇 mǔ 拇 卷十二 上 手部 3 /278	**抔** póu 抔 卷十二 上 手部 83 /278	**指** zhǐ 指 卷十二 上 手部 4 /278	**撖** zōu 撖 卷十二 上 手部 255 /278

括 kuò
卷十二 上
手部 190 /278

播 mín
卷十二 上
手部 95 /278

抑 yì
卷九 上
印部 2⁽⁺⁾/2

施 shī
卷七 上
㫃部 13 /23

旄 máo
卷七 上
㫃部 20 /23

旋 xuán
卷七 上
㫃部 19 /23

髮 zōng
卷五 下
夊部 13 /16

曷 hé
卷五 上
曰部 3 /7

互 hù
卷五 上
竹部 93 /149

笭 líng
卷五 上
竹部 104 /149

笸 qū
卷五 上
凵部 1⁽⁺⁾/1

笘 shān
卷五 上
竹部 113 /149

笋 sǔn
卷五 上
竹部 8 /149

筰 zé
卷五 上
竹部 42 /149

笥 sì
卷五 上
竹部 58 /149

笙 shēng
卷五 上
竹部 121 /149

笨 bèn
卷五 上
竹部 16 /149

筒 tǒng
卷五 上
竹部 125 /149

苟 gǒu
卷三 上
句部 3 /4

笏 hù
卷五 上
竹部 147 /149

箘 jùn
卷五 上
竹部 3 /149

助 zhù
卷十三 下
力部 4 /44

那 nà
卷六 下
邑部 106 /181

绤 xì
卷十三 上
糸部 225⁽⁺⁾/257

帨 shuì
卷七 下
巾部 3⁽⁺⁾ /71

帳 zhàng
卷七 下
巾部 27 /71

冠 guàn
卷七 下
冖部 2 /4

冕 miǎn
卷七 下
冃部 2 /5

最 zuì
卷七 下
冃部 5 /5

曼 màn
卷三 下
又部 9 /28

眔 gū
卷七 下
网部 12 /37

网 wǎng
卷七 下
网部 1⁽⁺⁾ /37

罕 hǎn
卷七 下
网部 3 /37

冈 gāng
卷九 下
山部 21 /65

罠 mín
卷七 下
网部 18 /37

豚 tún
卷九 下
豚部 1⁽⁺⁾ /2

脰 dòu
卷四 下
肉部 10 /145

胗 zhěn
卷四 下
肉部 64 /145

胳 gē
卷四 下
肉部 32 /145

胖 pàng
卷二 上
半部 2 /3

朓 tiǎo
卷四 下
肉部 75 /145

脬 pāo
卷四 下
肉部 18 /145

脂 zhī
卷四 下
肉部 112 /145

脉 mài
卷十一 下
辰部 2⁽⁺⁾ /3

飐 zhǎn
卷十三 下
風部 16 /16

蚤 zǎo
卷十三 下
蚰部 4 /25

聿 jīn
卷三 下
聿部 3 /4

郡 jùn
卷六 下
邑部 3 /181

烬 jìn	**郁** yù	**蝵** qiú	**飧** sūn
卷十 上	卷六 下	卷十三 下	卷五 下
火部 65 /118	邑部 20 /181	蚰部 22⁽⁺⁾/25	食部 22 /64
怨 yuàn	**豹** bào	**亜** guàng	**侯** hóu
卷十 下	卷九 下	卷三 下	卷五 下
心部 173 /276	豸部 2 /21	臣部 2 /3	矢部 5 /11
急 jí	**丞** chéng	**恋** xiè	**喬** yù
卷十 下	卷三 上	卷十 下	卷三 上
心部 106 /276	収部 3 /17	心部 139 /276	肉部 2 /3
并 bìng	**重** zhòng	**硶** yín	**漏** lòu
卷八 上	卷八 上	卷五 上	卷十一 下
从部 3 /3	重部 1 /2	虎部 11 /17	雨部 32 /51
屦 jī	**羽** yǔ	**叩** kòu	**劬** qú
卷八 下	卷四 上	卷三 下	卷十三 下
履部 6 /6	羽部 1 /37	攴部 57 /77	力部 41 /44
弱 ruò	**费** fèi	**堙** yīn	**能** néng
卷九 上	卷六 下	卷十三 下	卷十 上
彡部 9 /10	貝部 40 /68	土部 93 /144	能部 1 /1

wàn 万 卷十四 下 内部 4 /7	qǐ 岂 卷五 上 豈部 1 /3	hù 怙 卷十 下 心部 71 /276	qià 恰 卷十 下 心部 274 /276
qiè 怯 卷十 上 犬部 45⁽⁺⁾/87	zhì 忮 卷十 下 心部 128 /276	xún 恂 卷十 下 心部 57 /276	tì 悌 卷十 下 心部 275 /276
zuò 怍 卷十 下 心部 256 /276	huǎng 恍 卷十 下 心部 149 /276	xìng 性 卷十 下 心部 4 /276	dòng 恫 卷十 下 心部 199 /276
bù 怖 卷十 下 心部 246⁽⁺⁾/276	jiá 忦 卷十 下 心部 213 /276	chāo 怊 卷十 下 心部 271 /276	yuàn 悁 卷十 下 心部 170 /276
kǔn 悃 卷十 下 心部 28 /276	yuán 爰 卷四 下 受部 2 /9	yǐn 隐 卷四 下 受部 7 /9	yǎo 舀 卷七 上 臼部 5 /6
fú 郛 卷六 下 邑部 10 /181	zhuō 卓 卷八 上 匕部 8 /9	ná 拿 卷十二 上 手部 250 /278	ná 拏 卷十二 上 手部 51 /278

jí 姞 卷十二 下 女部 5 /245	**yáo** 姚 卷十二 下 女部 7 /245	**bàn** 姅 卷十二 下 女部 231 /245	**shēn** 姺 卷十二 下 女部 10 /245
yuán 嫄 卷十二 下 女部 59 /245	**zǐ** 姊 卷十二 下 女部 39 /245	**rǎn** 姌 卷十二 下 女部 98 /245	**wā** 娲 卷十二 下 女部 56 /245
fù 妇 卷十二 下 女部 22 /245	**yòu** 姷 卷十二 下 女部 147 /245	**guǐ** 姽 卷十二 下 女部 104 /245	**hūn** 婚 卷十二 下 女部 19 /245
pìng 娉 卷十二 下 女部 154 /245	**wǒ** 婐 卷十二 下 女部 106 /245	**kuì** 愧 卷十二 下 女部 236 /245	**kēng** 铿 卷九 下 石部 22 /58
xī 熙 卷十 上 火部 112 /118	**qǔ** 娶 卷十二 下 女部 18 /245	**dān** 耽 卷十二 上 耳部 4 /33	**dān** 聃 卷十二 上 耳部 5 /33
zōu 郰 卷六 下 邑部 131 /181	**guō** 聒 卷十二 上 耳部 15 /33	**pìn** 聘 卷十二 上 耳部 19 /33	**qiè** 箧 卷十二 下 匚部 3 /19

斗 dòu	劭 shào	忽 hū	舝 zhù
卷三 下	卷十三 下	卷十 下	卷十 上
鬥部 1 /11	力部 15 /44	心部 140 /276	馬部 26 /120

馰 dí	駅 rì	舫 fǎng	舳 zhú
卷十 上	卷十 上	卷八 下	卷八 下
馬部 24 /120	馬部 100 /120	舟部 10 /16	舟部 5 /16

首 shǒu	疏 shū	孟 mèng	眩 xuàn
卷九 上	卷十四 下	卷十四 下	卷四 上
首部 1 /3	厽部 3 /3	子部 9 /15	目部 4 /119

眕 zhěn	眈 dān	眺 tiào	財 cái
卷四 上	卷四 上	卷四 上	卷六 下
目部 43 /119	目部 37 /119	目部 92 /119	貝部 4 /68

販 fàn	眵 yí	貽 yí	得 dé
卷六 下	卷六 下	卷六 下	卷八 下
貝部 44 /68	貝部 27 /68	貝部 64 /68	見部 12 /46

眽 mò	睍 xiàn	眼 yǎn	匙 chí
卷四 上	卷四 上	卷四 上	卷八 上
目部 52 /119	目部 21 /119	目部 2 /119	匕部 2 /9

晤 wù
卷七 上
日部 10 /86

晄 huǎng
卷七 上
日部 12 /86

晞 xī
卷七 上
日部 61 /86

时 shí
卷七 上
日部 3 /86

晦 huì
卷七 上
日部 37 /86

剔 tì
卷四 下
刀部 64 /68

暇 xiá
卷七 上
日部 46 /86

暘 yì
卷七 上
日部 18 /86

昪 biàn
卷七 上
日部 48 /86

晨 chén
卷七 上
晶部 4 (+) /5

昴 mǎo
卷七 上
日部 42 /86

野 yě
卷十三 下
里部 3 /3

畏 wèi
卷九 上
甶部 2 /3

畛 zhěn
卷十三 下
田部 19 /29

略 lüè
卷十三 下
田部 21 /29

畔 pàn
卷十三 下
田部 15 /29

稷 jì
卷五 下
夂部 12 /16

魅 mèi
卷九 上
鬼部 8 /20

眔 dà
卷四 上
目部 47 /119

鄙 bǐ
卷六 下
邑部 7 /181

距 jù
卷二 下
足部 75 /92

跂 qí
卷二 下
足部 85 /92

跎 tuó
卷二 下
足部 90 /92

跣 xiǎn
卷二 下
足部 72 /92

diē 跌	tā 跢	bǒ 跛	shēn 參
卷二 下	卷二 下	卷二 下	卷七 上
足部 60 /92	足部 52 /92	足部 67 /92	晶部 3⁽⁺⁾/5

ēn 恩	wéi 圍	yǔ 圉	pǔ 圃
卷十 下	卷六 下	卷十 下	卷六 下
心部 47 /276	口部 23 /26	㚔部 4 /7	口部 16 /26

9 画

柒 kān
刊
卷六 上
木部 163[+]/432

形 xíng
形
卷九 上
彡部 2 /10

邢 xíng
邢
卷六 下
邑部 58 /181

碧 bì
碧
卷一 上
玉部 105 /140

珏 jué
珏
卷一 上
玉部 43 /140

琀 hán
琀
卷一 上
玉部 123 /140

瑲 qiāng
瑲
卷一 上
玉部 71 /140

琼 qióng
琼
卷一 上
玉部 14[+]/140

瑄 xuān
瑄
卷一 上
玉部 139 /140

瑀 yǔ
瑀
卷一 上
玉部 76 /140

珍 zhēn
珍
卷一 上
玉部 68 /140

珧 yáo
珧
卷一 上
玉部 114 /140

玭 bì
玭
卷一 上
玉部 48 /140

玼 cī
玼
卷一 上
玉部 59 /140

珛 xiù
珛
卷一 上
玉部 22 /140

琚 jū
琚
卷一 上
玉部 80 /140

理 lǐ
理
卷一 上
玉部 67 /140

瑰 guī
瑰
卷一 上
玉部 116 /140

祆 xiān
祆
卷一 上
示部 66 /67

祜 hù
祜
卷一 上
示部 2 /67

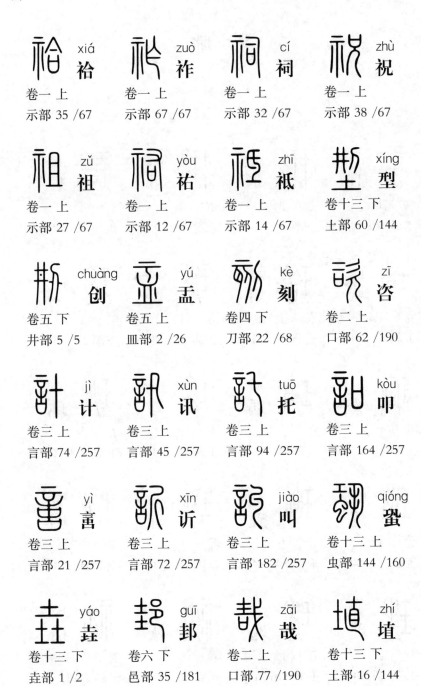

祫 xiá	祚 zuò	祠 cí	祝 zhù
卷一 上	卷一 上	卷一 上	卷一 上
示部 35 /67	示部 67 /67	示部 32 /67	示部 38 /67
祖 zǔ	祐 yòu	祇 zhī	型 xíng
卷一 上	卷一 上	卷一 上	卷十三 下
示部 27 /67	示部 12 /67	示部 14 /67	土部 60 /144
创 chuàng	盂 yú	刻 kè	咨 zī
卷五 下	卷五 上	卷四 下	卷二 上
井部 5 /5	皿部 2 /26	刀部 22 /68	口部 62 /190
计 jì	讯 xùn	托 tuō	叩 kòu
卷三 上	卷三 上	卷三 上	卷三 上
言部 74 /257	言部 45 /257	言部 94 /257	言部 164 /257
訁 yì	诉 xīn	叫 jiào	蛩 qióng
卷三 上	卷三 上	卷三 上	卷十三 上
言部 21 /257	言部 72 /257	言部 182 /257	虫部 144 /160
垚 yáo	邽 guī	哉 zāi	埴 zhí
卷十三 下	卷六 下	卷二 上	卷十三 下
垚部 1 /2	邑部 35 /181	口部 77 /190	土部 16 /144

域 yù	坼 chè	垸 huàn	埤 pì
卷十二 下	卷十三 下	卷十三 下	卷十三 下
戈部 13⁽⁺⁾/26	土部 103 /144	土部 59 /144	土部 73 /144
埏 yán	婿 xù	堪 kān	劼 jié
卷十三 下	卷一 上	卷十三 下	卷十三 下
土部 134 /144	士部 2 /4	土部 34 /144	力部 7 /44
埃 āi	埒 liè	堤 dī	場 yì
卷十三 下	卷十三 下	卷十三 下	卷十三 下
土部 109 /144	土部 33 /144	土部 54 /144	土部 135 /144
叶 yè	忝 tiǎn	巉 chán	暂 zàn
卷六 上	卷十 下	卷九 下	卷七 上
木部 402 /432	心部 253 /276	石部 24 /58	日部 47 /86
輀 ér	轲 kē	軨 líng	较 jiào
卷十四 上	卷十四 上	卷十四 上	卷十四 上
車部 97 /102	車部 80 /102	車部 27 /102	車部 20 /102
轭 è	轵 zhǐ	轶 yì	碾 niǎn
卷十四 上	卷十四 上	卷十四 上	卷十四 上
車部 50 /102	車部 40 /102	車部 72 /102	車部 68 /102

字	拼音	卷	部
轺	yáo	卷十四 上	車部 7 /102
毅	yì	卷九 下	豕部 10 /22
甤	ruí	卷六 下	生部 5 /6
郚	wú	卷六 下	邑部 142 /181
斯	sī	卷十四 上	斤部 10 /15
鞃	hóng	卷三 下	革部 25 /63
靲	qín	卷三 下	革部 50 /63
靪	dīng	卷三 下	革部 19 /63
鞄	páo	卷三 下	革部 5 /63
靶	bǎ	卷三 下	革部 32 /63
靼	dá	卷三 下	革部 8 /63
拱	gǒng	卷十二 上	手部 254 /278
巷	xiàng	卷六 下	郒部 3(+) /3
堇	jǐn	卷十三 下	堇部 1 /2
弛	chí	卷十二 下	弓部 19(+) /27
勥	qiǎng	卷十三 下	力部 9 /44
弭	mǐ	卷十二 下	弓部 3(+) /27
彃	bì	卷十二 下	弓部 24 /27
刭	jǐng	卷四 下	刀部 59 /68
疆	jiāng	卷十三 下	畕部 2 /2
𡿧	huò	卷十一 下	川部 4 /10
豉	chǐ	卷七 下	尗部 2(+) /2
𣪘	tóu	卷三 下	殳部 7 /20
融	róng	卷三 下	鬲部 10 /13

酤 gū	醵 jù	酢 zuò	酩 mǐng
卷十四 下	卷十四 下	卷十四 下	卷十四 下
酉部 20 /73	酉部 41⁽⁺⁾/73	酉部 56 /73	酉部 70 /73

扣 kòu	斤 jīn	钓 diào	钊 zhāo
卷十四 上	卷十四 上	卷十四 上	卷四 下
金部 68 /204	斤部 8 /15	金部 168 /204	刀部 52 /68

仑 lún	禽 qín	欧 hē	畬 yú
卷五 下	卷十四 下	卷八 下	卷十三 下
亼部 4 /6	内部 2 /7	欠部 51 /66	田部 6 /29

舒 shū	舒 shū	俞 yú	饱 bǎo
卷六 下	卷四 下	卷八 下	卷五 下
邑部 170 /181	予部 2 /3	舟部 2 /16	食部 39 /64

饭 fàn	飦 zhān	饴 yí	饵 ěr
卷五 下	卷三 下	卷五 下	卷三 下
食部 17 /64	弼部 2⁽⁺⁾/13	食部 6 /64	弼部 9⁽⁺⁾/13

会 huì	郿 méi	牾 wǔ	缺 quē
卷五 下	卷六 下	卷十四 下	卷五 下
會部 1 /3	邑部 19 /181	午部 2 /2	缶部 17 /22

kuí 奎
卷十 下
大部 2 /18

dá 羍
卷四 上
羊部 6 /26

pào 奅
卷十 下
大部 10 /18

páo 匏
卷九 上
包部 3 /3

hù 瓠
卷七 下
瓠部 1 /2

jī 剞
卷四 下
刀部 7 /68

shè 赦
卷三 下
支部 39(+) /77

qiān 牵
卷二上
牛部 28 /47

bēn 奔
卷十 下
夭部 4 /4

yì 奕
卷十 下
大部 2 /8

yì 弈
卷三 上
𠬞部 16 /17

jū [illegible]
卷四 上
䀠部 3 /3

wāng 尪
卷十 下
尣部 1(+) /12

gǔ 尳
卷十 下
尣部 2 /12

chǐ 敊
卷七 下
尗部 2 /2

qiāng 戕
卷十二 下
戈部 16 /26

shàn 疝
卷七 下
疒部 35 /102

yóu 疣
卷九 上
頁部 78(+) /93

dǎn 疸
卷七 下
疒部 79 /102

zhuàng 状
卷十 上
犬部 34 /87

chān 觇
卷八 下
見部 23 /46

pōu 剖
卷四 下
刀部 24 /68

zú 卒
卷四 下
歺部 6 /32

kuài 郐
卷六 下
邑部 177 /181

tiǎn
弞
卷四 下
歺部 23 /32

 mí
寱
卷七 下
网部 7⁽⁺⁾/37

 lǔ
卤
卷十二 上
卤部 1 /3

 cāng
沧
卷十一 下
仌部 11 /17

 bīng
冰
卷十一 下
仌部 2 /17

 xì
郤
卷六 下
邑部 53 /181

 dòng
冻
卷十一 下
仌部 5 /17

 sǒng
竦
卷十 下
立部 6 /19

 sà
飒
卷十三 下
風部 6 /16

 chǎn
产
卷六 下
生部 3 /6

 yì
裔
卷八 上
衣部 57 /119

 jié
袺
卷八 上
衣部 95 /119

 fū
袱
卷八 上
衣部 18 /119

 mèi
袂
卷八 上
衣部 33 /119

 qiǎng
襁
卷八 上
衣部 9 /119

 shù
裋
卷八 上
衣部 101 /119

 zhěn
袗
卷八 上
衣部 6 /119

 bō
袚
卷八 上
衣部 110 /119

 pàn
袢
卷八 上
衣部 79 /119

 jū
裾
卷八 上
衣部 42 /119

 luǒ
裸
卷八 上
衣部 90⁽⁺⁾/119

 shuāi
衰
卷八 上
衣部 106 /119

 fèn
坌
卷十三 下
土部 46 /144

 lǐ
里
卷八 上
衣部 8 /119

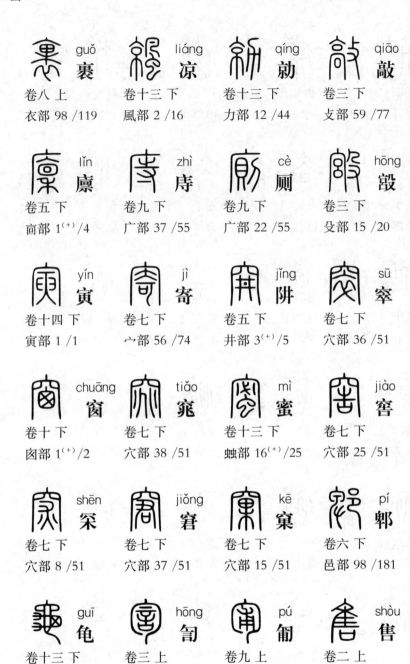

guǒ 裹	liáng 凉	qíng 勍	qiāo 敲
卷八 上	卷十三 下	卷十三 下	卷三 下
衣部 98 /119	風部 2 /16	力部 12 /44	支部 59 /77
lǐn 廪	zhì 庤	cè 厕	hōng 毃
卷五 下	卷九 下	卷九 下	卷三 下
靣部 1⁽⁺⁾/4	广部 37 /55	广部 22 /55	殳部 15 /20
yín 寅	jì 寄	jǐng 阱	sū 窣
卷十四 下	卷七 下	卷五 下	卷七 下
寅部 1 /1	宀部 56 /74	井部 3⁽⁺⁾/5	穴部 36 /51
chuāng 窗	tiǎo 窕	mì 蜜	jiào 窖
卷十 下	卷七 下	卷十三 下	卷七 下
囪部 1⁽⁺⁾/2	穴部 38 /51	䖵部 16⁽⁺⁾/25	穴部 25 /51
shēn 深	jiǒng 窘	kē 窠	pí 郫
卷七 下	卷七 下	卷七 下	卷六 下
穴部 8 /51	穴部 37 /51	穴部 15 /51	邑部 98 /181
guī 龟	hōng 訇	pú 匍	shòu 售
卷十三 下	卷三 上	卷九 上	卷二 上
龜部 1 /3	言部 161 /257	勹部 3 /15	口部 183 /190

zhī
只
卷四上
隹部 3 /39

mù
廖
卷九上
彡部 8 /10

xiǎo
晶
卷七下
白部 11 /11

cōng
匆
卷十下
囱部 2 /2

miào
妙
卷十二下
弦部 3 /4

yū
纡
卷十三上
糸部 41 /257

hóng
红
卷十三上
糸部 109 /257

chún
纯
卷十三上
糸部 7 /257

zhèn
纼
卷十三上
糸部 198 /257

jīn
衿
卷十三上
糸部 142 /257

jiǎo
绞
卷十下
交部 3 /3

hé
纥
卷十三上
糸部 11 /257

fǎng
纺
卷十三上
糸部 30 /257

wán
纨
卷十三上
糸部 72 /257

gàn
绀
卷十三上
糸部 111 /257

chù
绌
卷十三上
糸部 101 /257

nà
纳
卷十三上
糸部 29 /257

zhòu
纣
卷十三上
糸部 194 /257

niǔ
纽
卷十三上
糸部 136 /257

hóng
纮
卷十三上
糸部 123 /257

fú
绋
卷十三上
糸部 242 /257

dài
绐
卷十三上
糸部 28 /257

zhǐ
纸
卷十三上
糸部 213 /257

rèn
纴
卷十三上
糸部 177 /257

xún 絢	zhàn 绽	chóu 绸	shū 纾
卷十三 上	卷十三 上	卷十三 上	卷十三 上
糸部 153 /257	糸部 167 /257	糸部 86 /257	糸部 39 /257
shòu 寿	qí 耆	lí 梨	lí 郳
卷八 上	卷八 上	卷六 上	卷六 下
老部 8 /10	老部 4 /10	木部 6 /432	邑部 47 /181
zhí 稙	tú 稌	bài 稗	shāo 稍
卷七 上	卷七 上	卷七 上	卷七 上
禾部 6 /89	禾部 23 /89	禾部 30 /89	禾部 77 /89
shuì 税	xī 稀	chéng 程	hé 盉
卷七 上	卷七 上	卷七 上	卷五 上
禾部 73 /89	禾部 13 /89	禾部 82 /89	皿部 17 /26
shǔ 黍	cì 饮	bàng 傍	xìn 信
卷七 上	卷八 上	卷八 上	卷三 上
黍部 1 /8	人部 101 /263	人部 136 /263	言部 50 /257
wěi 伟	yǐ 倚	xiá 侠	chù 俶
卷八 上	卷八 上	卷八 上	卷八 上
人部 33 /263	人部 98 /263	人部 111 /263	人部 68 /263

倍 bèi
卷八 上
人部 166 /263

侦 zhēn
卷八 上
人部 263 /263

停 tíng
卷八 上
人部 258 /263

倠 suī
卷八 上
人部 228 /263

倌 guān
卷八 上
人部 156 /263

偅 hún
卷八 上
人部 15 /263

辅 fǔ
卷八 上
人部 97 /263

系 xì
卷八 上
人部 216 /263

俄 é
卷八 上
人部 195 /263

杰 jié
卷八 上
人部 14 /263

健 jiàn
卷八 上
人部 50 /263

侍 shì
卷八 上
人部 104 /263

伸 shēn
卷八 上
人部 162 /263

货 huò
卷六 下
貝部 5 /68

传 zhuàn
卷八 上
人部 155 /263

倪 ní
卷八 上
人部 149 /263

侵 qīn
卷八 上
人部 129 /263

俑 yǒng
卷八 上
人部 212 /263

像 xiàng
卷八 上
人部 232 /263

僎 zhuàn
卷八 上
人部 9 /263

伛 yǔ
卷八 上
人部 220 /263

例 lì
卷八 上
人部 215 /263

侧 cè
卷八 上
人部 106 /263

俱 jù
卷八 上
人部 92 /263

脊 jǐ	顷 qǐng	羑 yǒu	羞 xiū
卷十二 上	卷八 上	卷四 上	卷十四 下
𡿨部 2 /2	匕部 5 /9	羊部 26 /26	丑部 3 /3
义 yì	羔 gāo	萑 huán	莧 huán
卷十二 下	卷四 上	卷四 上	卷十 上
我部 2⁽⁺⁾/2	羊部 3 /26	萑部 1 /4	莧部 1 /1
契 qì	栔 qì	挈 qiè	猝 cù
卷十 下	卷四 下	卷十二 上	卷十 上
大部 17 /18	韧部 3 /3	手部 31 /278	犬部 17 /87
狩 shòu	狂 kuáng	狠 hěn	蛾 é
卷十 上	卷十 上	卷十 上	卷十三 下
犬部 60 /87	犬部 68 /87	犬部 28 /87	蚰部 3⁽⁺⁾/25
堂 táng	撑 chēng	棠 táng	掌 zhǎng
卷十三 下	卷二 上	卷六 上	卷十二 上
土部 36 /144	止部 3 /14	木部 20 /432	手部 2 /278
当 dāng	雀 què	贫 pín	曾 zēng
卷十三 下	卷四 上	卷六 下	卷二 上
田部 22 /29	隹部 8 /39	貝部 50 /68	八部 4 /12

xuàn 炫	cuì 焠	hè 熇	luò 烙
卷十 上	卷十 上	卷十 上	卷十 上
火部 95 /118	火部 66 /118	火部 27 /118	火部 115 /118

chuī 炊	wēi 威	shān 删	yìn 胤
卷十 上	卷十二 下	卷四 下	卷四 下
火部 42 /118	女部 37 /245	刀部 32 /68	肉部 52 /145

yuán 沅	gū 沽	mò 沫	ér 洏
卷十一 上	卷十一 上	卷十一 上	卷十一 上
水部 19 /487	水部 116 /487	水部 13 /487	水部 380 /487

fàn 泛	miǎn 沔	hé 河	qià 洽
卷十一 上	卷十一 上	卷十一 上	卷十一 上
水部 306 /487	水部 28 /487	水部 3 /487	水部 346 /487

líng 泠	fǎ 法	tì 涕	zhān 沾
卷十一 上	卷十 上	卷十一 上	卷十一 上
水部 54 /487	廌部 4(+)/4	水部 448 /487	水部 41 /487

yōu 攸	wèn 汶	hǔ 浒	tuó 沱
卷三 下	卷十一 上	卷十一 上	卷十一 上
攴部 40(+)/77	水部 105 /487	水部 258 /487	水部 9 /487

xún 洵 卷十一 上 水部 130 /487	xì 洫 卷十一 上 水部 76 /487	jiǒng 洞 卷十一 上 水部 422 /487	shā 沙 卷十一 上 水部 254 /487
yán 沿 卷十一 上 水部 300 /487	fén 汾 卷十一 上 水部 38 /487	tì 涕 卷十一 上 水部 452 /487	kuàng 況 卷十一 上 水部 178 /487
zhū 洙 卷十一 上 水部 97 /487	xǐ 洗 卷十一 上 水部 430 /487	zhì 潗 卷十一 上 水部 71 /487	mèi 沬 卷十一 上 水部 427 /487
pèi 沛 卷十一 上 水部 117 /487	sù 涑 卷十一 上 水部 437 /487	yì 洟 卷十一 上 水部 241 /487	jǔ 沮 卷十一 上 水部 16 /487
dòng 洞 卷十一 上 水部 205 /487	míng 洺 卷十一 上 水部 474 /487	jí 汲 卷十一 上 水部 431 /487	bō 波 卷十一 上 水部 191 /487
qìn 沁 卷十一 上 水部 40 /487	zhǐ 汦 卷十一 上 水部 113 /487	zhǎo 沼 卷十一 上 水部 273 /487	zhuó 浞 卷十一 上 水部 343 /487

juān **涓** 卷十一 上 水部 158 /487	yīn **洇** 卷十一 上 水部 138 /487	yū **迂** 卷二 下 辵部 111 /131	tú **徒** 卷二 下 辵部 8 /131
dá **达** 卷二 下 辵部 72⁽⁺⁾/131	háng **迒** 卷二 下 辵部 116 /131	pò **迫** 卷二 下 辵部 91 /131	fǎn **返** 卷二 下 辵部 50 /131
qì **迄** 卷二 下 辵部 125 /131	xùn **迅** 卷二 下 辵部 31 /131	yǐ **迤** 卷二 下 辵部 65 /131	xǐ **徙** 卷二 下 辵部 44 /131
gān **迁** 卷二 下 辵部 99 /131	chí **迟** 卷二 下 辵部 57⁽⁺⁾/131	xún **巡** 卷二 下 辵部 6 /131	dí **迪** 卷二 下 辵部 41 /131
fù **复** 卷二 下 彳部 4 /37	xú **徐** 卷二 下 彳部 16 /37	wǎng **往** 卷二 下 彳部 7 /37	xún **循** 卷二 下 彳部 11 /37
kàn **衎** 卷二 下 行部 9 /12	dài **待** 卷二 下 彳部 23 /37	yǎn **衍** 卷十一 上 水部 154 /487	yuán **趄** 卷二 上 走部 78 /85

115

赶 gǎn
卷二 上
走部 85 /85

趉 jué
卷二 上
走部 63 /85

訄 qiú
卷三 上
言部 247 /257

鳩 jiū
卷四 上
鳥部 8 /119

蟀 shuài
卷十三 上
虫部 55 /160

师 shī
卷六 下
帀部 2 /2

启 qǐ
卷三 下
攴部 2 /77

閉 bì
卷十二 上
門部 39 /62

阋 kāng
卷十二 上
門部 60 /62

闬 hàn
卷十二 上
門部 9 /62

閑 xián
卷十二 上
門部 38 /62

闳 hóng
卷十二 上
門部 5 /62

间 jiàn
卷十二 上
門部 31 /62

闻 wén
卷十二 上
耳部 18 /33

闾 lú
卷十二 上
門部 10 /62

殷 yīn
卷八 上
肙部 2 /2

碓 duì
卷九 下
石部 41 /58

礫 zhé
卷五 下
桀部 2 /3

硪 wò
卷九 下
石部 29 /58

坠 zhuì
卷九 下
石部 14 /58

硕 shuò
卷九 上
頁部 30 /93

确 què
卷九 下
石部 27 /58

砀 dàng
卷九 下
石部 3 /58

辱 rǔ
卷十四 下
辰部 2 /2

唇 chún
卷四 下
肉部 9 /145

愿 yuàn
卷十 下
心部 30 /276

磨 lì
卷九 下
石部 23 /58

历 lì
卷七 上
日部 84 /86

厝 cuò
卷九 下
厂部 19 /27

厉 lì
卷九 下
厂部 9 /27

髟 biāo
卷九 上
髟部 1 /42

紅 hóng
卷七 上
米部 30 /42

粕 pò
卷七 上
米部 38 /42

粗 róu
卷七 上
米部 25 /42

籹 nǚ
卷七 上
米部 40 /42

番 fān
卷二 上
釆部 2 /5

瓻 chī
卷十二 下
瓦部 27 /27

郗 xī
卷六 下
邑部 43 /181

剎 shā
卷四 下
刀部 68 /68

蝍 jiàn
卷十三 上
虫部 133 /160

蠕 dì
卷十三 上
虫部 151 /160

蛦 liǎng
卷十三 上
虫部 139 /160

蛺 jiá
卷十三 上
虫部 72 /160

蟮 shàn
卷十三 上
虫部 124 /160

蚓 yǐn
卷十三 上
虫部 6 /160

蛾 é
卷十三 上
虫部 51 /160

蝤 qiú
卷十三 上
虫部 38 /160

蚋 ruì
卷十三 上
虫部 94 /160

ní 霓 卷十三 上 虫部 85 /160	míng 螟 卷十三 上 虫部 23 /160	yǒng 蛹 卷十三 上 虫部 12 /160	guō 蝈 卷十三 上 虫部 136⁽⁺⁾/160

卷十三 上　虫部 85 /160

| qì 气 卷七 上 米部 29 /42 | fǔ 釜 卷三 下 鬲部 8⁽⁺⁾/13 | cuì 毳 卷八 上 毳部 1 /2 | qiú 毬 卷八 上 毛部 12 /13 |

| wū 邬 卷六 下 邑部 59 /181 | fú 凫 卷三 下 九部 3 /3 | yào 要 卷三 上 臼部 2 /2 | shēn 申 卷三 下 又部 10 /28 |

| qǔ 龋 卷二 下 牙部 3 /3 | fēng 封 卷十三 下 土部 56 /144 | jiǔ 韭 卷七 下 韭部 1 /6 | zǐ 些 卷二 上 此部 2 /4 |

| chǐ 齿 卷二 下 齿部 1 /45 | zhě 者 卷四 上 白部 4 /7 | lù 录 卷七 上 录部 1 /1 | jù 豦 卷九 下 豕部 20 /22 |

| xī 虘 卷五 上 虘部 1 /3 | hū 乎 卷五 上 兮部 6 /9 | xū 虚 卷八 上 丘部 2 /3 | biāo 彪 卷五 上 虎部 7 /17 |

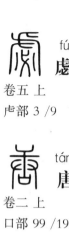 fú 虙
卷五 上
虍部 3 /9

nüè 虐
卷五 上
虍部 7 /9

yú 虞
卷五 上
虍部 2 /9

 jué 癨
卷七 下
疒部 40⁽⁺⁾/102

 táng 唐
卷二 上
口部 99 /190

hái 咳
卷二 上
口部 22 /190

pǎng 嗙
卷二 上
口部 123 /190

yàn 唁
卷二 上
口部 156 /190

jìn 唫
卷二 上
口部 55 /190

niàn 唸
卷二 上
口部 138 /190

jì 唧
卷二 上
口部 161 /190

wéi 唯
卷二 上
口部 65 /190

tuò 唾
卷二 上
口部 43 /190

bǔ 哺
卷二 上
口部 37 /190

xù 恤
卷五 上
血部 11 /15

máng 哤
卷二 上
口部 144 /190

é 哦
卷二 上
口部 181 /190

jiū 啾
卷二 上
口部 15 /190

lì 唳
卷二 上
口部 185 /190

tí 啼
卷二 上
口部 158 /190

míng 鳴
卷四 上
鳥部 113 /119

shēn 呻
卷二 上
口部 141 /190

yán 岩
卷九 下
山部 35 /65

zào 噪
卷二 下
品部 3 /3

119

	jiǎ 斝		yǐng 郢		dàn 啖		chuǎn 喘
	卷十四 上		卷六 下		卷二 上		卷二 上
	斗部 3 /17		邑部 89 /181		口部 33 /190		口部 46 /190

	jí 戢		huàn 患		zhōng 盅		qīng 青
	卷十二 下		卷十 下		卷五 上		卷五 下
	戈部 24 /26		心部 233 /276		皿部 21 /26		青部 1 /2

	dú 毒		tú 悇		tè 特		liè 将
	卷一 下		卷二 上		卷二 上		卷二 上
	屮部 4 /7		牛部 14 /47		牛部 4 /47		牛部 16 /47

	zhǐ 敳		què 殻		shī 邿		xǐ 喜
	卷三 下		卷三 下		卷六 下		卷五 上
	攴部 50 /77		殳部 5 /20		邑部 130 /181		喜部 1 /3

	huáng 皇		xiù 臭		xī 息		qiáo 峤
	卷一 上		卷十 上		卷十 下		卷九 下
	王部 3 /3		犬部 61 /87		心部 2 /276		山部 57 /65

	jùn 峻		kūn 昆		qī 漆		bó 渤
	卷九 下		卷九 下		卷六 下		卷六 下
	山部 28⁽⁺⁾ /65		山部 63 /65		桼部 1 /3		邑部 150 /181

芙 fú
卷一下
艸部 446 /458

荐 jiàn
卷一下
艸部 341 /458

苹 píng
卷一下
艸部 40 /458

春 chūn
卷一下
艸部 443 /458

菖 fú
卷一下
艸部 130 /458

荃 quán
卷一下
艸部 353 /458

苍 cāng
卷一下
艸部 300 /458

椒 jiāo
卷一下
艸部 248 /458

萃 cuì
卷一下
艸部 302 /458

蒿 hāo
卷一下
艸部 431 /458

萱 xuān
卷一下
艸部 44 (+) /458

芎 xiōng
卷一下
艸部 45 /458

茜 qiàn
卷一下
艸部 176 /458

菝 bá
卷一下
艸部 279 /458

茂 mào
卷一下
艸部 284 /458

苾 bì
卷一下
艸部 333 /458

茈 zǐ
卷一下
艸部 141 /458

葺 qì
卷一下
艸部 346 /458

荇 xìng
卷一下
艸部 223 /458

茱 zhú
卷一下
艸部 215 /458

菌 jūn
卷一下
艸部 99 /458

菲 fèi
卷一下
艸部 14 /458

茜 qiàn
卷一下
艸部 145 /458

荸 fú
卷一下
艸部 117 /458

茹 rú 卷一 下 艸部 375 /458	菆 zōu 卷一 下 艸部 441 /458	莧 xiàn 卷一 下 艸部 30 /458	堇 lí 卷一 下 艸部 70 /458
蒐 sōu 卷一 下 艸部 144 /458	敊 xī 卷三 下 支部 62 /77	森 sēn 卷六 上 林部 9 /10	楚 chǔ 卷六 上 林部 4 /10
婪 lán 卷十二 下 女部 211 /245	梓 zǐ 卷六 上 木部 51 /432	桂 guì 卷六 上 木部 19 /432	植 zhí 卷六 上 木部 237 /432
椓 zhuó 卷六 上 木部 386 /432	梧 wú 卷六 上 木部 125 /432	棫 yù 卷六 上 木部 61 /432	桮 bēi 卷六 上 木部 292 /432
楣 méi 卷六 上 木部 230 /432	桥 qiáo 卷六 上 木部 372 /432	柝 tuò 卷六 上 木部 198 /432	椑 pí 卷六 上 木部 301 /432
梢 shāo 卷六 上 木部 85 /432	桄 guàng 卷六 上 木部 384 /432	梲 zhuō 卷六 上 木部 333 /432	梃 tǐng 卷六 上 木部 168 /432

dùn 楯 卷六 上 木部 242 /432	chéng 棖 卷六 上 木部 323 /432	wǎng 枉 卷六 上 木部 180 /432	méi 梅 卷六 上 木部 10⁽⁺⁾/432
tīng 桯 卷六 上 木部 264 /432	chēn 郴 卷六 下 邑部 109 /181	liàn 楝 卷六 上 木部 120 /432	qī 栖 卷十二 上 西部 1⁽⁺⁾/2
méi 梅 卷六 上 木部 10 /432	mào 楙 卷六 上 林部 6 /10	xiè 榍 卷六 上 木部 251 /432	suō 梭 卷六 上 木部 88 /432
liè 栵 卷六 上 木部 87 /432	jiā 枷 卷六 上 木部 286 /432	zhì 寘 卷四 下 叀部 3 /3	zhì 廌 卷十 上 廌部 1 /4
lù 鹿 卷十 上 鹿部 1 /26	qián 乾 卷十四 下 乙部 2 /4	huì 惠 卷四 下 叀部 2 /3	shuò 欶 卷八 下 欠部 48 /66
jī 嵇 卷九 下 山部 65 /65	zhé 哲 卷十 下 心部 35 /276	guà 挂 卷十二 上 手部 243 /278	yè 抴 卷十二 上 手部 246 /278

掖 yè
卷十二 上
手部 265 /278

拱 gǒng
卷十二 上
手部 14 /278

舍 shě
卷十二 上
手部 57 /278

挢 jiǎo
卷十二 上
手部 138 /278

掇 duó
卷十二 上
手部 161 /278

拼 pīn
卷十二 上
手部 145 /278

捭 bǎi
卷十二 上
手部 229 /278

挪 nuó
卷十二 上
手部 177 /278

捎 shāo
卷十二 上
手部 139 /278

脱 tuō
卷十二 上
手部 151 /278

挺 tǐng
卷十二 上
手部 173 /278

扪 mén
卷十二 上
手部 44 /278

振 zhèn
卷十二 上
手部 135 /278

抴 yè
卷十二 上
手部 246 /278

持 chí
卷十二 上
手部 30 /278

捷 jié
卷十二 上
手部 260 /278

揖 hú
卷十二 上
手部 204 /278

搔 sāo
卷十二 上
手部 101 /278

救 jiù
卷十二 上
手部 202 /278

挨 āi
卷十二 上
手部 221 /278

授 shòu
卷十二 上
手部 85 /278

挼 luō
卷十二 上
手部 66 /278

摳 yà
卷十二 上
手部 170 /278

提 tí
卷十二 上
手部 53 /278

sǔn 损 卷十二 上 手部 149 /278	lǚ 旅 卷七 上 㐱部 22 /23	jīng 旌 卷七 上 㐱部 5 /23	pèi 斾 卷七 上 㐱部 4 /23
qī 郪 卷六 下 邑部 76 /181	chàng 鬯 卷五 下 鬯部 1 /5	yǎo 舀 卷七 上 臼部 5⁽⁺⁾ /6	xì 舃 卷四 上 鳥部 2 /3
jiá 戛 卷十二 下 戈部 7 /26	tiǎn 靦 卷九 上 面部 2⁽⁺⁾ /5	háng 笐 卷五 上 竹部 29 /149	lì 笠 卷五 上 竹部 101 /149
gāo 篙 卷五 上 竹部 149 /149	dǔ 笃 卷五 下 言部 3 /4	fú 符 卷五 上 竹部 34 /149	luò 箜 卷五 上 竹部 68 /149
zhuā 築 卷五 上 竹部 108 /149	zǐ 第 卷五 上 竹部 45 /149	bǐ 笔 卷三 下 聿部 2 /4	fū 箁 卷五 上 竹部 41 /149
nú 筱 卷五 上 竹部 83 /149	gū 箍 卷五 上 竹部 133 /149	gè 个 卷五 上 竹部 86 /149	wéi 帏 卷七 下 巾部 46 /71

125

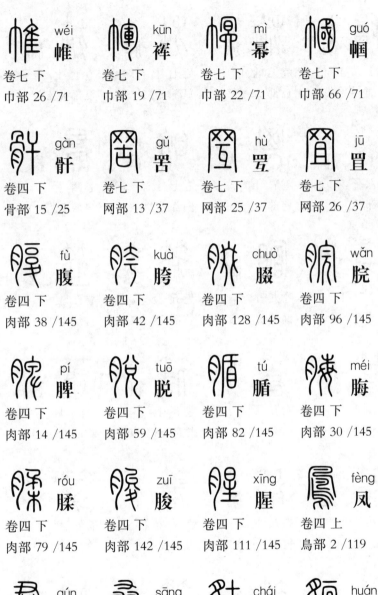

帷 wéi
卷七 下
巾部 26 /71

裈 kūn
卷七 下
巾部 19 /71

幂 mì
卷七 下
巾部 22 /71

帼 guó
卷七 下
巾部 66 /71

骭 gàn
卷四 下
骨部 15 /25

罟 gǔ
卷七 下
网部 13 /37

罭 hù
卷七 下
网部 25 /37

罝 jū
卷七 下
网部 26 /37

腹 fù
卷四 下
肉部 38 /145

胯 kuà
卷四 下
肉部 42 /145

腏 chuò
卷四 下
肉部 128 /145

脘 wǎn
卷四 下
肉部 96 /145

脾 pí
卷四 下
肉部 14 /145

脱 tuō
卷四 下
肉部 59 /145

腯 tú
卷四 下
肉部 82 /145

脢 méi
卷四 下
肉部 30 /145

腬 róu
卷四 下
肉部 79 /145

朘 zuī
卷四 下
肉部 142 /145

腥 xīng
卷四 下
肉部 111 /145

凤 fèng
卷四 上
鳥部 2 /119

裙 qún
卷七 下
巾部 17⁽⁺⁾ /71

桑 sāng
卷六 下
叒部 2 /2

豺 chái
卷九 下
豸部 6 /21

狟 huán
卷九 下
豸部 16 /21

狋 àn
卷九 下
豸部 13 /21

猤 guài
卷七 上
多部 3 /4

猤 huǒ
卷七 上
多部 2 /4

䘡 wān
卷五 上
豆部 5 /6

巹 jǐn
卷十四 下
己部 2 /3

承 chéng
卷十二 上
手部 86 /278

奐 huàn
卷三 上
奴部 4 /17

觭 qī
卷九 下
危部 2 /2

勉 miǎn
卷十三 下
力部 14 /44

巺 xùn
卷五 上
丌部 6 (+) /7

蝥 máo
卷十三 上
虫部 76 /160

质 zhì
卷六 下
貝部 37 /68

尉 wèi
卷十 上
火部 57 /118

殿 diàn
卷三 下
殳部 12 /20

劂 jué
卷四 下
刀部 8 /68

尿 niào
卷八 下
尾部 4 /4

屢 lǔ
卷八 上
尸部 24 /24

扉 fèi
卷八 上
尸部 17 /24

屏 píng
卷八 上
尸部 22 /24

敨 chóu
卷三 下
攴部 68 /77

虿 chài
卷十三 上
虫部 37 (+) /160

卿 qīng
卷九 上
卯部 2 /2

快 kuài
卷十 下
心部 14 /276

怆 chuàng
卷十 下
心部 194 /276

cuì 悴	jì 悸	chén 忱	tián 恬
卷十 下	卷十 下	卷十 下	卷十 下
心部 225 /276	心部 152 /276	心部 58 /276	心部 37 /276

chù 怵	guài 怪	zhǐ 旨	hūn 惛
卷十 下	卷十 下	卷十 下	卷十 下
心部 241 /276	心部 131 /276	心部 7 /276	心部 164 /276

hèn 恨	kuī 悝	kuì 愧	hàn 悍
卷十 下	卷十 下	卷十二 下	卷十 下
心部 182 /276	心部 146 /276	女部 236(+)/245	心部 129 /276

gǎn 敢	cǎi 彩	bì 毖	shù 恕
卷四 下	卷九 上	卷八 上	卷十 下
攴部 9 /9	彡部 10 /10	比部 2 /2	心部 41 /276

ná 袋	nù 怒	jiān 奸	yán 妍
卷八 上	卷十 下	卷十二 下	卷十二 下
衣部 85 /119	心部 174 /276	女部 238 /245	女部 189 /245

wá 娃	mèi 媚	jiāo 娇	wǎn 婉
卷十二 下	卷十二 下	卷十二 下	卷十二 下
女部 190 /245	女部 75 /245	女部 241 /245	女部 95 /245

婢 bì
卷十二 下
女部 52 /245

娧 tuì
卷十二 下
女部 87 /245

娠 shēn
卷十二 下
女部 26 /245

媒 méi
卷十二 下
女部 15 /245

媅 dān
卷十二 下
女部 127 /245

娱 yú
卷十二 下
女部 125 /245

婕 jié
卷十二 下
女部 63 /245

姆 mǔ
卷十二 下
女部 47 /245

娭 āi
卷十二 下
女部 126 /245

婿 xù
卷一 上
士部 2 (+) /4

媞 tí
卷十二 下
女部 120 /245

蚊 wén
卷十三 下
蚰部 18 (+) /25

聝 guó
卷十二 上
耳部 27 /33

聊 liáo
卷十二 上
耳部 9 /33

圣 shèng
卷十二 上
耳部 10 /33

聂 niè
卷十二 上
耳部 32 /33

坚 jiān
卷三 下
臤部 3 /4

牵 qiān
卷十二 上
手部 127 /278

肾 shèn
卷四 下
肉部 12 /145

婜 qiān
卷十二 下
女部 124 /245

郾 yǎn
卷六 下
邑部 74 /181

匪 fěi
卷十二 下
匚部 8 /19

匰 dān
卷十二 下
匚部 19 /19

匿 nì
卷十二 下
匚部 3 /7

bó 驳 卷十 上 馬部 105 /120	duò 驮 卷十 上 馬部 119 /120	chí 驰 卷十 上 馬部 74 /120	tái 骀 卷十 上 馬部 96 /120
xùn 驯 卷十 上 馬部 87 /120	mà 駡 卷六 下 邑部 103 /181	sì 驷 卷十 上 馬部 56 /120	ē 娿 卷十二 下 女部 46 /245
gě 舸 卷八 下 舟部 13 /16	chuán 船 卷八 下 舟部 3 /16	bān 般 卷八 下 舟部 11 /16	fú 服 卷八 下 舟部 12 /16
lì 鬲 卷三 下 鬲部 1 /13	wèi 胃 卷六 下 米部 2 /6	suǒ 索 卷六 下 米部 3 /6	sūn 孙 卷十二 下 系部 2 /4
mǐn 敃 卷六 下 攴部 64 /77	suī 眭 卷四 上 目部 116 /119	huǎn 睆 卷四 上 目部 12⁽⁺⁾ /119	wán 玩 卷一 上 玉部 69⁽⁺⁾ /140
biǎn 贬 卷六 下 貝部 49 /68	tiē 贴 卷六 下 貝部 63 /68	bài 败 卷三 下 攴部 47 /77	kuàng 贶 卷六 下 貝部 60 /68

瞋 chēn	眯 mī	睎 xī	鼎 dǐng
卷四 上	卷四 上	卷四 上	卷七 上
目部 68⁽⁺⁾/119	目部 91 /119	目部 78 /119	鼎部 1 /4
瞀 mào	晖 huī	映 yìng	旺 wàng
卷四 上	卷七 上	卷七 上	卷七 上
目部 35 /119	日部 27 /86	日部 80 /86	日部 50 /86
戩 gān	捍 hàn	旸 yáng	晕 yùn
卷十二 下	卷三 下	卷七 上	卷七 上
戈部 5 /26	支部 21 /77	日部 16 /86	日部 78 /86
晷 guǐ	量 liáng	畦 qí	畹 wǎn
卷七 上	卷八 上	卷十三 下	卷十三 下
日部 30 /86	重部 2 /2	田部 13 /29	田部 14 /29
時 zhì	亩 mǔ	畯 jùn	魁 kuí
卷十三 下	卷十三 下	卷十三 下	卷十四 上
田部 20 /29	田部 10 /29	田部 23 /29	斗部 7 /17
魅 mèi	胄 zhòu	愚 yú	众 zhòng
卷九 上	卷七 下	卷十 下	卷八 上
鬼部 8⁽⁺⁾/20	冃部 3⁽⁺⁾/5	心部 123 /276	似部 2 /4

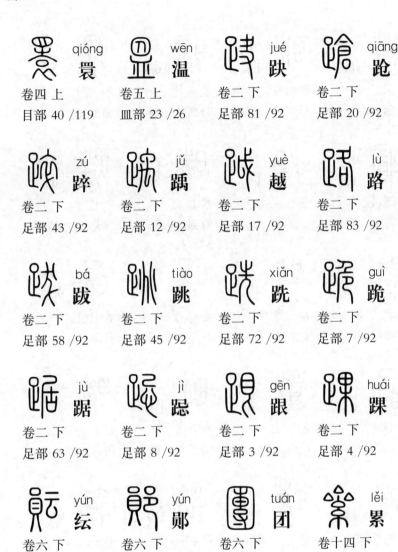

眾 qióng
卷四 上
目部 40 /119

溫 wēn
卷五 上
皿部 23 /26

跌 jué
卷二 下
足部 81 /92

蹌 qiāng
卷二 下
足部 20 /92

踤 zú
卷二 下
足部 43 /92

踽 jǔ
卷二 下
足部 12 /92

越 yuè
卷二 下
足部 17 /92

路 lù
卷二 下
足部 83 /92

跋 bá
卷二 下
足部 58 /92

跳 tiào
卷二 下
足部 45 /92

跣 xiǎn
卷二 下
足部 72 /92

跪 guì
卷二 下
足部 7 /92

踞 jù
卷二 下
足部 63 /92

跽 jì
卷二 下
足部 8 /92

跟 gēn
卷二 下
足部 3 /92

踝 huái
卷二 下
足部 4 /92

纭 yún
卷六 下
員部 2 /2

郧 yún
卷六 下
邑部 96 /181

团 tuán
卷六 下
口部 3 /26

累 lěi
卷十四 下
厽部 2 /3

曲 qū
卷十二 下
曲部 2 /3

132

10 画

墥 cí 卷十三 下 土部 71 /144	珪 guī 卷十三 下 土部 128⁽⁺⁾ /144	琢 zhuó 卷一 上 玉部 65 /140	珙 gǒng 卷一 上 玉部 140 /140
瑂 méi 卷一 上 玉部 99 /140	琬 wǎn 卷一 上 玉部 33 /140	琴 qín 卷十二 下 琴部 1 /4	珩 héng 卷一 上 玉部 42 /140
珽 tǐng 卷一 上 玉部 39 /140	琥 hǔ 卷一 上 玉部 31 /140	琳 lín 卷一 上 玉部 25 /140	瑁 mào 卷一 上 玉部 40 /140
球 qiú 卷一 上 玉部 24 /140	瑕 xiá 卷一 上 玉部 64 /140	琤 chēng 卷一 上 玉部 73 /140	班 bān 卷一 上 珏部 2 /3
珈 jiā 卷一 上 玉部 127 /140	琨 kūn 卷一 上 玉部 106 /140	祘 suàn 卷一 上 示部 61 /67	狝 xiǎn 卷十 上 犬部 57⁽⁺⁾ /87

福 fú 福	櫾 yǒu 櫾	祓 fú 祓	祧 tiāo 桃
卷一 上	卷六 上	卷一 上	卷一 上
示部 11 /67	木部 403⁽⁺⁾/432	示部 40 /67	示部 65 /67
祕 mì 祕	祰 gào 祰	禍 huò 祸	視 shì 视
卷一 上	卷一 上	卷一 上	卷八 下
示部 18 /67	示部 29 /67	示部 58 /67	見部 2 /46
祼 guàn 裸	啻 chì 啻	新 xīn 新	章 zhāng 章
卷一 上	卷二 上	卷十四 上	卷三 上
示部 36 /67	口部 96 /190	斤部 14 /15	音部 5 /7
竟 jìng 竟	訌 hòng 讧	唫 yín 吟	許 xǔ 许
卷三 上	卷三 上	卷二 上	卷三 上
音部 6 /7	言部 176 /257	口部 142⁽⁺⁾/190	言部 11 /257
訂 dìng 订	咒 zhòu 咒	訟 sòng 讼	訖 qì 讫
卷三 上	卷三 上	卷三 上	卷三 上
言部 40 /257	言部 143 /257	言部 205 /257	言部 104 /257
訪 fǎng 访	訊 xùn 讯	訐 jié 讦	訕 shàn 讪
卷三 上	卷三 上	卷三 上	卷三 上
言部 36 /257	言部 45 /257	言部 210 /257	言部 135 /257

讻 xiōng
讻
卷三 上
言部 204⁽⁺⁾/257

䛠 qū
诎
卷三 上
言部 225 /257

訥 nè
讷
卷三 上
言部 111 /257

訧 yóu
尤
卷三 上
言部 235 /257

討 tǎo
讨
卷三 上
言部 237 /257

訒 rèn
讱
卷三 上
言部 110 /257

詒 yí
诒
卷三 上
言部 130 /257

訓 xùn
训
卷三 上
言部 22 /257

商 shāng
商
卷三 上
㕯部 3/3

童 tóng
童
卷三 上
辛部 2/3

姿 zī
姿
卷十二 下
女部 171 /245

瓷 cí
瓷
卷十二 下
瓦部 26 /27

鴻 hóng
鸿
卷四 上
隹部 32 /39

鴻 hóng
鸿
卷四 上
隹部 32⁽⁺⁾/39

項 xiàng
项
卷九 上
頁部 21 /93

垓 gāi
垓
卷十三 下
土部 4 /144

恚 huì
恚
卷十 下
心部 172 /276

栽 zāi
栽
卷六 上
木部 206 /432

胾 zì
胾
卷四 下
肉部 120 /145

培 péi
培
卷十三 下
土部 83 /144

壇 tán
坛
卷十三 下
土部 126 /144

垜 duǒ
埵
卷十三 下
土部 79 /144

坤 kūn
坤
卷十三 下
土部 3 /144

堪 kān
堪
卷十三 下
土部 34 /144

墀 chí	窟 kū	场 cháng	鄢 yān
卷十三 下	卷十三 下	卷十三 下	卷六 下
土部 44 /144	土部 131 /144	土部 127 /144	邑部 90 /181
趺 bàn	规 guī	韧 rèn	辜 gū
卷十 下	卷十 下	卷五 下	卷十四 下
夫部 3 /3	夫部 2 /3	韋部 17 /17	辛部 3 /6
椵 jiǎ	德 dé	堑 qiàn	椠 qiàn
卷三 上	卷十 下	卷十三 下	卷六 上
古部 2 /2	心部 8 /276	土部 94 /144	木部 355 /432
彀 jī	辐 fú	轻 quán	辌 liáng
卷三 下	卷十四 上	卷十四 上	卷十四 上
殳部 4 /20	車部 42 /102	車部 84 /102	車部 6 /102
辂 lù	轸 zhěn	辑 jí	挽 wǎn
卷十四 上	卷十四 上	卷十四 上	卷十四 上
車部 19 /102	車部 29 /102	車部 15 /102	車部 93 /102
辀 zhōu	蜑 è	豩 bīn	豛 zhuó
卷十四 上	卷十三 上	卷九 下	卷三 下
車部 47 /102	虫部 108 /160	豕部 22 /22	攴部 60 /77

dú 毂	kěn 啃	tún 豚	yǔ 敔
卷三 下	卷九 下	卷九 下	卷三 下
殳部 9 /20	豕部 12 /22	豚部 1 /2	支部 65 /77
yì 睢	èr 貳	yǒng 勇	huò 惑
卷四 上	卷六 下	卷十三 下	卷十 下
隹部 34 /39	貝部 32 /68	力部 34⁽⁺⁾/44	心部 160 /276
zuò 坐	liú 留	nì 匿	bì 皕
卷十三 下	卷十三 下	卷十二 下	卷四 上
土部 49 /144	田部 26 /29	匚部 3 /7	皕部 1 /2
jī 基	qí 棋	qī 期	gé 鞈
卷十三 下	卷六 上	卷七 上	卷三 下
土部 26 /144	木部 342 /432	月部 8 /10	革部 46 /63
sǎ 靸	bèi 鞁	lè 勒	táo 鞀
卷三 下	卷三 下	卷三 下	卷三 下
革部 13 /63	革部 30 /63	革部 47 /63	革部 21 /63
gōng 恭	yú 雩	yún 云	báo 雹
卷十 下	卷十一 下	卷十一 下	卷十一 下
心部 39 /276	雨部 44 /51	雲部 1 /2	雨部 11 /51

顿 dùn
卷九 上
頁部 59 /93

璜 guō
卷十二 下
弓部 23 /27

弱 ruò
卷九 上
彡部 9 /10

弼 bì
卷十二 下
弜部 2⁽⁺⁾/2

弹 tán
卷十二 下
弓部 25 /27

弻 bì
卷十二 下
弓部 24 /27

锅 guō
卷三 下
鬲部 5 /13

鬲 lì
卷三 下
鬲部 1⁽⁺⁾/13

醉 zuì
卷十四 下
酉部 44 /73

凉 liáng
卷十四 下
酉部 65 /73

酪 lào
卷十四 下
酉部 68 /73

酖 dān
卷十四 下
酉部 39 /73

酷 kù
卷十四 下
酉部 24 /73

酬 chóu
卷十四 下
酉部 34 /73

丑 chǒu
卷九 上
鬼部 16 /20

釭 gāng
卷十四 上
金部 158 /204

钝 dùn
卷十四 上
金部 195 /204

钤 qián
卷十四 上
金部 90 /204

钉 dīng
卷十四 上
金部 23 /204

钫 fāng
卷十四 上
金部 129 /204

钳 qián
卷十四 上
金部 103 /204

焊 hàn
卷十四 上
金部 154 /204

钗 chāi
卷十四 上
金部 203 /204

钮 niǔ
卷十四 上
金部 77 /204

钯 bā
卷十四 上
金部 120 /204

钏 chuàn
卷十四 上
金部 202 /204

鈤 dòu
卷十四 上
金部 50 /204

钿 diàn
卷十四 上
金部 201 /204

雃 qián
卷四 上
隹部 23 /39

亼 qiān
卷五 下
亼部 3 /6

叙 xù
卷三 下
攴部 71 /77

斜 xié
卷十四 上
斗部 10 /17

饪 rèn
卷五 下
食部 4 /64

餗 mò
卷五 下
食部 62 /64

鮎 nián
卷五 下
食部 33 /64

饷 xiǎng
卷五 下
食部 28 /64

饿 è
卷五 下
食部 54 /64

饰 shì
卷七 下
巾部 45 /71

蚀 shí
卷十三 上
虫部 110 /160

餗 sù
卷三 下
彌部 6⁽⁺⁾ /13

短 duǎn
卷五 下
矢部 7 /11

秦 qín
卷七 上
禾部 79 /89

郝 hǎo
卷六 下
邑部 25 /181

盍 hé
卷五 上
血部 14 /15

奞 xùn
卷四 上
奞部 1 /3

嗇 sè
卷五 下
嗇部 1 /2

麦 mài
卷五 下
麥部 1 /13

椇 xū
卷六 上
木部 274 /432

zī 兹	jiǎo 敽	jiá 郏	dū 督
卷四 下	卷三 下	卷六 下	卷四 上
玄部 2 /3	攴部 32 /77	邑部 75 /181	目部 77 /119
gù 痼	kē 痾	bìng 病	yí 痍
卷七 下	卷七 下	卷七 下	卷七 下
疒部 95 /102	疒部 6 /102	疒部 4 /102	疒部 71 /102
shān 痁	chèn 疢	yì 疫	zhǐ 痓
卷七 下	卷七 下	卷七 下	卷七 下
疒部 55 /102	疒部 77 /102	疒部 90 /102	疒部 66 /102
jū 疽	tān 痑	jiè 疥	pí 疲
卷七 下	卷七 下	卷七 下	卷七 下
疒部 45 /102	疒部 92 /102	疒部 50 /102	疒部 84 /102
jū 痀	qiāng 蹌	bù 瓿	bù 部
卷七 下	卷五 下	卷十二 下	卷六 下
疒部 39 /102	倉部 2 /2	瓦部 16 /27	邑部 36 /181
zhí 殖	jùn 浚	jiù 敠	lì 栗
卷四 下	卷十一 下	卷三 下	卷七 上
歺部 30 /32	谷部 7 /8	殳部 18 /20	卤部 2/3

féng 冯	dǐng 顶	bìng 并	wěn 紊
卷十 上	卷九 上	卷十 下	卷十三 上
馬部 67 /120	頁部 9 /93	竝部 1 /2	糸部 49 /257
fù 复	bì 裨	yù 裕	shuì 祝
卷八 上	卷八 上	卷八 上	卷八 上
衣部 52 /119	衣部 78 /119	衣部 81 /119	衣部 113 /119
chéng 裎	tí 褆	xī 裼	háng 頏
卷八 上	卷八 上	卷八 上	卷十 下
衣部 91 /119	衣部 53 /119	衣部 92 /119	亢部 1⁽⁺⁾ /2
qiú 裘	běn 畚	xiù 袖	niǎo 裊
卷八 上	卷十二 下	卷八 上	卷八 上
裘部 1 /2	甾部 3 /5	衣部 32 /119	衣部 116 /119
háo 豪	chún 辜	zhān 氈	dù 斁
卷九 下	卷五 下	卷八 上	卷三 下
希部 3⁽⁺⁾ /5	亯部 2⁽⁺⁾ /4	毛部 6 /13	支部 51 /77
guǎng 广	lián 廉	fǔ 腐	lóu 廔
卷九 下	卷九 下	卷四 下	卷九 下
广部 18 /55	广部 27 /55	肉部 138 /145	广部 39 /55

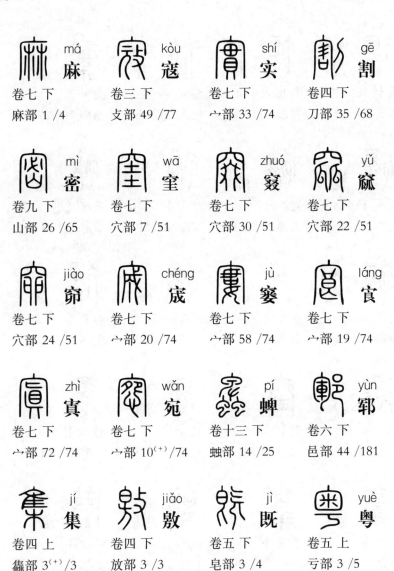

má 麻 卷七 下 麻部 1 /4	kòu 寇 卷三 下 攴部 49 /77	shí 实 卷七 下 宀部 33 /74	gē 割 卷四 下 刀部 35 /68
mì 密 卷九 下 山部 26 /65	wā 窐 卷七 下 穴部 7 /51	zhuó 窡 卷七 下 穴部 30 /51	yǔ 窳 卷七 下 穴部 22 /51
jiào 窌 卷七 下 穴部 24 /51	chéng 宬 卷七 下 宀部 20 /74	jù 窭 卷七 下 宀部 58 /74	láng 宦 卷七 下 宀部 19 /74
zhì 寅 卷七 下 宀部 72 /74	wǎn 宛 卷七 下 宀部 10⁽⁺⁾ /74	pí 蜱 卷十三 下 蚰部 14 /25	yùn 郓 卷六 下 邑部 44 /181
jí 集 卷四 上 雥部 3⁽⁺⁾ /3	jiǎo 敫 卷四 下 放部 3 /3	jì 既 卷五 下 皂部 3 /4	yuè 粤 卷五 上 亏部 3 /5
rèn 纴 卷十三 上 糸部 18 /257	gěi 给 卷十三 上 糸部 69 /257	tǒng 统 卷十三 上 糸部 24 /257	xuàn 绚 卷十三 上 糸部 91 /257

细 xì
卷十三 上
糸部 44 /257

纰 pī
卷十三 上
糸部 244 /257

纷 fēn
卷十三 上
糸部 193 /257

绨 tí
卷十三 上
糸部 82 /257

朱 zhū
卷十三 上
糸部 99 /257

练 shū
卷十三 上
糸部 254 /257

绖 zhì
卷十三 上
糸部 165 /257

绖 dié
卷十三 上
糸部 233 /257

组 zǔ
卷十三 上
糸部 132 /257

级 jí
卷十三 上
糸部 50 /257

绍 shào
卷十三 上
糸部 35 /257

绝 jué
卷十三 上
糸部 31 /257

绢 juàn
卷十三 上
糸部 95 /257

揪 jiū
卷五 下
韋部 15(卄)/17

稔 rěn
卷七 上
禾部 71 /89

秾 lái
卷七 上
禾部 33 /89

稼 jià
卷七 上
禾部 3 /89

秧 yāng
卷七 上
禾部 66 /89

稚 zhì
卷七 上
禾部 9 /89

耑 duān
卷七 上
禾部 37 /89

称 chēng
卷七 上
禾部 80 /89

恁 nèn
卷十 下
心部 114 /276

并 bìng
卷八 上
从部 3 /3

贷 dài
卷六 下
貝部 17 /68

143

便 pián
卷八 上
人部 138 /263

价 jià
卷八 上
人部 257 /263

俺 ǎn
卷八 上
人部 59 /263

僦 jiù
卷八 上
人部 259 /263

修 xiū
卷九 上
彡部 4 /10

条 tiáo
卷六 上
木部 161 /432

修 xiū
卷四 下
肉部 92 /145

叟 sǒu
卷三 下
又部 7（+）/28

偲 sī
卷八 上
人部 62 /263

偕 xié
卷八 上
人部 91 /263

借 jiè
卷八 上
人部 128 /263

倓 tán
卷八 上
人部 26 /263

倂 yìng
卷八 上
人部 159 /263

倜 tì
卷八 上
人部 250 /263

偻 lóu
卷八 上
人部 221 /263

俳 pái
卷八 上
人部 191 /263

僤 dàn
卷八 上
人部 49 /263

傳 zhuàn
卷八 上
人部 155 /263

候 hòu
卷八 上
人部 131 /263

并 bìng
卷八 上
人部 94 /263

态 tài
卷十 下
心部 130（+）/276

偁 chēng
卷八 上
人部 118 /263

倬 zhuō
卷八 上
人部 63 /263

邮 yóu
卷六 下
邑部 11/181

差 chā
卷五 上
左部 2 /2

素 sù
卷十三 上
素部 1 /6

敷 fū
卷三 下
寸部 6 /7

戚 qī
卷十二 下
戉部 2 /2

诱 yòu
卷九 上
厶部 3 /3

恙 yàng
卷十 下
心部 214 /276

羖 gǔ
卷四 上
羊部 12 /26

羝 dī
卷四 上
羊部 8 /26

斫 zhuó
卷十四 上
斤部 11 /15

敬 jìng
卷九 上
苟部 2 /2

备 bèi
卷三 下
用部 4 /5

梦 mèng
卷七 上
夕部 3 /9

须 xū
卷九 上
須部 1 /5

狂 kuáng
卷十 上
犬部 68 /87

猱 náo
卷九 下
山部 5 /65

狻 suān
卷十 上
犬部 71 /87

猩 xīng
卷十 上
犬部 18 /87

独 dú
卷十 上
犬部 55 /87

萑 huán
卷四 上
萑部 1 /4

莧 huán
卷十 上
莧部 1 /1

盎 àng
卷五 上
皿部 10 /26

鹤 hè
卷五 下
门部 5 /5

敝 bì
卷七 下
㡀部 2/2

敞 chǎng
卷三 下
攴部 23 /77

145

裳 cháng 裳
卷七 下
巾部 16⁽⁺⁾/71

蔁 zhā 蔁
卷七 上
多部 4 /4

典 diǎn 典
卷五 上
丌部 3 /7

册 cè 册
卷五 上
曰部 2 /7

奠 diàn 奠
卷五 上
丌部 7 /7

尊 zūn 尊
卷十四 下
酉部 2⁽⁺⁾/2

夺 duó 夺
卷三 下
支部 37 /77

颂 sòng 颂
卷九 上
頁部 4 /93

盆 pén 盆
卷五 上
皿部 11 /26

揪 jiū 揪
卷十二 上
手部 116 /278

甃 zhòu 甃
卷十二 下
瓦部 19 /27

剡 yǎn 剡
卷四 下
刀部 10 /68

烓 wēi 烓
卷十 上
火部 39 /118

烘 hōng 烘
卷十 上
火部 43 /118

煁 chén 煁
卷十 上
火部 40 /118

炼 liàn 炼
卷十 上
火部 61 /118

糅 róu 糅
卷十 上
火部 67 /118

焌 jùn 焌
卷十 上
火部 6 /118

焜 kūn 焜
卷十 上
火部 91 /118

烛 zhú 烛
卷十 上
火部 62 /118

眺 tiào 眺
卷八 下
見部 41 /46

灭 miè 灭
卷十 上
火部 105 /118

决 jué 决
卷十一 上
水部 288 /487

泊 pò 泊
卷十一 上
水部 144 /487

mǐ 洣 卷十一 上 水部 419 /487	jiǔ 酒 卷十四 下 酉部 2 /73	cāng 沧 卷十一 上 水部 423 /487	xuàn 泫 卷十一 上 水部 169 /487
yù 涓 卷十一 上 水部 35 /487	liú 流 卷十一 下 㐬部 2(+)/3	hàng 沆 卷十一 上 水部 183 /487	qì 泣 卷十一 上 水部 451 /487
cuì 淬 卷十一 上 水部 425 /487	xuán 淀 卷十一 上 水部 225 /487	liáng 凉 卷十一 上 水部 406 /487	hào 滈 卷十一 上 水部 330 /487
xiōng 洶 卷十一 上 水部 207 /487	luò 洛 卷十一 上 水部 34 /487	xián 涎 卷八 下 次部 1 /4	shěn 沈 卷十一 上 水部 334 /487
lì 涖 卷十一 上 水部 243 /487	yǒng 泳 卷十一 上 水部 303 /487	pàn 泮 卷十一 上 水部 459 /487	rǎn 染 卷十一 上 水部 442 /487
táo 洮 卷十一 上 水部 22 /487	bì 泌 卷十一 上 水部 166 /487	jiǒng 洞 卷十一 上 水部 422 /487	zhuǐ 㳠 卷十一 下 㳠部 1 /3

泚 cǐ
卷十一 上
水部 177 /487

注 zhù
卷十一 上
水部 291 /487

浩 hào
卷十一 上
水部 182 /487

洎 jì
卷十一 上
水部 376 /487

汪 wāng
卷十一 上
水部 175 /487

浙 xī
卷十一 上
水部 386 /487

浙 zhè
卷十一 上
水部 10 /487

沭 shù
卷十一 上
水部 98 /487

洧 wěi
卷十一 上
水部 79 /487

浼 wéi
卷十一 上
水部 48 /487

浼 měi
卷十一 上
水部 364 /487

渥 wò
卷十一 上
水部 344 /487

洒 sǎ
卷十一 上
水部 415 /487

浮 fú
卷十一 上
水部 196 /487

活 huó
卷十一 上
水部 167 /487

派 pài
卷十一 上
水部 265 /487

涅 niè
卷十一 上
水部 250 /487

涸 hé
卷十一 上
水部 356 /487

迋 wàng
卷二 下
辵部 13 /131

征 zhēng
卷二 下
辵部 10 /131

迨 hé
卷二 下
辵部 26 /131

透 tòu
卷二 下
辵部 127 /131

从 cóng
卷八 上
从部 2 /3

迎 yíng
卷二 下
辵部 34 /131

迥 jiǒng
卷二 下
辵部 109 /131

逅 hòu
卷二 下
辵部 120 /131

迓 yà
卷三 上
言部 106⁽⁺⁾/257

迮 zé
卷二 下
辵部 27 /131

逆 nì
卷二 下
辵部 33 /131

速 sù
卷二 下
辵部 30 /131

迭 dié
卷二 下
辵部 75 /131

徂 cú
卷二 下
辵部 15 /131

移 yí
卷二 下
辵部 45 /131

诋 dǐ
卷二 下
辵部 71 /131

迢 tiáo
卷二 下
辵部 129 /131

徬 páng
卷二 下
彳部 21 /37

径 jìng
卷二 下
彳部 3 /37

御 yù
卷二 下
彳部 36 /37

徛 jì
卷二 下
彳部 33 /37

后 hòu
卷二 下
彳部 28 /37

耸 sǒng
卷十二 上
耳部 21 /33

待 dài
卷二 下
彳部 23 /37

衕 tòng
卷二 下
行部 6 /12

街 jiē
卷二 下
行部 3 /12

趚 qí
卷二 上
走部 8 /85

趚 chě
卷二 上
走部 75 /85

趄 jū
卷二 上
走部 66 /85

趋 qū
卷二 上
走部 51 /85

越 dī
卷二 上
走部 50 /85

超 chāo
卷二 上
走部 5 /85

馗 kuí
卷十四 下
九部 2 /2

棨 qǐ
卷六 上
木部 359 /432

脐 qǐ
卷四 下
肉部 141 /145

督 qì
卷四 上
目部 66 /119

阢 wù
卷十四 下
自部 46 /94

阬 kēng
卷十四 下
自部 38 /94

阪 bǎn
卷十四 下
自部 10 /94

防 fáng
卷十四 下
自部 40 /94

址 zhǐ
卷十四 下
自部 42 /94

阤 zhì
卷十四 下
自部 34 /94

阡 qiān
卷十四 下
自部 94 /94

闰 rùn
卷一 上
王部 2 /3

阁 gé
卷十二 上
門部 7 /62

闵 mǐn
卷十二 上
門部 56 /62

闸 zhá
卷十二 上
門部 28 /62

辟 pì
卷十二 上
門部 22 (+) /62

闷 mèn
卷十 下
心部 189 /276

矿 kuàng
卷九 下
石部 2 /58

廉 lián
卷九 下
石部 8 /58

礐 què
卷九 下
石部 51 /58

磆 tà
卷九 下
石部 42 /58

硍 láng
卷九 下
石部 18 /58

碣 jié
卷九 下
石部 7 /58

碨 wèi
卷九 下
石部 40 /58

扁 biǎn
卷二 下
冊部 3 /3

雇 gù
卷四 上
隹部 28 /39

历 lì
卷二 上
止部 7 /14

雁 yàn
卷四 上
隹部 24 /39

雁 yàn
卷四 上
鳥部 55 /119

厥 jué
卷九 下
厂部 8 /27

厥 yín
卷九 下
厂部 5 /27

业 yè
卷三 上
丵部 2 /4

糊 hú
卷七 上
黍部 5⁽⁺⁾ /8

粖 mò
卷三 下
弻部 8⁽⁺⁾ /13

粔 jù
卷七 上
米部 39 /42

敉 mǐ
卷三 下
攴部 42 /77

粉 fěn
卷七 上
米部 31 /42

料 liào
卷十四 上
斗部 4 /17

粗 cū
卷七 上
米部 8 /42

粦 juàn
卷三 上
奴部 11 /17

悉 xī
卷二 上
釆部 4 /5

教 jiào
卷三 下
教部 1 /2

亮 liàng
卷八 下
兂部 3 /3

祸 huò
卷八 下
兂部 2 /3

蠕 rú
卷十三 上
虫部 99 /160

蟥 huáng
卷十三 上
虫部 63 /160

yíng 蝇 卷十三 下 黽部 10 /14	jú 蜏 卷十三 上 虫部 129 /160	bī 蝒 卷十三 上 虫部 45 /160	lián 蠊 卷十三 上 虫部 115 /160
là 蜡 卷十三 上 虫部 98 /160	tiáo 蜩 卷十三 上 虫部 83 /160	láng 螂 卷十三 上 虫部 59 /160	lóu 蝼 卷十三 上 虫部 48 /160
yuán 蚖 卷十三 上 虫部 47 /160	chán 蝉 卷十三 上 虫部 84 /160	chī 螭 卷十三 上 虫部 112 /160	xiē 蝎 卷十三 上 虫部 40 /160
yù 蟜 卷十三 上 虫部 62 /160	lì 蛎 卷十三 上 虫部 121 /160	yǐ 蚁 卷十三 上 虫部 52 /160	yuán 猿 卷十三 上 虫部 140 /160
měng 蜢 卷十三 上 虫部 158 /160	jiāo 鹪 卷四 上 鳥部 79 /119	bǎo 鸨 卷四 上 鳥部 69⁽⁺⁾/119	dǎo 岛 卷九 下 山部 4 /65
yú 舁 卷三 上 舁部 1 /4	fěi 蜚 卷十三 下 蟲部 5⁽⁺⁾/6	wàng 望 卷十二 下 亾部 3 /5	máng 忙 卷七 上 朙部 2 /2

chái 柴
卷一 上
示部 23 /67

zī 资
卷六 下
貝部 55 /68

bá 癹
卷二 上
癶部 3 /3

jiǎn 剪
卷四 下
刀部 12 /68

ruǎn 甍
卷三 下
甍部 1 /2

shè 射
卷五 下
矢部 2 /11

zhā 揸
卷三 下
又部 13 /28

shuò 槊
卷六 上
木部 424 /432

yàn 厌
卷五 上
甘部 4 /5

kān 戡
卷十二 下
戈部 18 /26

zhēn 斟
卷十四 上
斗部 9 /17

kān 勘
卷十三 下
力部 43 /44

yīn 喑
卷二 上
口部 20 /190

jiè 喈
卷三 上
言部 117$^{(+)}$ /257

háo 号
卷五 上
号部 2 /2

yǎ 哑
卷二 上
口部 69 /190

gěng 哽
卷二 上
口部 112 /190

zhè 嗻
卷二 上
口部 120 /190

háo 嗥
卷二 上
口部 167 /190

yōu 呦
卷二 上
口部 176 /190

xián 嗛
卷二 上
口部 23 /190

jiē 喈
卷二 上
口部 168 /190

nù 衄
卷五 上
血部 6 /15

dàn 啖
卷二 上
口部 111 /190

zhāo 啁	huì 喙	chēn 嗔	è 锷
卷二上	卷二上	卷二上	卷四下
口部 114 /190	口部 4 /190	口部 84 /190	刀部 3 /68

tān 啴	jiào 叫	zhōu 詶	hē 喝
卷二上	卷三上	卷二上	卷二上
口部 42 /190	吅部 4 /6	吅部 6 /6	口部 149 /190

hóu 喉	huì 彗	kēng 牼	máng 牻
卷二上	卷三下	卷二上	卷二上
口部 7 /190	又部 25 /28	牛部 40 /47	牛部 11 /47

jiān 犍	tè 特	tái 台	péng 彭
卷二上	卷二上	卷十二上	卷五上
牛部 46 /47	牛部 4 /47	至部 5 /6	壴部 4 /5

shù 树	yì 劓	xíng 陉	é 峨
卷五上	卷四下	卷九下	卷九下
壴部 2 /5	刀部 57 /68	山部 44 /65	山部 41 /65

jué 崛	yáng 崵	yín 崟	cuī 崔
卷九下	卷九下	卷九下	卷九下
山部 31 /65	山部 15 /65	山部 23 /65	山部 53 /65

崇 chóng	峰 fēng	崖 yá	策 cè
卷九 下	卷九 下	卷九 下	卷三 下
山部 52 /65	山部 33 /65	厂部 3 /6	攴部 75 /77

勃 bó	敠 zhuì	茬 chá	荼 tú
卷十三 下	卷三 下	卷一 下	卷一 下
力部 35 /44	又部 21 /28	艸部 296 /458	艸部 429 /458

菖 fú	席 xí	莞 guǎn	菀 wǎn
卷一 下	卷一 下	卷一 下	卷一 下
艸部 130 /458	艸部 339 /458	艸部 90 /458	艸部 213 /458

蓽 bì	萄 táo	葩 pā	萎 wěi
卷一 下	卷一 下	卷一 下	卷一 下
艸部 365 /458	艸部 420 /458	艸部 260 /458	艸部 377 /458

荏 rěn	茷 fá	荷 hé	茯 fú
卷一 下	卷一 下	卷一 下	卷十三 上
艸部 18 /458	艸部 319 /458	艸部 194 /458	糸部 188⁽⁺⁾/257

葆 bǎo	菜 lèi	莛 tíng	蓏 luǒ
卷一 下	卷一 下	卷一 下	卷一 下
艸部 435 /458	艸部 329 /458	艸部 256 /458	艸部 3 /458

cháng 苌	kuí 葵	huāng 荒	shèn 葚
卷一 下	卷一 下	卷一 下	卷一 下
艸部 68 /458	艸部 21 /458	艸部 308 /458	艸部 242 /458

hū 槷	cì 莿	shà 蔱	qī 萋
卷十 下	卷一 下	卷一 下	卷一 下
李部 2 /6	艸部 158 /458	艸部 5 /458	艸部 266 /458

dào 莉	mào 蕏	jiā 葭	qiáo 荍
卷一 下	卷一 下	卷一 下	卷一 下
艸部 445 /458	艸部 427 /458	艸部 407 /458	艸部 79 /458

jiū 茻	cài 菜	yú 萸	jiā 茄
卷三 上	卷一 下	卷一 下	卷一 下
丩部 2 /3	艸部 320 /458	艸部 246 /458	艸部 193 /458

cǎo 草	mò 莫	áo 敖	zhì 制
卷一 下	卷一 下	卷六 下	卷八 上
艸部 440 /458	茻部 2 /4	出部 2 /5	衣部 109 /119

fén 棼	xiǎng 想	hé 核	bǎng 榜
卷六 上	卷十 下	卷六 上	卷六 上
林部 8 /10	心部 62 /276	木部 317 /432	木部 338 /432

构 gòu	柳 liǔ	桱 jìng	槅 gé
卷六 上	卷六 上	卷六 上	卷六 上
木部 210 /432	木部 102 /432	木部 265 /432	木部 365 /432
椅 yǐ	棒 bàng	桢 zhēn	檀 tán
卷六 上	卷六 上	卷六 上	卷六 上
木部 50 /432	木部 330 /432	木部 196 /432	木部 117 /432
椎 zhuī	桯 qiāng	棺 guān	椑 bì
卷六 上	卷六 上	卷六 上	卷六 上
木部 331 /432	木部 353 /432	木部 415 /432	木部 362 /432
槀 gǎo	楸 qiū	楗 jiàn	栅 zhà
卷六 上	卷六 上	卷六 上	卷六 上
木部 31 /432	木部 52 /432	木部 254 /432	木部 257 /432
樊 fán	茑 niǎo	榹 sī	棣 dì
卷三 下	卷一 下	卷六 上	卷六 上
爻部 2 /2	艸部 154$^{(+)}$ /458	木部 294 /432	木部 106 /432
棳 qǐn	榣 yáo	桶 tǒng	橛 jué
卷六 上	卷六 上	卷六 上	卷六 上
木部 18 /432	木部 177 /432	木部 348 /432	木部 227 /432

枢 shū
卷六 上
木部 238 /432

杨 yáng
卷六 上
木部 100 /432

樿 bì
卷六 上
木部 89 /432

麂 jǐ
卷十 上
鹿部 12(+) /26

奏 zòu
卷十 下
夲部 5 /6

曹 cáo
卷六 上
東部 2 /2

兹 zī
卷一 下
艸部 288 /458

橐 pāo
卷六 下
橐部 5 /5

搒 péng
卷十二 上
手部 252 /278

接 jiē
卷十二 上
手部 90 /278

擒 qín
卷十二 上
手部 37 /278

捻 niǎn
卷十二 上
手部 271 /278

掎 jǐ
卷十二 上
手部 181 /278

挟 xié
卷十二 上
手部 43 /278

掊 póu
卷十二 上
手部 65 /278

擅 shàn
卷十二 上
手部 146 /278

推 tuī
卷十二 上
手部 20 /278

控 kòng
卷十二 上
手部 60 /278

揞 wò
卷十二 上
手部 17 /278

挥 huī
卷十二 上
手部 182 /278

捶 chuí
卷十二 上
手部 230 /278

捕 bǔ
卷十二 上
手部 240 /278

捧 pěng
卷十二 上
手部 128 /278

揂 jiū
卷十二 上
手部 126 /278

持 chí
卷十二 上
手部 30 /278

挏 tuán
卷十二 上
手部 200 /278

撤 zhì
卷十二 上
手部 211 /278

抛 pāo
卷十二 上
手部 276 /278

摇 yáo
卷十二 上
手部 123 /278

掐 qiā
卷十二 上
手部 270 /278

掀 xiān
卷十二 上
手部 132 /278

掘 jué
卷十二 上
手部 205 /278

揣 chuǎi
卷十二 上
手部 96 /278

抠 kōu
卷十二 上
手部 9 /278

扬 yáng
卷十二 上
手部 130 /278

蛳 shī
卷十三 上
虫部 64 /160

族 zú
卷七 上
㫃部 23 /23

旃 zhān
卷七 上
㫃部 10 /23

旐 zhào
卷七 上
㫃部 2 /23

敏 mǐn
卷三 下
支部 5 /77

晋 jìn
卷七 上
日部 15 /86

倪 ní
卷六 下
邑部 149 /181

奡 ào
卷十 下
夰部 3 /5

兽 shòu
卷十四 下
嘼部 2 /2

笄 jī
卷五 上
竹部 36 /149

箓 tú
卷五 上
竹部 13 /149

管 guǎn
卷五 上
竹部 40 /149

箄 bēi
卷五 上
竹部 61 /149

zuó 筰	yán 筵	děng 等	cè 策
卷五 上	卷五 上	卷五 上	卷五 上
竹部 88 /149	竹部 46 /149	竹部 31 /149	竹部 106 /149

xiāng 箱	shà 箑	qián 箝	jiàn 腱
卷五 上	卷五 上	卷五 上	卷四 下
竹部 102 /149	竹部 90 /149	竹部 98 /149	筋部 2 /3

zhēng 箏	kuāng 筐	dǔ 笃	shì 筮
卷五 上	卷十二 下	卷十 上	卷五 上
竹部 132 /149	匚部 4⁽⁺⁾/19	馬部 62 /120	竹部 123 /149

卷十二 下 匚部 4^{(+)} /19

bì 箅	jiǎn 幉	lián 嗛	màn 幔
卷五 上	卷七 下	卷七 下	卷七 下
竹部 54 /149	巾部 18 /71	巾部 25 /71	巾部 23 /71

xù 勖	mǎi 买	gāng 刚	fú 罦
卷十三 下	卷六 下	卷四 下	卷七 下
力部 16 /44	貝部 45 /68	刀部 14 /68	网部 22^{(+)} /37

mì 幂	páng 膀	jìng 胫	shàn 膻
卷七 上	卷四 下	卷四 下	卷四 下
鼎部 4 /4	肉部 26 /145	肉部 45 /145	肉部 55 /145

腔 qiāng
卷四 下
肉部 143 /145

脯 fǔ
卷四 下
肉部 91 /145

腱 jiàn
卷四 下
筋部 2(+)/3

胂 shēn
卷四 下
肉部 29 /145

脧 zhuǎn
卷四 下
肉部 127 /145

腸 cháng
卷四 下
肉部 19 /145

鼐 nài
卷七 上
鼎部 3 /4

晝 zhòu
卷三 下
畫部 2 /2

畫 huà
卷三 下
畫部 1 /2

盉 yòu
卷五 上
皿部 6(+)/26

救 jiù
卷三 下
攴部 36 /77

蛷 qiú
卷十三 下
蚰部 22 /25

雄 xióng
卷四 上
隹部 35 /39

謠 yáo
卷三 上
言部 70 /257

貔 pí
卷九 下
豸部 5(+)/21

貂 diāo
卷九 下
豸部 14 /21

祭 jì
卷一 上
示部 21 /67

碗 wǎn
卷五 上
皿部 3 /26

觚 gū
卷四 下
角部 31 /39

觶 zhì
卷四 下
角部 28(+)/39

盄 diào
卷五 上
皿部 9 /26

嶅 wù
卷九 下
山部 47 /65

婺 wù
卷十二 下
女部 121 /245

瞀 mào
卷四 上
目部 63 /119

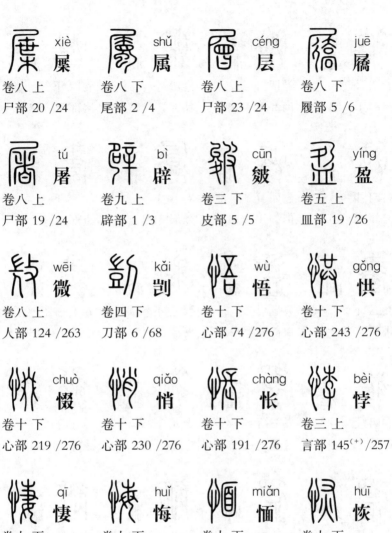

屧 xiè
卷八 上
尸部 20 /24

属 shǔ
卷八 下
尾部 2 /4

层 céng
卷八 上
尸部 23 /24

屩 juē
卷八 下
履部 5 /6

屠 tú
卷八 上
尸部 19 /24

辟 bì
卷九 上
辟部 1 /3

皴 cūn
卷三 下
皮部 5 /5

盈 yíng
卷五 上
皿部 19 /26

微 wēi
卷八 上
人部 124 /263

剀 kǎi
卷四 下
刀部 6 /68

悟 wù
卷十 下
心部 74 /276

恭 gǒng
卷十 下
心部 243 /276

惙 chuò
卷十 下
心部 219 /276

悄 qiǎo
卷十 下
心部 230 /276

怅 chàng
卷十 下
心部 191 /276

悖 bèi
卷三 上
言部 145⁽⁺⁾ /257

悽 qī
卷十 下
心部 198 /276

悔 huǐ
卷十 下
心部 184 /276

恓 miǎn
卷十 下
心部 85 /276

恢 huī
卷十 下
心部 38 /276

悛 quān
卷十 下
心部 89 /276

惕 tì
卷十 下
心部 242 /276

媾 gòu
卷十二 下
女部 48 /245

嫣 yān
卷十二 下
女部 97 /245

嫜 wéi	㜠 ruǎn	娸 qī	婞 xìng
卷十二 下	卷十二 下	卷十二 下	卷十二 下
女部 200 /245	女部 224 /245	女部 13 /245	女部 183 /245
嬗 shàn	嫁 jià	媕 wān	娥 é
卷十二 下	卷十二 下	卷十二 下	卷十二 下
女部 143 /245	女部 17 /245	女部 90 /245	女部 58 /245
姍 shān	媅 dān	妖 yāo	媌 miáo
卷十二 下	卷十二 下	卷十二 下	卷十二 下
女部 218 /245	女部 127 /245	女部 166 /245	女部 88 /245
婗 ní	嫇 míng	媱 yáo	淫 yín
卷十二 下	卷十二 下	卷十二 下	卷十二 下
女部 30 /245	女部 101 /245	女部 102 /245	女部 228 /245
妪 yù	恼 nǎo	斞 yǔ	殹 yì
卷十二 下	卷十二 下	卷十四 上	卷三 下
女部 32 /245	女部 235 /245	斗部 5 /17	殳部 13 /20
颐 yí	瓯 ōu	蝘 yǎn	哿 gě
卷十二 上	卷十二 下	卷十三 上	卷五 上
臣部 1(+)/2	瓦部 9 /27	虫部 19(+)/160	可部 3 /5

bó 驳	shēn 駪	fān 帆	jū 驹
卷十上	卷十上	卷十上	卷十上
馬部 25 /120	馬部 104 /120	馬部 72 /120	馬部 4 /120
yīn 骃	cháo 巢	shùn 顺	mì 觅
卷十上	卷六下	卷九上	卷十一下
馬部 15 /120	巢部 1 /2	頁部 53 /93	戼部 3 /3
lài 睐	jié 睫	suī 睢	shuì 睡
卷四上	卷四上	卷四上	卷四上
目部 93 /119	目部 6 /119	目部 58 /119	目部 81 /119
lù 赂	huì 贿	yīng 賏	yào 覞
卷六下	卷六下	卷六下	卷八下
貝部 19 /68	貝部 3 /68	貝部 59 /68	覞部 1 /3
yá 睚	nì 睨	míng 瞑	wàn 腕
卷四上	卷四上	卷四上	卷十二上
目部 119 /119	目部 34 /119	目部 82 /119	手部 6 /278
wò 睧	jú 杲	àn 暗	xiǎn 鲜
卷四上	卷六上	卷七上	卷二下
目部 75 /119	木部 309 /432	日部 36 /86	是部 3 /3

àn 暗	hào 暤	yè 晔	xù 煦
卷七 上	卷七 上	卷七 上	卷十 上
日部 35 /86	日部 25 /86	日部 26 /86	火部 18 /118
zhào 照	shèng 晟	yē 暍	xīng 星
卷十 上	卷七 上	卷七 上	卷七 上
火部 83 /118	日部 76 /86	日部 54 /86	晶部 2 /5
jī 畸	zhì 畤	chàng 畅	yì 異
卷十三 下	卷十三 下	卷十三 下	卷三 上
田部 8 /29	田部 20 /29	田部 29 /29	異部 1 /2
bá 魃	wèi 胃	yì 罿	zhuó 斀
卷九 上	卷四 下	卷十 下	卷三 下
鬼部 7 /20	肉部 17 /145	㗊部 2 /7	攴部 63 /77
dòu 斣	jiǎn 趼	yì 跐	kuà 跨
卷十四 上	卷二 下	卷二 下	卷二 下
斗部 15 /17	足部 82 /92	足部 56 /92	足部 27 /92
qiāo 跷	wō 踒	xiǎn 跣	róu 蹂
卷二 下	卷二 下	卷二 下	卷十四 下
足部 18 /92	足部 71 /92	足部 72 /92	内部 1⁽⁺⁾ /7

踶 dì
卷二 下
足部 37 /92

躅 zhú
卷二 下
足部 42 /92

圜 yuán
卷六 下
口部 2 /26

頨 yù
卷九 上
頁部 93 /93

豫 yù
卷九 下
象部 2 /2

11　画

瑚 hú
瑚
卷一 上
玉部 121 /140

珋 liú
琉
卷一 上
玉部 122 /140

琮 cóng
琮
卷一 上
玉部 30 /140

瑄 guǎn
琯
卷五 上
竹部 128(+) /149

珊 shān
珊
卷一 上
玉部 120 /140

頊 xū
项
卷九 上
頁部 57 /93

瑤 yáo
瑶
卷一 上
玉部 108 /140

瑞 ruì
瑞
卷一 上
玉部 44 /140

瑒 chàng
玚
卷一 上
玉部 37 /140

祥 xiáng
祥
卷一 上
示部 9 /67

禡 mà
祃
卷一 上
示部 53 /67

禂 xǔ
褚
卷一 上
示部 50 /67

禔 zhī
禔
卷一 上
示部 15 /67

毄 gāi
毄
卷三 下
殳部 20 /20

勆 hé
勚
卷十三 下
力部 39 /44

栞 kān
刊
卷六 上
木部 163 /432

頑 wán
顽
卷九 上
頁部 42 /93

豙 yì
豪
卷九 下
豕部 21 /22

齗 yín
吟
卷二 上
口部 142(+) /190

詁 gǔ
诂
卷三 上
言部 60 /257

167

诓 jù 卷三 上 言部 253 /257	**证** zhèng 卷三 上 言部 64 /257	**词** hē 卷三 上 言部 208 /257	**询** xún 卷三 上 言部 250 /257
诱 yòu 卷九 上 厶部 3(+)/3	**设** shè 卷三 上 言部 89 /257	**诟** gòu 卷三 上 言部 243 /257	**诉** sù 卷三 上 言部 211 /257
讶 yà 卷三 上 言部 106 /257	**诈** zhà 卷三 上 言部 196 /257	**词** cí 卷九 上 司部 2 /2	**诛** zhū 卷三 上 言部 236 /257
诜 shēn 卷三 上 言部 8 /257	**诅** zǔ 卷三 上 言部 142 /257	**讽** fěng 卷三 上 言部 18 /257	**诊** chǐ 卷三 上 言部 144 /257
诐 bì 卷三 上 言部 29 /257	**诋** dǐ 卷三 上 言部 229 /257	**诏** zhào 卷三 上 言部 57 /257	**斠** jiào 卷十四 上 斗部 8 /17
恣 zì 卷十 下 心部 143 /276	**恐** kǒng 卷十 下 心部 239 /276	**裁** cái 卷八 上 衣部 2 /119	**灾** zāi 卷十 上 火部 74 /118

埂 gěng
卷十三 下
土部 95 /144

坳 ào
卷十三 下
土部 140 /144

城 chéng
卷十三 下
土部 63 /144

填 tián
卷十三 下
土部 51 /144

墠 shàn
卷十三 下
土部 88 /144

塔 tǎ
卷十三 下
土部 143 /144

塽 zōng
卷十三 下
土部 22 /144

垲 kǎi
卷十三 下
土部 97 /144

埘 shí
卷十三 下
土部 62 /144

贳 shì
卷六 下
貝部 35 /68

袜 wà
卷五 下
韋部 3 /17

鞈 gé
卷七 下
市部 2⁽⁺⁾ /2

鸪 gū
卷四 上
鳥部 117 /119

惭 cán
卷十 下
心部 254 /276

轼 shì
卷十四 上
車部 18 /102

辍 chuò
卷十四 上
車部 76 /102

輐 yuān
卷十四 上
車部 89 /102

辕 yuán
卷十四 上
車部 46 /102

鞣 róu
卷十四 上
車部 35 /102

辊 gǔn
卷十四 上
車部 38 /102

豣 jiān
卷九 下
豕部 7 /22

豨 xī
卷九 下
豕部 18 /22

豭 jiā
卷九 下
豕部 9 /22

垩 è
卷十三 下
土部 43 /144

yí 疑	jì 惎	luò 鉻	bì 鞑
卷十四 下	卷十 下	卷三 下	卷三 下
子部 15 /15	心部 250 /276	革部 4 /63	革部 27 /63
jǐn 堇	xū 需	líng 零	fēn 氛
卷十三 下	卷十一 下	卷十一 下	卷一 上
堇部 1 /2	雨部 45 /51	雨部 14 /51	气部 2⁽⁺⁾ /2
fù 覆	héng 恒	qiáng 强	jìng 劲
卷七 下	卷十三 下	卷十二 下	卷十三 下
襾部 4 /4	二部 3 /6	弓部 13 /27	力部 13 /44
tú 酴	yín 醋	chéng 酲	suān 酸
卷十四 下	卷十四 下	卷十四 下	卷十四 下
酉部 8 /73	酉部 4 /73	酉部 48 /73	酉部 53 /73
lèi 醁	chóu 酬	tí 醍	xǐng 醒
卷十四 下	卷十四 下	卷十四 下	卷十四 下
酉部 62 /73	酉部 34⁽⁺⁾ /73	酉部 73 /73	酉部 72 /73
zhēng 铮	jù 巨	fū 鈇	líng 铃
卷十四 上	卷十四 上	卷十四 上	卷十四 上
金部 123 /204	金部 188 /204	金部 167 /204	金部 122 /204

zuàn 钻	qín 鈙	tuó 铊	jūn 钧
卷十四 上 金部 101 /204	卷三 下 攴部 67 /77	卷十四 上 金部 144 /204	卷十四 上 金部 119 /204
chāo 钞	qiān 铅	tī 锑	yé 铘
卷十四 上 金部 178 /204	卷十四 上 金部 5 /204	卷十四 上 金部 190 /204	卷十四 上 金部 139 /204
zhū 铢	xiǎn 铣	zhì 铚	chú 鉏
卷十四 上 金部 114 /204	卷十四 上 金部 15 /204	卷十四 上 金部 99 /204	卷十四 上 金部 94 /204
tóng 铜	míng 铭	pí 铍	gōu 钩
卷十四 上 金部 8 /204	卷十四 上 金部 199 /204	卷十四 上 金部 75 /204	卷三 上 句部 4 /4
gē 鸽	hé 颌	lǐng 领	tiè 餮
卷四 上 鳥部 14 /119	卷九 上 頁部 17 /93	卷九 上 頁部 20 /93	卷五 下 食部 48 /64
zhuàn 馔	kuì 馈	guì 刽	jiǎo 矫
卷五 下 食部 15(＋) /64	卷五 下 食部 58 /64	卷四 下 刀部 16 /68	卷五 下 矢部 3 /11

矮 ǎi
卷五下
矢部 11 /11

瓿 bù
卷五下
缶部 6 /22

攲 qī
卷三下
支部 2 /2

报 bào
卷十下
幸部 6 /7

执 zhí
卷十下
幸部 3 /7

赦 shè
卷三下
支部 39 /77

赧 nǎn
卷十下
赤部 4 /10

琜 lái
卷一上
玉部 13 /140

猌 yìn
卷十上
犬部 52 /87

敕 chì
卷十三下
力部 6 /44

率 shuài
卷十三上
率部 1 /1

爽 shuǎng
卷三下
焱部 3 /3

悆 qiè
卷十下
心部 235 /276

鶗 tí
卷四上
鸟部 75 /119

尲 gān
卷十下
尣部 6 /12

益 yì
卷五上
皿部 18 /26

疾 jí
卷七下
疒部 2 /102

疞 fù
卷七下
疒部 38 /102

疵 cī
卷七下
疒部 16 /102

痏 wěi
卷七下
疒部 67 /102

痕 hén
卷七下
疒部 73 /102

牂 zāng
卷四上
羊部 10 /26

将 jiàng
卷三下
寸部 3 /7

殃 yāng
卷四下
歺部 21 /32

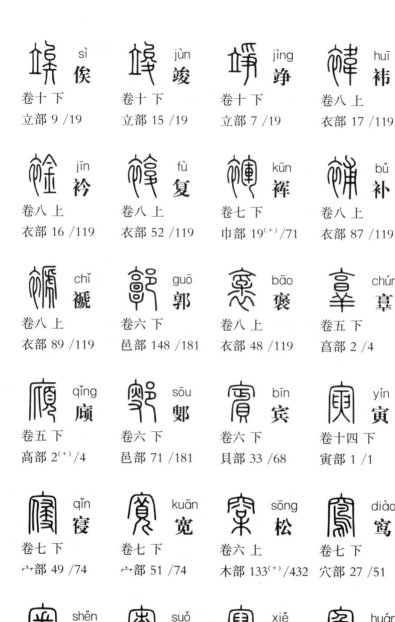

竢 sì
卷十 下
立部 9 /19

竣 jùn
卷十 下
立部 15 /19

竫 jìng
卷十 下
立部 7 /19

褘 huī
卷八 上
衣部 17 /119

衿 jīn
卷八 上
衣部 16 /119

複 fù
卷八 上
衣部 52 /119

褌 kūn
卷七 下
巾部 19⁽⁺⁾/71

补 bǔ
卷八 上
衣部 87 /119

襤 chǐ
卷八 上
衣部 89 /119

郭 guō
卷六 下
邑部 148 /181

褒 bāo
卷八 上
衣部 48 /119

臺 chún
卷五 下
言部 2 /4

庼 qǐng
卷五 下
高部 2⁽⁺⁾/4

鄋 sōu
卷六 下
邑部 71 /181

宾 bīn
卷六 下
貝部 33 /68

寅 yín
卷十四 下
寅部 1 /1

寝 qǐn
卷七 下
宀部 49 /74

宽 kuān
卷七 下
宀部 51 /74

松 sōng
卷六 上
木部 133⁽⁺⁾/432

窎 diào
卷七 下
穴部 27 /51

审 shěn
卷二 上
采部 3⁽⁺⁾/5

索 suǒ
卷七 下
宀部 62 /74

写 xiě
卷七 下
宀部 46 /74

寏 huán
卷七 下
宀部 14 /74

ān
鞍
卷三 下
革部 43 /63

huán
寰
卷七 下
宀部 73 /74

yā
鸭
卷四 上
鳥部 118 /119

zōu
邹
卷六 下
邑部 128 /181

jūn
鞍
卷三 下
皮部 4 /5

jiāo
焦
卷十 上
火部 73 /118

ái
皑
卷七 下
白部 7 /11

jié
结
卷十三 上
糸部 60 /257

qiǎng
襁
卷十三 上
糸部 26 /257

gǎo
缟
卷十三 上
糸部 84 /257

zhěn
紾
卷十三 上
糸部 57 /257

fù
缚
卷十三 上
糸部 222 /257

bǎo
褓
卷十三 上
糸部 147 /257

luò
络
卷十三 上
糸部 211 /257

dǎn
紞
卷十三 上
糸部 124 /257

tiào
絩
卷十三 上
糸部 77 /257

bàn
绊
卷十三 上
糸部 196 /257

jī
缉
卷十三 上
糸部 218 /257

guā
緺
卷十三 上
糸部 133 /257

miǎn
冕
卷七 下
冃部 2$^{(+)}$/5

zōu
緅
卷十三 上
糸部 252 /257

mín
緍
卷十三 上
糸部 209 /257

qìng
磬
卷九 下
石部 31 /58

nì
黏
卷七 上
黍部 6 /8

174

xiāng 香	nuò 糯	jīng 粳	zhuó 穧
卷七 上	卷七 上	卷七 上	卷七 上
香部 1 /3	禾部 24 /89	禾部 26⁽⁺⁾ /89	禾部 58 /89
jiē 秸	láng 稂	chóu 稠	zhěn 稹
卷七 上	卷一 下	卷七 上	卷七 上
禾部 59 /89	艸部 12⁽⁺⁾ /458	禾部 11 /89	禾部 10 /89
lù 稑	zōng 稯	zhǒng 种	dào 稻
卷七 上	卷七 上	卷七 上	卷七 上
禾部 8 /89	禾部 83 /89	禾部 7 /89	禾部 22 /89
jì 稷	lìn 赁	jiāng 僵	lún 伦
卷七 上	卷六 下	卷八 上	卷八 上
禾部 18 /89	貝部 51 /68	人部 205 /263	人部 89 /263
kuài 侩	shāng 伤	shū 倏	yōu 悠
卷八 上	卷八 上	卷十 上	卷十 下
人部 254 /263	人部 208 /263	犬部 48 /87	心部 224 /276
chóu 俦	qīng 倾	xiè 偰	sēng 僧
卷八 上	卷八 上	卷八 上	卷八 上
人部 173 /263	人部 105 /263	人部 21 /263	人部 261 /263

qiàn 倩 卷八 上 人部 22 /263	xī 僖 卷八 上 人部 142 /263	shēn 傪 卷三 下 支部 24 /77	tài 态 卷十 下 心部 130⁽⁺⁾ /276
lěi 儡 卷八 上 人部 224 /263	xuān 儇 卷八 上 人部 25 /263	sù 素 卷十三 上 素部 1 /6	yàng 羕 卷十一 下 永部 2 /2
huò 蒦 卷四 上 萑部 2 /4	méng 甍 卷十二 下 瓦部 4 /27	méng 萌 卷四 上 苜部 2 /4	gēng 耕 卷四 下 耒部 2 /7
ǒu 耦 卷四 下 耒部 3 /7	yī 猗 卷十 上 犬部 13 /87	yóu 犹 卷十 上 犬部 73 /87	sàng 丧 卷二 上 哭部 2 /2
bō 钵 卷五 上 皿部 26 /26	é 蛾 卷十三 下 蚰部 3 /25	cháng 尝 卷五 上 旨部 2 /2	shǎng 赏 卷六 下 貝部 25 /68
zūn 尊 卷十四 下 酉部 2 /2	yù 欲 卷八 下 欠部 18 /66	bān 颁 卷九 上 頁部 31 /93	wēng 翁 卷四 上 羽部 8 /37

愁 chóu	莌 qióng	郯 tán	炜 wěi
卷十 下	卷十一 下	卷六 下	卷十 上
心部 221 /276	廾部 2 /2	邑部 141 /181	火部 84 /118

辉 huī	煁 chén	烦 fán	臇 juǎn
卷十 上	卷十 上	卷九 上	卷四 下
火部 89 /118	火部 40 /118	頁部 82 /93	肉部 119⁽⁺⁾ /145

炀 yáng	熚 bì	煜 yù	鎰 mì
卷十 上	卷十 上	卷十 上	卷五 上
火部 53 /118	火部 14 /118	火部 87 /118	皿部 15 /26

雕 diāo	汧 qiān	洼 wā	渫 xiè
卷九 上	卷十一 上	卷十一 上	卷十一 上
彡部 6 /10	水部 30 /487	水部 270 /487	水部 82 /487

涿 zhuó	浯 wú	洪 hóng	减 yù
卷十一 上	卷十一 上	卷十一 上	卷十一 上
水部 327 /487	水部 104 /487	水部 152 /487	水部 171 /487

涂 tú	餐 cān	湄 méi	洿 wū
卷十一 上	卷五 下	卷十一 上	卷十一 上
水部 18 /487	食部 24⁽⁺⁾ /64	水部 281 /487	水部 363 /487

液 yè
卷十一 上
水部 410 /487

渡 dù
卷十一 上
水部 299 /487

溯 sù
卷十一 上
水部 301 /487

浣 huàn
卷十一 上
水部 435⁽⁺⁾/487

洋 yáng
卷十一 上
水部 100 /487

浲 jiàng
卷十一 上
水部 153 /487

消 xiāo
卷十一 上
水部 357 /487

洸 guāng
卷十一 上
水部 190 /487

浴 yù
卷十一 上
水部 428 /487

汪 wāng
卷十一 上
水部 175 /487

潌 zhì
卷十一 上
水部 71 /487

洗 xǐ
卷十一 上
水部 430 /487

泄 xiè
卷十一 上
水部 82 /487

涉 shè
卷十一 下
林部 3⁽⁺⁾/3

湑 xū
卷十一 上
水部 403 /487

湛 zhàn
卷十一 上
水部 310 /487

涔 cén
卷十一 上
水部 340 /487

淋 lín
卷十一 上
水部 433 /487

湘 xiāng
卷十一 上
水部 57 /487

潮 cháo
卷十一 上
水部 155 /487

凄 qī
卷十一 上
水部 317 /487

海 hǎi
卷十一 上
水部 149 /487

湎 miǎn
卷十一 上
水部 404 /487

滑 huá
卷十一 上
水部 236 /487

涘 sì
卷十一 上
水部 257 /487

浚 jùn
卷十一 上
水部 389 /487

净 jìng
卷十一 上
水部 89 /487

湜 shí
卷十一 上
水部 219 /487

淠 pì
卷十一 上
水部 74 /487

混 hún
卷十一 上
水部 159 /487

浊 zhuó
卷十一 上
水部 101 /487

涢 yún
卷十一 上
水部 73 /487

溷 hùn
卷十一 上
水部 223 /487

连 lián
卷二 下
辵部 77 /131

逐 zhú
卷二 下
辵部 87 /131

逗 dòu
卷二 下
辵部 62 /131

逼 bī
卷二 下
辵部 122 /131

迹 jì
卷二 下
辵部 2 /131

远 háng
卷二 下
辵部 116 /131

逃 táo
卷二 下
辵部 85 /131

迥 jiǒng
卷二 下
辵部 109 /131

追 zhuī
卷二 下
辵部 86 /131

造 zào
卷二 下
辵部 23 /131

逝 shì
卷二 下
辵部 14 /131

过 guò
卷二 下
辵部 19 /131

述 shù
卷二 下
辵部 16 /131

选 xuǎn
卷二 下
辵部 52 /131

适 shì
卷二 下
辵部 32 /131

遇 yù
卷二 下
辵部 36 /131

衒 xuàn
卷二 下
行部 10(+) /12

术 shù
卷二 下
行部 2 /12

踵 zhǒng
卷二 下
彳部 31 /37

得 dé
卷二 下
彳部 32 /37

衔 xián
卷十四 上
金部 164 /204

彻 chè
卷三 下
攴部 3 /77

趁 chèn
卷二 上
走部 13 /85

越 yuè
卷二 上
走部 12 /85

趣 qù
卷二 上
走部 4 /85

阮 ruǎn
卷十四 下
𨸏部 63 /94

阿 ā
卷十四 下
𨸏部 8 /94

阽 yán
卷十四 下
𨸏部 73 /94

陒 è
卷十四 下
𨸏部 48 /94

阼 zuò
卷十四 下
𨸏部 76 /94

阻 zǔ
卷十四 下
𨸏部 15 /94

堕 duò
卷十四 下
𨸏部 37 /94

陂 bēi
卷十四 下
𨸏部 9 /94

防 lè
卷十四 下
𨸏部 4 /94

阆 kāng
卷十二 上
門部 60 /62

阁 gé
卷十二 上
門部 30 /62

閟 bì
卷十二 上
門部 29 /62

阍 hūn
卷十二 上
門部 47 /62

阊 chāng
卷十二 上
門部 2 /62

磻 pán
卷九 下
石部 43 /58

砺 lì
卷九 下
石部 50 /58

碌 lù
卷九 下
石部 53 /58

础 chǔ
卷九 下
石部 57 /58

扉 fēi
卷十二 上
戶部 2 /10

扇 shàn
卷十二 上
戶部 3 /10

厌 yàn
卷九 下
厂部 26 /27

厉 lì
卷九 下
厂部 9 (＋) /27

黹 zhǐ
卷七 下
黹部 1 /6

粒 lì
卷七 上
米部 11 /42

粹 cuì
卷七 上
米部 28 /42

稃 fū
卷七 上
禾部 55 (＋) /89

欷 xī
卷八 下
欠部 37 /66

淆 xiáo
卷三 下
殳部 16 /20

杀 shā
卷三 下
殺部 1 /2

郎 láng
卷六 下
邑部 135 /181

蝮 fù
卷十三 上
虫部 2 /160

蜍 yú
卷十三 上
虫部 122 /160

蚓 yǐn
卷十三 上
虫部 6 /160

螳 táng
卷十三 上
虫部 160 /160

蟠 pán
卷十三 上
虫部 77 /160

蜻 qīng
卷十三 上
虫部 90 /160

蝗 huáng
卷十三 上
虫部 82 /160

蟪 huì
卷十三 上
虫部 155 /160

zhōng 螽
卷十三 下
螽部 6^(+) /25

繯 xuān 蠉
卷十三 上
虫部 101 /160

鶗 tí 鶗
卷四 上
鳥部 75^(+) /119

鴥 yù 鴥
卷四 上
鳥部 94 /119

氊 mén 氊
卷八 上
毛部 5 /13

肄 yí 肄
卷三 下
聿部 2^(+) /3

朁 cǎn 朁
卷五 上
曰部 5 /7

愛 ài 愛
卷五 下
夂部 7 /16

雅 yǎ 雅
卷四 上
隹部 2 /39

棐 fěi 棐
卷六 上
木部 421 /432

斐 fēi 斐
卷十二 下
女部 221 /245

贏 luó 骡
卷四 下
肉部 135 /145

紫 zǐ 紫
卷十三 上
糸部 108 /257

登 dēng 登
卷二 上
癶部 2 /3

齔 chèn 齔
卷二 下
齒部 3 /45

齗 yín 齗
卷二 下
齒部 2 /45

踵 zhǒng 踵
卷二 上
止部 2 /14

顛 tiàn 填
卷一 上
玉部 46^(+) /140

貿 mào 貿
卷六 下
貝部 38 /68

剝 bō 剥
卷四 下
刀部 34 /68

劇 jù 剧
卷四 下
刀部 67 /68

甗 yàn 甗
卷三 下
鬲部 9 /13

雐 hū 雐
卷四 上
隹部 26 /39

虜 jù 虞
卷五 上
虍部 9^(+) /9

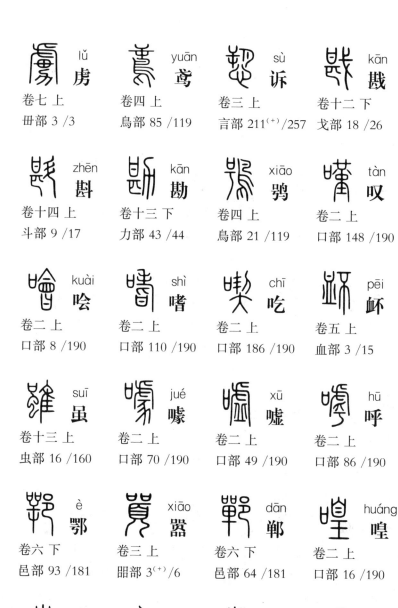

lǚ 虏	yuān 鸢	sù 诉	kān 戡
卷七 上	卷四 上	卷三 上	卷十二 下
毌部 3 /3	鳥部 85 /119	言部 211⁽⁺⁾/257	戈部 18 /26
zhēn 斟	kān 勘	xiāo 鸮	tàn 叹
卷十四 上	卷十三 下	卷四 上	卷二 上
斗部 9 /17	力部 43 /44	鳥部 21 /119	口部 148 /190
kuài 哙	shì 嗜	chī 吃	pēi 衃
卷二 上	卷二 上	卷二 上	卷五 上
口部 8 /190	口部 110 /190	口部 186 /190	血部 3 /15
suī 虽	jué 噱	xū 嘘	hū 呼
卷十三 上	卷二 上	卷二 上	卷二 上
虫部 16 /160	口部 70 /190	口部 49 /190	口部 86 /190
è 鄂	xiāo 嚣	dān 郸	huáng 喤
卷六 下	卷三 上	卷六 下	卷二 上
邑部 93 /181	㗊部 3⁽⁺⁾/6	邑部 64 /181	口部 16 /190
tì 嚏	huàn 唤	fèng 奉	shēng 甥
卷二 上	卷二 上	卷三 上	卷十三 下
口部 53 /190	口部 187 /190	収部 2 /17	男部 3 /3

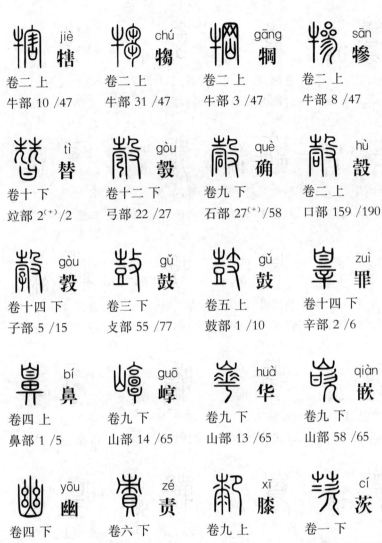

犗 jiè
卷二 上
牛部 10 /47

犓 chú
卷二 上
牛部 31 /47

犅 gāng
卷二 上
牛部 3 /47

犙 sān
卷二 上
牛部 8 /47

替 tì
卷十 下
竝部 2⁽⁺⁾/2

彀 gòu
卷十二 下
弓部 22 /27

确 què
卷九 下
石部 27⁽⁺⁾/58

嗀 hù
卷二 上
口部 159 /190

毂 gòu
卷十四 下
子部 5 /15

鼓 gǔ
卷三 下
攴部 55 /77

鼓 gǔ
卷五 上
鼓部 1 /10

罪 zuì
卷十四 下
辛部 2 /6

鼻 bí
卷四 上
鼻部 1 /5

崞 guō
卷九 下
山部 14 /65

华 huà
卷九 下
山部 13 /65

嵌 qiàn
卷九 下
山部 58 /65

幽 yōu
卷四 下
丝部 2 /3

责 zé
卷六 下
貝部 41 /68

膝 xī
卷九 上
卩部 8 /13

茨 cí
卷一 下
艸部 345 /458

荄 gāi
卷一 下
艸部 277 /458

蔫 niān
卷一 下
艸部 315 /458

苇 wěi
卷一 下
艸部 406 /458

蒂 dì
卷一 下
艸部 276 /458

máo 茅	qí 萁	jīng 莖	lái 萊
卷一 下	卷一 下	卷一 下	卷一 下
艸部 428 /458	艸部 9 /458	艸部 255 /458	艸部 408 /458
jiá 莢	pú 菩	fù 菖	jiān 菅
卷一 下	卷一 下	卷一 下	卷一 下
艸部 273 /458	艸部 85 /458	艸部 129 /458	艸部 88 /458
hūn 葷	huán 萑	diào 蓧	pú 莆
卷一 下	卷一 下	卷一 下	卷一 下
艸部 35 /458	艸部 97 /458	艸部 364 /458	艸部 6 /458
é 莪	yīng 英	qiū 萩	fàn 范
卷一 下	卷一 下	卷一 下	卷一 下
艸部 200 /458	艸部 264 /458	艸部 205 /458	艸部 417 /458
lù 葎	niǎo 蔦	shèn 葚	hū 桒
卷一 下	卷一 下	卷一 下	卷十 下
艸部 157 /458	艸部 154 /458	艸部 242 /458	李部 2 /6
bēn 賁	chún 莼	zhì 菨	méng 蒙
卷六 下	卷一 下	卷一 下	卷一 下
貝部 11 /68	艸部 361 /458	艸部 330 /458	艸部 410 /458

蒬 yuān
卷一下
艸部 140 /458

蓂 mì
卷一下
艸部 216 /458

菡 hán
卷一下
艸部 190 /458

烟 yān
卷一下
艸部 316 /458

菑 zī
卷一下
艸部 326 /458

蕩 dàng
卷一下
艸部 133 /458

萌 méng
卷一下
艸部 253 /458

屎 shǐ
卷一下
艸部 386 /458

嫠 lí
卷三下
又部 14 /28

禁 jìn
卷一上
示部 62 /67

极 jí
卷六上
木部 214 /432

栈 zhàn
卷六上
木部 319 /432

械 xiè
卷六上
木部 406 /432

横 héng
卷六上
木部 382 /432

梗 gěng
卷六上
木部 131 /432

槚 jiǎ
卷六上
木部 49 /432

椁 guǒ
卷六上
木部 418 /432

梓 zǐ
卷六上
木部 51 (+) /432

檇 zuì
卷六上
木部 385 /432

槔 gāo
卷六上
木部 429 /432

榥 pí
卷六上
木部 232 /432

楷 kǎi
卷六上
木部 17 /432

榔 láng
卷六上
木部 173 /432

楼 lóu
卷六上
木部 240 /432

椽 chuán
卷六 上
木部 228 /432

楂 zhā
卷六 上
木部 5 /432

棱 léng
卷六 上
木部 389 /432

橠 yí
卷六 上
木部 425 /432

棕 zōng
卷六 上
木部 48 /432

楬 jié
卷六 上
木部 419 /432

鏝 màn
卷十四 上
金部 110⁽⁺⁾/204

槾 màn
卷六 上
木部 247 /432

栟 bīng
卷六 上
木部 47 /432

橘 jú
卷六 上
木部 2 /432

栩 xǔ
卷六 上
木部 65 /432

楦 xuàn
卷六 上
木部 316 /432

椑 bì
卷六 上
木部 89 /432

麀 yōu
卷十 上
鹿部 26 /26

奏 zòu
卷十 下
夲部 5 /6

干 gàn
卷六 上
木部 208 /432

看 kān
卷四 上
目部 79⁽⁺⁾/119

赖 lài
卷六 下
貝部 29 /68

槀 gǔn
卷六 下
槀部 1 /5

稽 jī
卷六 下
稽部 1 /3

燎 liáo
卷十 上
火部 7 /118

掼 guàn
卷十二 上
手部 98 /278

揜 yǎn
卷十二 上
手部 84 /278

掩 yǎn
卷十二 上
手部 206 /278

摭 zhí
摭
卷十二 上
手部 158⁽⁺⁾ /278

㩏 xiá
㩏
卷十二 上
手部 112 /278

搜 sōu
搜
卷十二 上
手部 263 /278

批 pī
批
卷十二 上
手部 184 /278

拗 ǎo
拗
卷十二 上
手部 272 /278

措 cuò
措
卷十二 上
手部 68 /278

撼 hàn
撼
卷十二 上
手部 179 /278

摟 lǒu
摟
卷十二 上
手部 117 /278

掾 yuàn
掾
卷十二 上
手部 62 /278

排 pái
排
卷十二 上
手部 22 /278

搇 qián
搇
卷十二 上
手部 165 /278

撣 dǎn
撣
卷十二 上
手部 48 /278

插 chā
插
卷十二 上
手部 69 /278

摛 chī
摛
卷十二 上
手部 56 /278

抟 tuán
抟
卷十二 上
手部 200 /278

揭 jiē
揭
卷十二 上
手部 133 /278

撮 cuō
撮
卷十二 上
手部 80 /278

援 yuán
援
卷十二 上
手部 166 /278

搯 tāo
搯
卷十二 上
手部 18 /278

掉 diào
掉
卷十二 上
手部 122 /278

毓 yù
毓
卷十四 下
厶部 2⁽⁺⁾/3

臬 jiù
臬
卷七 上
米部 22 /43

忧 yōu
忧
卷十 下
心部 232 /276

腼 miǎn
腼
卷九 上
面部 2 /5

gōu 篝	**zhù** 筑	**yún** 筠	**fàn** 范
卷五 上	卷五 上	卷五 上	卷十四 上
竹部 67 /149	竹部 131 /149	竹部 146 /149	車部 60 /102
jī 箕	**děng** 等	**guǎn** 管	**dōu** 篼
卷五 上	卷五 上	卷五 上	卷五 上
箕部 1 /2	竹部 31 /149	竹部 128 /149	竹部 96 /149
jié 节	**yí** 簃	**xiǎo** 筱	**chuí** 棰
卷五 上	卷五 上	卷五 上	卷五 上
竹部 12 /149	竹部 145 /149	竹部 5 /149	竹部 107 /149
fàn 范	**chí** 篪	**jīn** 筋	**tǒng** 筒
卷五 上	卷二 下	卷四 下	卷五 上
竹部 32 /149	龠部 3⁽⁺⁾/5	筋部 1 /3	竹部 81 /149
chuán 篅	**suàn** 算	**bì** 箄	**gé** 骼
卷五 上	卷五 上	卷五 上	卷四 下
竹部 78 /149	竹部 143 /149	竹部 138 /149	骨部 22 /25
cī 骴	**kè** 髁	**yú** 髃	**fān** 幡
卷四 下	卷四 下	卷四 下	卷七 下
骨部 23 /25	骨部 8 /25	骨部 5 /25	巾部 38 /71

羿 tà	置 zhì	罘 fú	罬 zhuó
卷四 上	卷七 下	卷七 下	卷七 下
羽部 24 /37	网部 30 /37	网部 24 /37	网部 20 /37
罵 mà	腰 ruǎn	腌 yān	脚 jiǎo
卷七 下	卷四 下	卷四 下	卷四 下
网部 33 /37	肉部 103 /145	肉部 123 /145	肉部 44 /145
朗 lǎng	腴 yú	腓 féi	膞 zhuǎn
卷七 上	卷四 下	卷四 下	卷四 下
月部 5 /10	肉部 39 /145	肉部 47 /145	肉部 127 /145
肿 zhǒng	烈 liè	扬 yáng	画 huà
卷四 下	卷十三 下	卷十三 下	卷三 下
肉部 69 /145	風部 13 /16	風部 11 /16	畫部 1 /2
肅 sù	群 qún	寅 yín	鸳 yuān
卷三 下	卷四 上	卷七 上	卷四 上
聿部 3 /3	羊部 21 /26	夕部 5 /9	鳥部 49 /119
然 rán	貉 hè	狸 lí	勇 yǒng
卷十 上	卷九 下	卷九 下	卷十三 下
火部 8 /118	豸部 15 /21	豸部 17 /21	力部 34 /44

斛 hú
卷十四 上
斗部 2 /17

鱼 yú
卷十一 下
魚部 1 /106

瓶 píng
卷五 下
缶部 7⁽⁺⁾ /22

鴿 jiè
卷四 上
鳥部 103 /119

务 wù
卷十三 下
力部 8 /44

颇 pō
卷九 上
頁部 77 /93

屦 jù
卷八 下
履部 2 /6

屏 píng
卷八 上
尸部 22 /24

履 lǚ
卷八 下
履部 1 /6

翅 chì
卷四 上
羽部 9⁽⁺⁾ /37

雊 gòu
卷四 上
佳部 12 /39

鸲 qú
卷四 上
鳥部 96 /119

欸 ǎi
卷八 下
欠部 33 /66

甄 zhēn
卷十二 下
瓦部 3 /27

鄄 juàn
卷六 下
邑部 121 /181

覀 xī
卷十二 上
西部 2 /2

惟 wéi
卷十 下
心部 59 /276

悰 cóng
卷十 下
心部 36 /276

恽 yùn
卷十 下
心部 24 /276

怖 bù
卷十 下
心部 246 /276

快 yàng
卷十 下
心部 186 /276

恃 shì
卷十 下
心部 72 /276

恤 xù
卷十 下
心部 96 /276

愓 dàng
卷十 下
心部 132 /276

惴 zhuì	惻 cè	惕 dàng	憬 jǐng
卷十下	卷十下	卷十下	卷十下
心部 215 /276	心部 201 /276	心部 144 /276	心部 263 /276
鴇 bǎo	奚 xī	乱 luàn	絮 xù
卷四上	卷十下	卷四下	卷十三上
鳥部 69 /119	亣部 5 /8	受部 3 /9	糸部 210 /257
软 ruǎn	娀 sōng	姁 yù	媕 ān
卷十二下	卷十二下	卷十二下	卷十二下
女部 224 /245	女部 57 /245	女部 32 /245	女部 132 /245
嫂 sǎo	媲 pì	嫌 xián	美 měi
卷十二下	卷十二下	卷十二下	卷十二下
女部 43 /245	女部 24 /245	女部 180 /245	女部 77 /245
婳 chā	婵 chán	婼 chuò	嫚 màn
卷十二下	卷十二下	卷十二下	卷十二下
女部 205 /245	女部 242 /245	女部 182 /245	女部 204 /245
姘 pīn	媛 yuán	嫸 cǎn	鴟 chī
卷十二下	卷十二下	卷十二下	卷四上
女部 229 /245	女部 153 /245	女部 210 /245	隹部 19 /39

襃 jiǒng
裻
卷八 上
衣部 25 /119

鸁 jù
聚
卷八 上
似部 3 /4

豎 shù
竖
卷三 下
臤部 4 /4

賢 xián
贤
卷六 下
貝部 10 /68

朢 wàng
望
卷八 上
壬部 3 /4

毆 ōu
殴
卷三 下
殳部 10 /20

駃 jué
駃
卷十 上
馬部 106 /120

駙 fù
駙
卷十 上
馬部 57 /120

駱 luò
骆
卷十 上
馬部 14 /120

駐 zhù
驻
卷十 上
馬部 86 /120

騁 chěng
骋
卷十 上
馬部 77 /120

賀 hè
贺
卷六 下
貝部 12 /68

艅 yú
艅
卷八 下
舟部 15 /16

艇 tǐng
艇
卷八 下
舟部 14 /16

裂 liè
裂
卷八 上
衣部 84 /119

烈 liè
烈
卷十 上
火部 12 /118

冕 yàn
冕
卷十 下
亢部 7 /8

憫 mǐn
悯
卷十 下
心部 203 /276

瞞 mán
瞒
卷四 上
目部 14 /119

瞍 sǒu
瞍
卷四 上
目部 104 /119

睒 shǎn
睒
卷四 上
目部 27 /119

賊 zéi
贼
卷十二 下
戈部 8 /26

賒 shē
赊
卷六 下
貝部 34 /68

貯 zhù
贮
卷六 下
貝部 31 /68

193

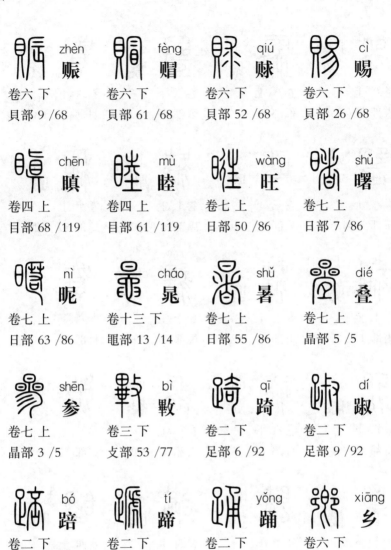

zhèn 赈 卷六 下 貝部 9 /68	fèng 赗 卷六 下 貝部 61 /68	qiú 赇 卷六 下 貝部 52 /68	cì 赐 卷六 下 貝部 26 /68
chēn 瞋 卷四 上 目部 68 /119	mù 睦 卷四 上 目部 61 /119	wàng 旺 卷七 上 日部 50 /86	shǔ 曙 卷七 上 日部 7 /86
nì 昵 卷七 上 日部 63 /86	cháo 晁 卷十三 下 黽部 13 /14	shǔ 暑 卷七 上 日部 55 /86	dié 叠 卷七 上 晶部 5 /5
shēn 参 卷七 上 晶部 3 /5	bì 斁 卷三 下 支部 53 /77	qī 踦 卷二 下 足部 6 /92	dí 踧 卷二 下 足部 9 /92
bó 踣 卷二 下 足部 66 /92	tí 蹄 卷二 下 足部 2 /92	yǒng 踊 卷二 下 足部 21 /92	xiāng 乡 卷六 下 𨛜部 2 /3
méng 盟 卷七 上 囧部 2 /2	yì 圛 卷六 下 口部 9 /26		

12 画

瑂 zhǎn
卷一上
玉部 129 /140

璜 huàng
卷一上
玉部 29 /140

琨 kūn
卷一上
玉部 106⁽⁺⁾/140

瑣 suǒ
卷一上
玉部 74 /140

琰 yǎn
卷一上
玉部 35 /140

琱 diāo
卷一上
玉部 66 /140

琅 láng
卷一上
玉部 118 /140

琲 bèi
卷一上
玉部 132 /140

瑑 zhuàn
卷一上
玉部 51 /140

瑱 tiàn
卷一上
玉部 46 /140

璚 qióng
卷一上
玉部 14⁽⁺⁾/140

瑗 yuàn
卷一上
玉部 27 /140

祺 qí
卷一上
示部 13 /67

禎 zhēn
卷一上
示部 8 /67

禠 sī
卷一上
示部 7 /67

神 shén
卷一上
示部 16 /67

祅 yāo
卷一上
示部 60 /67

祲 jìn
卷一上
示部 57 /67

欬 kài
卷八 下
欠部 55 /66

黿 yuán
卷十三 下
黽部 3 /14

195

辡 biàn
辡
卷十四 下
辡部 1 /2

意 yì
意
卷十 下
心部 6 /276

戠 zhí
戠
卷十二 下
戈部 25 /26

韶 sháo
韶
卷三 上
音部 4 /7

诘 jié
诘
卷三 上
言部 221 /257

诀 jué
诀
卷三 上
言部 257 /257

诠 quán
诠
卷三 上
言部 71 /257

呼 hū
呼
卷三 上
言部 102 /257

寂 jì
寂
卷七 下
宀部 28⁽⁺⁾/74

译 suì
译
卷三 上
言部 220 /257

谅 liàng
谅
卷三 上
言部 7 /257

谊 yì
谊
卷三 上
言部 84 /257

讻 xiōng
讻
卷三 上
言部 204 /257

咏 yǒng
咏
卷三 上
言部 100 /257

诇 xiòng
诇
卷三 上
言部 227 /257

佻 tiǎo
佻
卷三 上
言部 166 /257

诰 gào
诰
卷三 上
言部 56 /257

讻 xiōng
讻
卷三 上
言部 204⁽⁺⁾/257

喃 nán
喃
卷三 上
言部 156 /257

诡 guǐ
诡
卷三 上
言部 223 /257

撰 zhuàn
撰
卷三 上
言部 24 /257

诊 zhěn
诊
卷三 上
言部 233 /257

忌 jì
忌
卷三 上
言部 54 /257

诣 yì
诣
卷三 上
言部 107 /257

zōu 诹 卷三 上 言部 37 /257	**huà** 话 卷三 上 言部 78 /257
wù 误 卷三 上 言部 189 /257	**kè** 课 卷三 上 言部 67 /257

gòu 觏 卷八 下 見部 21 /46

zī 资 卷六 下 貝部 7 /68

zhǎn 展 卷五 上 㲋部 1 /2

yáo 尧 卷十三 下 垚部 2 /2

zài 载 卷十四 上 車部 57 /102

táng 塘 卷十三 下 土部 139 /144

zēng 增 卷十三 下 土部 72 /144

dǔ 堵 卷十三 下 土部 29 /144

xià 罅 卷十三 下 土部 102 /144

xié 頡 卷九 上 頁部 63 /93

shí 坿 卷十三 下 土部 62 /144

bó 博 卷三 上 十部 6 /9

zī 鼒 卷七 上 鼎部 2 /4

jué 鴃 卷四 上 鳥部 22 /119

xiá 辖 卷五 下 舛部 3 /3

fú 韍 卷七 下 巿部 1（＋） /2

kè 磬 卷九 下 石部 26 /58

qīng 轻 卷十四 上 車部 8 /102

yǐ 輢 卷十四 上 車部 23 /102

guǎn 輨 卷十四 上 車部 45 /102

踪 zōng
卷十四 上
車部 71 /102

辅 fǔ
卷十四 上
車部 98 /102

輶 yóu
卷十四 上
車部 9 /102

转 zhuǎn
卷十四 上
車部 63 /102

輗 ní
卷十四 上
車部 85 /102

辎 zī
卷十四 上
車部 3 /102

无 wú
卷六 上
林部 2 /10

恶 è
卷十 下
心部 177 /276

疑 yí
卷十四 下
子部 15 /15

剉 cuò
卷四 下
刀部 45 /68

贸 mào
卷六 下
貝部 38 /68

殴 ōu
卷三 下
殳部 10 /20

黇 tiān
卷十三 下
黃部 5 /6

欺 qī
卷八 下
欠部 64 /66

鞙 yuān
卷三 下
革部 22(+) /63

鞞 bǐng
卷三 下
革部 23 /63

鞘 qiào
卷三 下
革部 60 /63

鞾 miǎn
卷三 下
革部 49 /63

鞔 mán
卷三 下
革部 12 /63

鞣 róu
卷三 下
革部 7 /63

鞮 dī
卷三 下
革部 15 /63

燕 yàn
卷十一 下
燕部 1 /1

落 luò
卷十一 下
雨部 13 /51

电 diàn
卷十一 下
雨部 6 /51

霰 xiàn
霰
卷十一 下
雨部 10 /51

覆 fù
覆
卷七 下
襾部 4 /4

覡 xī
覡
卷五 上
巫部 2 /2

弸 péng
弸
卷十二 下
弓部 12 /27

頭 tóu
头
卷九 上
頁部 2 /93

醐 hú
醐
卷十四 下
酉部 69 /73

醴 lì
醴
卷十四 下
酉部 11 /73

醅 pēi
醅
卷十四 下
酉部 43 /73

醭 pú
醭
卷十四 下
酉部 42 /73

醒 yín
醒
卷十四 下
酉部 4 /73

庸 yōng
庸
卷三 下
用部 3 /5

鈇 fū
鈇
卷十四 上
金部 167 /204

銓 quán
铨
卷十四 上
金部 113 /204

錆 qiāng
枪
卷十四 上
金部 132 /204

鉉 xuàn
铉
卷十四 上
金部 55 /204

鎬 hào
镐
卷十四 上
金部 47 /204

錦 jǐn
锦
卷七 下
帛部 2 /2

鉞 yuè
钺
卷十四 上
金部 162 /204

欽 qīn
钦
卷八 下
欠部 2 /66

鉻 gè
铬
卷十四 上
金部 181 /204

銚 diào
铫
卷十四 上
金部 49 /204

銛 xiān
铦
卷十四 上
金部 84 /204

銑 xiǎn
铣
卷十四 上
金部 15 /204

鉥 shù
鉥
卷十四 上
金部 73 /204

鋸 jù 锯	鐇 mín 鐇	銛 guā 铦	銀 yín 银
卷十四 上	卷十四 上	卷十四 上	卷十四 上
金部 105 /204	金部 187 /204	金部 180 /204	金部 2 /204
錮 gù 锢	頷 hàn 颔	翕 xī 翕	余 yú 余
卷十四 上	卷九 上	卷四 上	卷二 上
金部 24 /204	頁部 48 /93	羽部 17 /37	八部 12[(+)] /12
塗 tú 塗	翎 líng 翎	毹 shū 毹	鶬 cāng 鸧
卷九 下	卷四 上	卷八 上	卷四 上
屾部 2 /2	羽部 36 /37	毛部 9 /13	鳥部 77[(+)] /119
鶬 cāng 鸧	餘 yú 余	餟 chuò 啜	餒 něi 馁
卷四 上	卷五 下	卷五 下	卷五 下
鳥部 77 /119	食部 42 /64	食部 59 /64	食部 55 /64
餲 shuì 餲	飭 chì 饬	餕 jùn 馂	餳 xíng 餳
卷五 下	卷十三 下	卷五 下	卷五 下
食部 60 /64	力部 38 /44	食部 63 /64	食部 7 /64
鄶 kuài 郐	蠚 zhī 蜘	榘 jǔ 矩	雉 zhì 雉
卷六 下	卷十三 下	卷五 上	卷四 上
邑部 123 /181	黽部 11[(+)] /14	工部 4[(+)] /4	隹部 11 /39

píng
瓶
卷五 下
缶部 7 /22

 chōng
舂
卷七 上
臼部 2 /6

 jū
掬
卷十二 上
手部 81 /278

qiè
朅
卷五 上
去部 2 /3

duó
夺
卷四 上
奞部 2 /3

shē
奢
卷十 下
奢部 1 /2

tài
泰
卷十一 上
水部 443 /487

yī
壹
卷十 下
壹部 1 /2

lài
赉
卷六 下
貝部 24 /68

zī
孳
卷十四 下
子部 11 /15

qiū
鹙
卷四 上
鳥部 48 /119

zàng
奘
卷十 下
大部 3 /8

 zhuāng
装
卷八 上
衣部 97 /119

 pǐ
痞
卷七 下
疒部 81 /102

 wěi
痿
卷七 下
疒部 59 /102

yǎng
痒
卷七 下
疒部 25 /102

zhì
痔
卷七 下
疒部 58 /102

lín
淋
卷七 下
疒部 57 /102

là
瘌
卷七 下
疒部 96 /102

jiǎ
瘕
卷七 下
疒部 52 /102

jiā
痂
卷七 下
疒部 51 /102

bì
痹
卷七 下
疒部 60 /102

yì
瘍
卷七 下
疒部 82 /102

jiǎng
奖
卷十 上
犬部 25 /87

鏧 hè	餐 cān	殛 jí	殘 cán
卷四 下	卷五 下	卷四 下	卷四 下
叔部 2 /5	食部 24 /64	歺部 11 /32	歺部 22 /32
殫 dān	粲 càn	凋 diāo	凌 líng
卷四 下	卷七 上	卷十一 下	卷十一 下
歺部 25 /32	米部 4 /42	仌部 8 /17	仌部 6⁽⁺⁾ /17
普 pǔ	苙 lì	端 duān	裯 dāo
卷七 上	卷十 下	卷十 下	卷八 上
日部 68 /86	立部 2 /19	立部 4 /19	衣部 27 /119
悴 cuì	褛 lǚ	單 dān	褐 hè
卷九 上	卷八 上	卷八 上	卷八 上
頁部 86 /93	衣部 13 /119	衣部 68 /119	衣部 103 /119
褅 duò	襌 wéi	裴 péi	懷 huái
卷八 上	卷八 上	卷八 上	卷八 上
衣部 29 /119	衣部 51 /119	衣部 62 /119	衣部 35 /119
豪 háo	牒 dié	廑 jǐn	厩 jiù
卷九 下	卷七 上	卷九 下	卷九 下
希部 3 /5	片部 5 /8	广部 43 /55	广部 15 /55

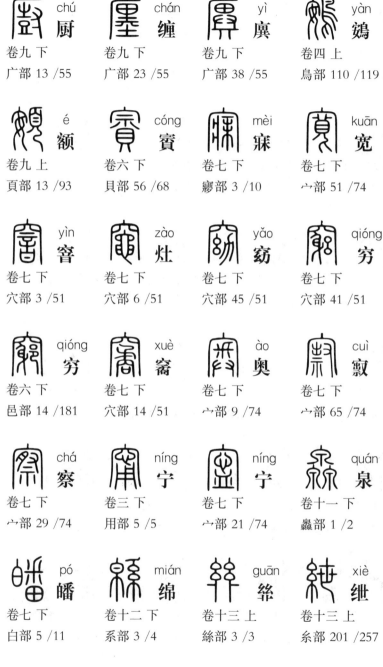

chú 厨 卷九 下 广部 13 /55	chán 缠 卷九 下 广部 23 /55	yì 廙 卷九 下 广部 38 /55	yàn 鴳 卷四 上 鳥部 110 /119
é 额 卷九 上 頁部 13 /93	cóng 賨 卷六 下 貝部 56 /68	mèi 寐 卷七 下 癮部 3 /10	kuān 寛 卷七 下 宀部 51 /74
yìn 窨 卷七 下 穴部 3 /51	zào 灶 卷七 下 穴部 6 /51	yǎo 窈 卷七 下 穴部 45 /51	qióng 穷 卷七 下 穴部 41 /51
qióng 穷 卷六 下 邑部 14 /181	xuè 窬 卷七 下 穴部 14 /51	ào 奥 卷七 下 宀部 9 /74	cuì 寂 卷七 下 宀部 65 /74
chá 察 卷七 下 宀部 29 /74	níng 宁 卷三 下 用部 5 /5	níng 宁 卷七 下 宀部 21 /74	quán 泉 卷十一 下 蟲部 1 /2
pó 皤 卷七 下 白部 5 /11	mián 绵 卷十二 下 系部 3 /4	guān 絲 卷十三 上 絲部 3 /3	xiè 绁 卷十三 上 糸部 201 /257

織 zhī
织
卷十三上
糸部 17⁽⁺⁾/257

絝 kù
绔
卷十三上
糸部 145 /257

繑 qiāo
繑
卷十三上
糸部 146 /257

綌 xì
绤
卷十三上
糸部 225 /257

紵 zhù
纻
卷十三上
糸部 228 /257

綴 zhuì
缀
卷十四下
叕部 2 /2

絲 sī
丝
卷十三上
絲部 1 /3

緌 ruí
绥
卷十三上
糸部 127 /257

紱 fú
绂
卷十三上
糸部 188 /257

緥 bǎo
褓
卷十三上
糸部 147 /257

絳 jiàng
绛
卷十三上
糸部 102 /257

綃 xiāo
绡
卷十三上
糸部 8 /257

絖 kuàng
纩
卷十三上
糸部 212⁽⁺⁾/257

緋 mǐ
緋
卷十三上
糸部 94 /257

絺 chī
绨
卷十三上
糸部 224 /257

紲 xiè
绁
卷十三上
糸部 201 /257

綎 tīng
綖
卷十三上
糸部 37⁽⁺⁾/257

緗 xiāng
缃
卷十三上
糸部 250 /257

緝 jī
缉
卷十三上
糸部 164 /257

緀 qī
缕
卷十三上
糸部 93 /257

練 liàn
练
卷十三上
糸部 83 /257

緬 miǎn
缅
卷十三上
糸部 6 /257

絹 gǔ
绢
卷十三上
糸部 61 /257

絿 qiú
绒
卷十三上
糸部 65 /257

绶 shòu 卷十三 上 糸部 131 /257	**绖** zhēng 卷十三 上 糸部 179 /257	**绥** suí 卷十三 上 糸部 247 /257	**缇** tí 卷十三 上 糸部 106 /257
绲 gǔn 卷十三 上 糸部 128 /257	**黎** lí 卷七 上 黍部 7 /8	**𥡆** nì 卷七 上 黍部 6⁽⁺⁾/8	**穆** mù 卷七 上 禾部 15 /89
稠 zhuó 卷七 上 禾部 58 /89	**穗** suì 卷七 上 禾部 34⁽⁺⁾/89	**纴** rèn 卷十三 上 糸部 18⁽⁺⁾/257	**僮** tóng 卷八 上 人部 2 /263
仅 jǐn 卷八 上 人部 133 /263	**俭** jiǎn 卷八 上 人部 145 /263	**傅** fù 卷八 上 人部 95 /263	**备** bèi 卷八 上 人部 81 /263
儆 jǐng 卷八 上 人部 67 /263	**倓** tán 卷八 上 人部 26⁽⁺⁾/263	**偏** piān 卷八 上 人部 170 /263	**并** bìng 卷八 上 人部 94 /263
催 cuī 卷八 上 人部 211 /263	**鹇** xiū 卷四 上 崔部 4⁽⁺⁾/4	**傲** ào 卷八 上 人部 52 /263	**傛** yáo 卷八 上 人部 196 /263

僻 pì
僻
卷八 上
人部 180 /263

傰 péng
傰
卷八 上
人部 65 /263

輂 chái
輂
卷十四 上
車部 91 /102

養 yǎng
养
卷五 下
食部 16 /64

羜 zhù
羜
卷四 上
羊部 4 /26

薎 miè
薎
卷四 上
苜部 4 /4

絜 jié
絜
卷十三 上
糸部 238 /257

耘 yún
耘
卷四 下
耒部 6 /7

雒 luò
雒
卷四 上
隹部 4 /39

額 é
额
卷九 上
頁部 12 /93

猋 biāo
猋
卷十 上
犬部 83 /87

惖 tì
惕
卷十 下
心部 242⁽⁺⁾/276

獀 sōu
獀
卷十 上
犬部 3 /87

嗥 háo
嗥
卷二 上
口部 167⁽⁺⁾/190

狼 láng
狼
卷十 上
犬部 77 /87

猲 xiē
猲
卷十 上
犬部 8 /87

獌 màn
獌
卷十 上
犬部 79 /87

猴 hóu
猴
卷十 上
犬部 75 /87

猛 měng
猛
卷十 上
犬部 43 /87

猥 wěi
猥
卷十 上
犬部 21 /87

鴆 zhèn
鸩
卷四 上
鳥部 111 /119

感 gǎn
感
卷十 下
心部 208 /276

币 bì
币
卷七 下
巾部 9 /71

炶 shǎn
闪
卷十 上
炎部 5 /8

莹 yíng
卷十三 下
土部 122 /144

犖 luò
卷二 上
牛部 15 /47

榮 róng
卷六 上
木部 126 /432

營 yíng
卷七 下
宮部 2 /2

暖 nuǎn
卷十 上
火部 101 /118

燀 chǎn
卷十 上
火部 41 /118

烟 yān
卷十 上
火部 75 /118

煊 xuān
卷十 上
火部 100 /118

焯 chāo
卷十 上
火部 82 /118

煏 bì
卷十 上
火部 14 /118

煨 wēi
卷十 上
火部 37 /118

焱 yàn
卷十 上
焱部 1 /3

俯 fǔ
卷九 上
頁部 60 /93

甑 zèng
卷十二 下
瓦部 5 /27

鄫 zēng
卷六 下
邑部 144 /181

娑 suō
卷十二 下
女部 146 /245

滂 pāng
卷十一 上
水部 174 /487

沟 gōu
卷十一 上
水部 277 /487

潍 wéi
卷十一 上
水部 200 /487

湖 hú
卷十一 上
水部 274 /487

渠 qú
卷十一 上
水部 279 /487

渐 jiàn
卷十一 上
水部 53 /487

滞 zhì
卷十一 上
水部 351 /487

淇 qí
卷十一 上
水部 44 /487

jīng 泾 卷十一 上 水部 23 /487	gàn 淦 卷十一 上 水部 305 /487	lái 淶 卷十一 上 水部 124 /487	jiā 浹 卷十一 上 水部 484 /487
shū 淑 卷十一 上 水部 215 /487	fú 涪 卷十一 上 水部 6 /487	zhēn 浈 卷十一 上 水部 64 /487	chán 澶 卷十一 上 水部 96 /487
cóng 淙 卷十一 上 水部 203 /487	guàn 涫 卷十一 上 水部 382 /487	hún 浑 卷十一 上 水部 213 /487	huái 淮 卷十一 上 水部 70 /487
tuò 唾 卷二 上 口部 43⁽⁺⁾ /190	pǔ 浦 卷十一 上 水部 261 /487	máng 泷 卷十一 上 水部 141 /487	yāng 泱 卷十一 上 水部 316 /487
jiǎo 湫 卷十一 上 水部 366 /487	yuān 渊 卷十一 上 水部 227 /487	yá 涯 卷十一 上 水部 487 /487	zhàn 湛 卷十一 上 水部 310 /487
xù 洫 卷十一 上 水部 276 /487	yóu 游 卷七 上 㫃部 17 /23	míng 溟 卷十一 上 水部 319 /487	yǒng 涌 卷十一 上 水部 208 /487

hán 涵	dàng 潒	hàn 洰	gǔ 淈
卷十一 上	卷十一 上	卷十一 上	卷十一 上
水部 337 /487	水部 160 /487	水部 336 /487	水部 224 /487
chán 潺	sùn 潠	tuān 湍	yín 淫
卷十一 上	卷十一 上	卷十一 上	卷十一 上
水部 475 /487	水部 486 /487	水部 202 /487	水部 239 /487
òu 沤	liáng 梁	yū 淤	liè 洌
卷十一 上	卷六 上	卷十一 上	卷十一 上
水部 342 /487	木部 373 /432	水部 397 /487	水部 214 /487
cè 测	tāng 汤	wēi 逶	xiāo 逍
卷十一 上	卷十一 上	卷二 下	卷二 下
水部 201 /487	水部 377 /487	辵部 64 /131	辵部 130 /131
mí 迷	dùn 遁	chěng 逞	yuǎn 远
卷二 下	卷二 下	卷二 下	卷二 下
辵部 76 /131	辵部 48 /131	辵部 105 /131	辵部 107 /131
shì 逝	qiú 逑	yì 逸	xiá 遐
卷二 下	卷二 下	卷十 上	卷二 下
辵部 14 /131	辵部 78 /131	兔部 2 /6	辵部 124 /131

逡 qūn 卷二下 辵部 70 /131	街 jiē 卷二下 行部 3 /12	衙 yá 卷二下 行部 8 /12	彻 chè 卷三下 攴部 3 /77
跬 kuí 卷二上 走部 72 /85	趫 qiáo 卷二上 走部 6 /85	赵 zhào 卷二上 走部 52 /85	趋 qì 卷二上 走部 71 /85
趨 qūn 卷二上 走部 70 /85	趧 tí 卷二上 走部 83 /85	数 shǔ 卷三下 攴部 17 /77	肇 zhào 卷三下 攴部 4 /77
肇 zhào 卷十二 下 戈部 2 /26	阱 jǐng 卷五 下 井部 3 /5	附 fù 卷十四 下 自部 44 /94	陚 lěi 卷十四 下 自部 19 /94
陈 chén 卷十四 下 自部 70 /94	垝 guǐ 卷十三 下 土部 91$^{(+)}$ /144	陬 zōu 卷十四 下 自部 11 /94	陋 lòu 卷十四 下 自部 23 /94
限 xiàn 卷十四 下 自部 14 /94	隅 yú 卷十四 下 自部 12 /94	隗 wěi 卷十四 下 自部 17 /94	开 kāi 卷十二 上 門部 25 /62

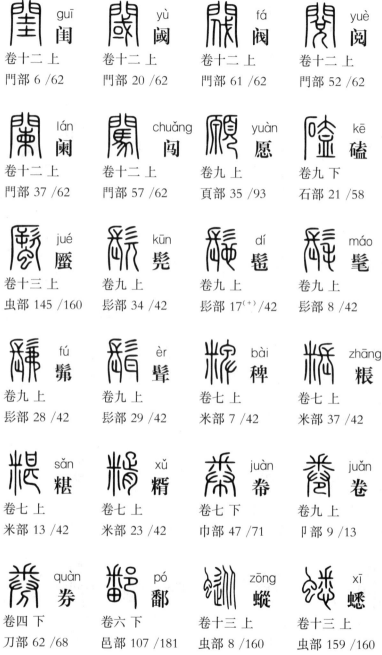

闺 guī
卷十二 上
門部 6 /62

國 yù
卷十二 上
門部 20 /62

阀 fá
卷十二 上
門部 61 /62

阅 yuè
卷十二 上
門部 52 /62

阑 lán
卷十二 上
門部 37 /62

闯 chuǎng
卷十二 上
門部 57 /62

愿 yuàn
卷九 上
頁部 35 /93

磕 kē
卷九 下
石部 21 /58

蠦 jué
卷十三 上
虫部 145 /160

髡 kūn
卷九 上
髟部 34 /42

髢 dí
卷九 上
髟部 17(+) /42

髦 máo
卷九 上
髟部 8 /42

髴 fú
卷九 上
髟部 28 /42

髶 èr
卷九 上
髟部 29 /42

稗 bài
卷七 上
米部 7 /42

粻 zhāng
卷七 上
米部 37 /42

糂 sǎn
卷七 上
米部 13 /42

糈 xǔ
卷七 上
米部 23 /42

希 juàn
卷七 下
巾部 47 /71

卷 juǎn
卷九 上
卩部 9 /13

券 quàn
卷四 下
刀部 62 /68

鄱 pó
卷六 下
邑部 107 /181

蝬 zōng
卷十三 上
虫部 8 /160

蟋 xī
卷十三 上
虫部 159 /160

蛊 gǔ
卷十三 下
蟲部 6 /6

蝙 biān
卷十三 上
虫部 146 /160

蟆 má
卷十三 上
虫部 131 /160

猬 wèi
卷九 下
希部 4⁽⁺⁾/5

駮 bō
卷四 上
鳥部 72 /119

晨 chén
卷三 上
晨部 1 /2

斞 yǔ
卷十四 上
斗部 5 /17

蠡 lí
卷十三 下
蚰部 21 /25

肄 yí
卷三 下
聿部 2 /3

斐 fěi
卷九 上
文部 2 /4

悲 bēi
卷十 下
心部 200 /276

发 fā
卷十二 下
弓部 26 /27

訾 zǐ
卷三 上
言部 154 /257

觜 zuǐ
卷四 下
角部 24 /39

雌 cí
卷四 上
鳥部 83 /119

雌 cí
卷四 上
隹部 36 /39

岁 suì
卷二 上
步部 2 /2

咬 yǎo
卷二 下
齒部 28 /45

齕 hé
卷二 下
齒部 33 /45

都 dū
卷六 下
邑部 4 /181

涩 sè
卷二 上
止部 14 /14

躯 qū
卷八 上
身部 2 /2

鄠 hǔ
卷六 下
邑部 165 /181

麟 yán
卷五 上
麟部 1 /3

虒 tú	慮 lǜ	庸 yōng	康 kāng
卷五 上	卷十 下	卷三 下	卷七 上
虎部 17 /17	思部 2 /2	用部 3 /5	禾部 57⁽⁺⁾/89
嘆 tàn	嗑 kè	嗞 zī	喋 jí
卷二 上	卷二 上	卷二 上	卷二 上
口部 148 /190	口部 122 /190	口部 143 /190	口部 26 /190
叫 jiào	慨 kài	叫 jiào	器 qì
卷二 上	卷二 上	卷二 上	卷三 上
口部 2 /190	口部 146 /190	口部 74 /190	朋部 6 /6
嚚 níng	嚚 yín	战 zhàn	喤 huì
卷二 上	卷三 上	卷十二 下	卷二 上
吅部 2 /6	朋部 2 /6	戈部 10 /26	口部 81 /190
嘆 mò	嗸 áo	嗾 sǒu	喟 kuì
卷二 上	卷二 上	卷二 上	卷二 上
口部 162 /190	口部 137 /190	口部 164 /190	口部 51 /190
犐 chǎn	犡 lì	鹄 hú	谷 gǔ
卷二 上	卷二 上	卷四 上	卷七 上
牛部 25 /47	牛部 13 /47	鳥部 46 /119	禾部 70 /89

穀 gǔ
卷六 上
木部 112 /432

聲 shēng
卷十二 上
耳部 17 /33

蛛 zhū
卷十三 下
黽部 12 /14

鼻 mián
卷四 上
自部 2 /2

仑 lún
卷九 下
山部 64 /65

艺 yí
卷三 下
釚部 2 /8

峥 zhēng
卷九 下
山部 42 /65

棘 jí
卷七 上
朿部 3 /3

枣 zǎo
卷七 上
朿部 2 /3

棫 sàn
卷七 下
林部 3 /3

郲 qī
卷六 下
邑部 147 /181

荆 jīng
卷一 下
艸部 250 /458

蓄 xù
卷一 下
艸部 442 /458

庄 zhuāng
卷一 下
艸部 2 /458

蒯 kuǎi
卷一 下
艸部 137 /458

蔗 zhè
卷一 下
艸部 109 /458

莘 zǐ
卷一 下
艸部 359 /458

蓉 róng
卷一 下
艸部 447 /458

菊 jú
卷一 下
艸部 34 /458

蒹 jiān
卷一 下
艸部 181 /458

花 huā
卷六 下
華部 1 /2

莽 mǎng
卷一 下
茻部 3 /4

葵 tǎn
卷一 下
艸部 183⁽⁺⁾ /458

沃 wò
卷十一 上
水部 292 /487

苔 tái 卷一 下 艸部 251 /458	葎 lǜ 卷一 下 艸部 157 /458	蒌 lóu 卷一 下 艸部 138 /458	莨 láng 卷一 下 艸部 236 /458
萸 yú 卷一 下 艸部 246 /458	菲 fěi 卷一 下 艸部 402 /458	莼 chún 卷一 下 艸部 361 /458	蓯 zōng 卷一 下 艸部 270 /458
葛 gě 卷一 下 艸部 220 /458	蔓 màn 卷一 下 艸部 221 /458	惹 rě 卷十 下 心部 273 /276	蒸 zhēng 卷一 下 艸部 384$^{(艹)}$ /458
荓 píng 卷一 下 艸部 119 /458	蔬 shū 卷一 下 艸部 452 /458	蒔 shí 卷一 下 艸部 303 /458	幕 mù 卷七 下 巾部 28 /71
寞 mò 卷七 上 夕部 9 /9	牦 máo 卷二 上 犛部 2 /3	犛 máo 卷二 上 犛部 1 /3	嫠 lí 卷十二 下 女部 244 /245
槱 yǒu 卷六 上 木部 403 /432	棆 lún 卷六 上 木部 27 /432	榆 yú 卷六 上 木部 129 /432	桧 guì 卷六 上 木部 135 /432

櫓 lǚ
卷六 上
木部 349⁽⁺⁾ /432

欈 cuī
卷六 上
木部 229 /432

楔 xiē
卷六 上
木部 256 /432

橖 táng
卷六 上
木部 217 /432

橎 fǎn
卷六 上
木部 128 /432

槈 nòu
卷六 上
木部 273 /432

楮 chǔ
卷六 上
木部 113 /432

樗 chū
卷六 上
木部 43 /432

楸 sù
卷六 上
木部 33 /432

桱 chēng
卷六 上
木部 101 /432

麇 jūn
卷十 上
鹿部 13 /26

慶 qìng
卷十 下
心部 53 /276

戟 jǐ
卷十二 下
戈部 6 /26

斡 wò
卷十四 上
斗部 6 /17

軌 gàn
卷七 上
軌部 2 /3

整 zhěng
卷三 下
攴部 9 /77

蠹 dù
卷十三 下
蚰部 20 /25

熏 xūn
卷一 下
中部 7 /7

誓 shì
卷三 上
言部 58 /257

鋻 shì
卷十四 上
金部 159 /204

抡 lún
卷十二 上
手部 70 /278

揄 yú
卷十二 上、
手部 142 /278

探 tàn
卷十二 上
手部 175 /278

播 bō
卷十二 上
手部 209 /278

jù 据	cāo 操	bài 拜	huàn 换
卷十二 上	卷十二 上	卷十二 上	卷十二 上
手部 39 /278	手部 35 /278	手部 16 /278	手部 264 /278
shè 摄	kēng 摼	huàn 擐	wèn 搵
卷十二 上	卷十二 上	卷十二 上	卷十二 上
手部 40 /278	手部 234 /278	手部 162 /278	手部 251 /278
lǔ 膂	qí 旗	yǐ 旖	zhān 旃
卷七 下	卷七 上	卷七 上	卷七 上
吕部 1⁽⁺⁾ /2	㫃部 3 /23	㫃部 14 /23	㫃部 10⁽⁺⁾ /23
yóu 游	fán 繁	huǐ 毁	jiù 舅
卷七 上	卷十三 上	卷十三 下	卷十三 下
㫃部 11 /23	糸部 191 /257	土部 98 /144	男部 2 /3
shǔ 鼠	suàn 算	jiān 笺	huáng 簧
卷十 上	卷五 上	卷五 上	卷五 上
鼠部 1 /20	竹部 142 /149	竹部 33 /149	竹部 122 /149
bì 篦	zhēn 箴	lǒu 篓	zhuàn 篆
卷五 上	卷五 上	卷五 上	卷五 上
竹部 148 /149	竹部 118 /149	竹部 64 /149	竹部 19 /149

箪 dān
卷五 上
竹部 59 /149

箬 ruò
卷五 上
竹部 11 /149

箧 qiè
卷十二 下
匚部 3⁽⁺⁾/19

篹 cuàn
卷九 上
厶部 2 /3

髀 bì
卷四 下
骨部 7 /25

幢 chuáng
卷七 下
巾部 63 /71

罜 lì
卷七 下
网部 32 /37

翼 xuǎn
卷七 下
网部 6 /37

羁 jī
卷七 下
网部 34 /37

脍 kuài
卷四 下
肉部 122 /145

瘠 jí
卷四 下
肉部 62 /145

脆 cuì
卷四 下
肉部 125 /145

腾 jué
卷三 上
谷部 1⁽⁺⁾/2

臊 sāo
卷四 下
肉部 109 /145

飕 sōu
卷十三 下
風部 15 /16

飔 sī
卷十三 下
風部 14 /16

豋 dēng
卷五 上
豆部 6 /6

察 chá
卷三 上
言部 46 /257

頠 wěi
卷九 上
頁部 47 /93

詹 zhān
卷二 上
八部 7 /12

解 jiě
卷四 下
角部 25 /39

夐 xiòng
卷四 上
夏部 2 /4

动 dòng
卷十三 下
力部 22 /44

坎 kǎn
卷八 下
欠部 50 /66

烝 zhēng
卷十上
火部 16 /118

勵 zhú
卷十四上
斤部 6 /15

屨 jù
卷八下
履部 2 /6

履 lǚ
卷八下
履部 1 /6

翅 chì
卷四上
羽部 9 /37

习 xí
卷四上
習部 1 /2

劈 pī
卷四下
刀部 33 /68

熊 xióng
卷十上
熊部 1 /2

态 tài
卷十下
心部 130 /276

勱 mài
卷十三下
力部 10 /44

喘 chuǎn
卷八下
欠部 20 /66

急 jí
卷十下
心部 108 /276

戒 jiè
卷十下
心部 51 /276

琴 sǔn
卷五上
兮部 2⁽⁺⁾/4

慊 qiàn
卷十下
心部 159 /276

惜 xī
卷十下
心部 202 /276

惔 tán
卷十下
心部 218 /276

惆 chóu
卷十下
心部 190 /276

悱 fěi
卷十下
心部 265 /276

慎 shèn
卷十下
心部 10 /276

憚 dàn
卷十下
心部 237 /276

憩 qì
卷十下
心部 103 /276

慢 màn
卷十下
心部 133 /276

谲 jué
卷十下
心部 147 /276

惰 duò
卷十下
心部 136⁽⁺⁾/276

悼 dào
卷十下
心部 238 /276

恺 kǎi
卷十下
心部 15 /276

惨 cǎn
卷十下
心部 197 /276

惢 suǒ
卷十下
惢部 1 /2

颖 yǐng
卷七上
禾部 32 /89

隐 yǐn
卷十下
心部 52 /276

辞 cí
卷十四下
辛部 5 /6

虢 guó
卷五上
虎部 13 /17

乱 luàn
卷十四下
乙部 3 /4

为 wéi
卷三下
爪部 3 /4

鹉 wǔ
卷四上
鳥部 105 /119

媟 xiè
卷十二下
女部 158 /245

媮 tōu
卷十二下
女部 175 /245

娴 xián
卷十二下
女部 122 /245

婧 jìng
卷十二下
女部 112 /245

嬛 huán
卷十二下
女部 103 /245

媪 ǎo
卷十二下
女部 33 /245

岷 mín
卷九下
山部 9 /65

鸹 guā
卷四上
鳥部 78 /119

聪 cōng
卷十二上
耳部 11 /33

愜 qiè
卷十下
心部 16 /276

紧 jǐn
卷三下
臤部 2 /4

临 lín
卷八上
臥部 3 /4

ōu 欧	guì 匮	shǐ 驶	tú 駼
卷八 下	卷十二 下	卷十 上	卷十 上
欠部 35 /66	匚部 14 /19	馬部 116 /120	馬部 114 /120
táo 騊	jiāo 骄	shēn 駪	sāo 骚
卷十 上	卷十 上	卷十 上	卷十 上
馬部 113 /120	馬部 37 /120	馬部 104 /120	馬部 94 /120
sì 駟	jùn 骏	tí 騠	jià 驾
卷十 上	卷十 上	卷十 上	卷十 上
馬部 69 /120	馬部 34 /120	馬部 107 /120	馬部 52 /120
xié 协	pán 槃	bān 搬	pó 婆
卷十三 下	卷六 上	卷十二 上	卷十二 下
劦部 1 /4	木部 293 /432	手部 143 /278	女部 145 /245
zhōu 鹛	mài 脉	ěr 饵	shùn 瞬
卷四 上	卷十一 下	卷三 下	卷四 上
鳥部 12 /119	辰部 2 /3	鬲部 9 /13	目部 109 /119
gòu 购	fù 赋	dǔ 睹	biǎn 䁱
卷六 下	卷六 下	卷四 上	卷四 上
貝部 53 /68	貝部 47 /68	目部 46 /119	目部 3 /119

曈 tóng
瞳
卷七 上
日部 71 /86

暱 nì
昵
卷七 上
日部 63 /86

暵 hàn
焊
卷七 上
日部 60 /86

曠 kuàng
旷
卷七 上
日部 13 /86

曇 tán
昙
卷七 上
日部 83 /86

晨 chén
晨
卷七 上
晶部 4 /5

敠 bì
敡
卷三 下
支部 53 /77

頦 kē
颏
卷九 上
頁部 44 /93

魋 tuí
魋
卷九 上
鬼部 17 /20

顒 yóng
颙
卷九 上
頁部 32 /93

壘 lěi
垒
卷十三 下
土部 90 /144

翼 kūn
昆
卷五 下
弟部 2 /2

黑 hēi
黑
卷十 上
黑部 1 /37

踐 jiàn
践
卷二 下
足部 32 /92

迒 háng
迒
卷二 下
辵部 116⁽⁺⁾ /131

蹴 cù
蹴
卷二 下
足部 25 /92

跖 zhí
跖
卷二 下
足部 49 /92

踏 jí
踏
卷二 下
足部 11 /92

踹 fèi
荆
卷二 下
足部 78 /92

踬 diān
颠
卷二 下
足部 57 /92

踵 zhǒng
踵
卷二 下
足部 33 /92

蹈 dǎo
蹈
卷二 下
足部 30 /92

踔 chuō
踔
卷二 下
足部 34 /92

巷 xiàng
巷
卷六 下
𨛜部 3 /3

13　画

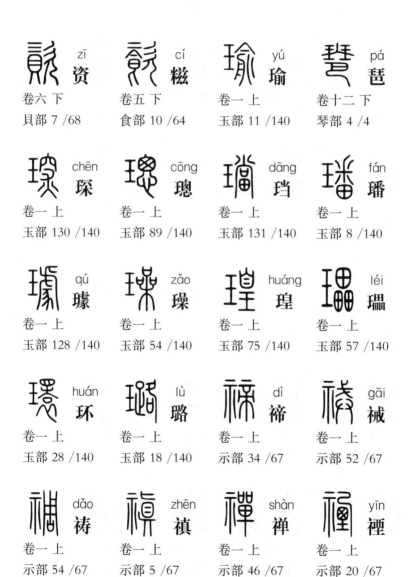

zī 资 卷六 下 貝部 7 /68	cí 糍 卷五 下 食部 10 /64	yú 瑜 卷一 上 玉部 11 /140	pá 琶 卷十二 下 琴部 4 /4
chēn 琛 卷一 上 玉部 130 /140	cōng 璁 卷一 上 玉部 89 /140	dāng 珰 卷一 上 玉部 131 /140	fán 璠 卷一 上 玉部 8 /140
qú 璩 卷一 上 玉部 128 /140	zǎo 璪 卷一 上 玉部 54 /140	huáng 瑝 卷一 上 玉部 75 /140	léi 瓃 卷一 上 玉部 57 /140
huán 环 卷一 上 玉部 28 /140	lù 璐 卷一 上 玉部 18 /140	dì 禘 卷一 上 示部 34 /67	gāi 祴 卷一 上 示部 52 /67
dǎo 祷 卷一 上 示部 54 /67	zhēn 禛 卷一 上 示部 5 /67	shàn 禅 卷一 上 示部 46 /67	yīn 禋 卷一 上 示部 20 /67

輦 niǎn 卷十四 上 車部 92 /102	粢 cī 卷五 下 食部 10⁽⁺⁾ /64	亲 qīn 卷八 下 見部 39 /46	彰 zhāng 卷九 上 彡部 5 /10
鄣 zhāng 卷六 下 邑部 137 /181	歆 xīn 卷八 下 欠部 65 /66	诖 guà 卷三 上 言部 188 /257	语 yǔ 卷三 上 言部 4 /257
试 shì 卷三 上 言部 68 /257	夸 kuā 卷三 上 言部 171 /257	诿 wěi 卷三 上 言部 80 /257	详 xiáng 卷三 上 言部 41 /257
诔 lěi 卷三 上 言部 241 /257	说 shuō 卷三 上 言部 73 /257	诞 dàn 卷三 上 言部 172 /257	谎 huǎng 卷三 上 言部 191 /257
諕 xià 卷三 上 言部 183 /257	谋 móu 卷三 上 言部 34 /257	谌 chén 卷三 上 言部 49 /257	诗 shī 卷三 上 言部 16 /257
悖 bèi 卷三 上 言部 145 /257	谏 jiàn 卷三 上 言部 65 /257	诲 huì 卷三 上 言部 23 /257	诶 xī 卷三 上 言部 149 /257

zhèng 诤	chóu 酬	xū 谞	yì 意
卷三 上	卷三 上	卷三 上	卷十 下
言部 101 /257	言部 141 /257	言部 63 /257	心部 65⁽⁺⁾ /276
shāng 商	lóng 龙	gǒng 巩	jìng 境
卷六 下	卷十一 下	卷三 下	卷十三 下
贝部 43 /68	龍部 1 /5	革部 11 /63	土部 136 /144
kuàng 圹	xì 墍	péng 堋	zài 甑
卷十三 下	卷十三 下	卷十三 下	卷三 下
土部 96 /144	土部 42 /144	土部 120 /144	孔部 4 /8
chàng 韔	xiá 辖	zhuǎn 转	jī 墼
卷五 下	卷十四 上	卷十四 上	卷十三 下
韋部 9 /17	車部 62 /102	車部 63 /102	土部 45 /144
jì 檕	jī 击	kěn 垦	ōu 欧
卷六 上	卷十二 上	卷十三 下	卷八 下
木部 310 /432	手部 237 /278	土部 138 /144	欠部 35 /66
gē 歌	qí 斳	qí 綦	yāng 鞅
卷八 下	卷三 上	卷十三 上	卷三 下
欠部 19 /66	言部 234 /257	糸部 112⁽⁺⁾ /257	革部 56 /63

jiàn 鞬 卷三 下 革部 51 /63	yuān 鞙 卷三 下 革部 22 /63	yín 鄞 卷六 下 邑部 112 /181	hù 鄠 卷六 下 邑部 21 /181
yīn 阴 卷十一 下 雲部 2 /2	gé 雭 卷十一 下 雨部 33 /51	xiāo 霄 卷十一 下 雨部 9 /51	tíng 霆 卷十一 下 雨部 4 /51
zhèn 震 卷十一 下 雨部 7 /51	líng 灵 卷十一 下 雨部 12 /51	lín 霖 卷十一 下 雨部 24 /51	shuāng 霜 卷十一 下 雨部 38 /51
qī 霎 卷十一 下 雨部 35 /51	xiá 霞 卷十一 下 雨部 47 /51	hé 核 卷七 下 两部 3 /4	diāo 弴 卷十二 下 弓部 2 /27
zhǎn 盏 卷十四 下 酉部 29 /73	cù 醋 卷十四 下 酉部 35 /73	lí 醨 卷十四 下 酉部 51 /73	xíng 铏 卷十四 上 金部 33 /204
xíng 铡 卷十四 上 金部 46 /204	yǔ 铻 卷十四 上 金部 70⁽⁺⁾ /204	dìng 锭 卷十四 上 金部 59 /204	xiāo 销 卷十四 上 金部 20 /204

226

锐 ruì
卷十四 上
金部 109 /204

鋋 chán
卷十四 上
金部 142 /204

铤 tǐng
卷十四 上
金部 29 /204

炼 liàn
卷十四 上
金部 22 /204

铴 lüè
卷十四 上
金部 115 /204

铮 zhēng
卷十四 上
金部 134 /204

锡 xī
卷十四 上
金部 6 /204

镯 zhuó
卷十四 上
金部 121 /204

饮 yǐn
卷八 下
歆部 1 /2

剑 jiàn
卷四 下
刃部 3 /3

糊 hú
卷五 下
食部 36 /64

饘 zhān
卷五 下
食部 11 /64

馆 guǎn
卷五 下
食部 46 /64

馄 hún
卷五 下
食部 45 /64

哺 bǔ
卷五 下
食部 23 /64

饿 è
卷五 下
食部 57 /64

健 jiān
卷三 下
彌部 2⁽⁺⁾ /13

饫 yù
卷五 下
食部 38 /64

馔 zhuàn
卷五 下
食部 15⁽⁺⁾ /64

罅 xià
卷五 下
缶部 18 /22

戠 zhì
卷十 下
大部 9 /18

蛰 zhé
卷十三 上
虫部 127 /160

螫 shì
卷十三 上
虫部 107 /160

霞 xiá
卷十 下
赤部 10 /10

227

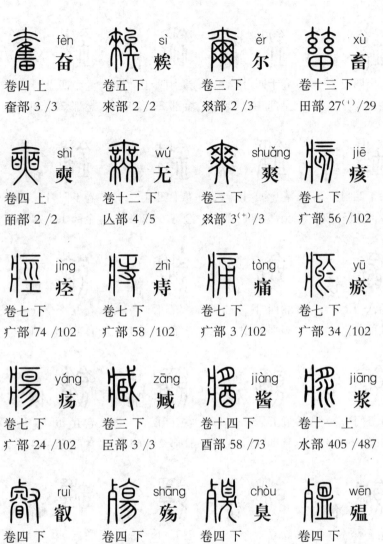

fèn 奋	sì 耝	ěr 尔	xù 畜
卷四 上	卷五 下	卷三 下	卷十三 下
奞部 3 /3	來部 2 /2	𠈌部 2 /3	田部 27⁽⁺⁾/29
shì 奭	wú 无	shuǎng 爽	jiē 痎
卷四 上	卷十二 下	卷三 下	卷七 下
皕部 2 /2	亾部 4 /5	𠈌部 3⁽⁺⁾/3	疒部 56 /102
jìng 痙	zhì 痔	tòng 痛	yū 瘀
卷七 下	卷七 下	卷七 下	卷七 下
疒部 74 /102	疒部 58 /102	疒部 3 /102	疒部 34 /102
yáng 瘍	zāng 臧	jiàng 酱	jiāng 浆
卷七 下	卷三 下	卷十四 下	卷十一 上
疒部 24 /102	臣部 3 /3	酉部 58 /73	水部 405 /487
ruì 叡	shāng 殇	chòu 臭	wēn 殟
卷四 下	卷四 下	卷四 下	卷四 下
叔部 5 /5	歺部 9 /32	歺部 17 /32	歺部 8 /32
sù 粟	tán 覃	sī 澌	lǐn 凛
卷七 上	卷五 下	卷十一 下	卷十一 下
卤部 3 /3	旱部 2⁽⁺⁾/3	仌部 7 /17	仌部 3 /17

qìng 清 卷十一 下 仌部 4 /17	féng 灃 卷六 下 邑部 176 /181	dǐng 頂 卷九 上 頁部 9⁽⁺⁾ /93	tì 替 卷十 下 竝部 2⁽⁺⁾ /2
jié 竭 卷十 下 立部 12 /19	yì 翊 卷四 上 羽部 23 /37	chǔ 褚 卷八 上 衣部 108 /119	háo 豪 卷九 下 希部 3 /5
yǒu 牖 卷七 上 片部 7 /8	biān 牑 卷七 上 片部 6 /8	jǐn 廑 卷九 下 广部 43 /55	láng 廊 卷九 下 广部 51 /55
mó 摩 卷十二 上 手部 183 /278	xiàn 宪 卷十 下 心部 19 /276	yú 窬 卷七 下 穴部 26 /51	chuāng 窗 卷七 下 穴部 16 /51
yáo 窑 卷七 下 穴部 4 /51	guǎ 寡 卷七 下 宀部 54 /74	jiǎo 皎 卷七 下 白部 9 /11	hè 皬 卷七 下 白部 6 /11
gài 概 卷六 上 木部 288 /432	jí 暨 卷七 上 旦部 2 /2	wěi 纬 卷十三 上 糸部 21 /257	liǎng 緉 卷十三 上 糸部 237 /257

229

経 jīng 经
卷十三 上
糸部 16 /257

綺 qǐ 绮
卷十三 上
糸部 78 /257

維 wéi 维
卷十三 上
糸部 187 /257

綜 zōng 综
卷十三 上
糸部 19 /257

綰 wǎn 绾
卷十三 上
糸部 103 /257

終 zhōng 终
卷十三 上
糸部 73 /257

縱 zòng 纵
卷十三 上
糸部 152 /257

綹 liǔ 绺
卷十三 上
糸部 20 /257

緧 qiū 缒
卷十三 上
糸部 195 /257

紳 shēn 绅
卷十三 上
糸部 129 /257

緻 zhì 致
卷十三 上
糸部 249 /257

綅 qīn 綅
卷十三 上
糸部 159 /257

緇 zī 缁
卷十三 上
糸部 114 /257

黏 hú 糊
卷七 上
黍部 5 /8

黏 nián 黏
卷七 上
黍部 4 /8

𥂁 dào 焘
卷十 上
火部 107 /118

歉 qiàn 歉
卷八 下
欠部 52 /66

穑 sè 穑
卷七 上
禾部 4 /89

稷 jì 稷
卷七 上
禾部 21 /89

缾 píng 瓶
卷五 下
缶部 7⁽⁺⁾ /22

擬 nǐ 拟
卷八 上
人部 169 /263

備 bèi 备
卷八 上
人部 81 /263

僅 jǐn 仅
卷八 上
人部 133 /263

儒 rú 儒
卷八 上
人部 12 /263

縚 tāo 絛
卷十三 上
糸部 150 /257

儐 bīn 傧
卷八 上
人部 83 /263

償 cháng 偿
卷八 上
人部 132 /263

㩾 shēn 㩾
卷三 下
攴部 24 /77

僣 jiàn 僭
卷八 上
人部 168 /263

僭 jiàn 僭
卷三 上
言部 113 /257

債 zhài 债
卷八 上
人部 256 /263

僨 fèn 偾
卷八 上
人部 204 /263

僚 liáo 僚
卷八 上
人部 35 /263

善 shàn 善
卷三 上
誩部 2^(＋) /4

羥 qiǎng 羥
卷四 上
羊部 16 /26

薵 shāng 薵
卷三 下
高部 12 /13

羶 shān 膻
卷四 上
羴部 1^(＋) /2

義 yì 义
卷十二 下
我部 2 /2

蠒 jiǎn 茧
卷十三 上
糸部 2 /257

尋 xún 寻
卷三 下
寸部 4 /7

嬃 xū 嬃
卷十二 下
女部 62 /245

獪 kuài 狯
卷十 上
犬部 6 /87

獦 fán 獦
卷十 上
犬部 29 /87

猜 cāi 猜
卷十 上
犬部 42 /87

猎 fà 发
卷九 上
髟部 2^(＋) /42

獧 juàn 獧
卷十 上
犬部 47 /87

盎 àng 盎
卷五 上
皿部 10 /26

截 jié 截
卷十二 下
戈部 14 /26

231

撒 piě
卷十二 上
手部 178 /278

瞥 piē
卷四 上
目部 84 /119

氅 chǎng
卷八 上
毛部 13 /13

郑 zhèng
卷六 下
邑部 27 /181

撙 zǔn
卷四 下
刀部 60 /68

鹆 yù
卷四 上
鳥部 97 /119

莹 yíng
卷一 上
玉部 62 /140

荧 yíng
卷十 下
焱部 2 /3

劳 láo
卷十三 下
力部 25 /44

歔 xū
卷八 下
欠部 27 /66

熜 cōng
卷十 上
火部 63 /118

燔 fán
卷十 上
火部 10 /118

烂 làn
卷十 上
火部 55[(+)] /118

燥 zào
卷十 上
火部 104 /118

煌 huáng
卷十 上
火部 90 /118

熄 xī
卷十 上
火部 38 /118

焕 huàn
卷十 上
火部 118 /118

煴 yùn
卷十 上
火部 77 /118

怗 zhān
卷十 下
心部 267 /276

浅 qiǎn
卷十一 上
水部 244 /487

沤 òu
卷十一 上
水部 342 /487

潢 huáng
卷十一 上
水部 272 /487

满 mǎn
卷十一 上
水部 235 /487

渰 yǎn
卷十一 上
水部 318 /487

淹 yān	凖 zhǔn	滓 zǐ	溲 sōu
卷十一 上	卷十一 上	卷十一 上	卷十一 上
水部 20 /487	水部 368 /487	水部 398 /487	水部 388 /487

溶 róng	濂 lián	湝 jiē	淡 dàn
卷十一 上	卷十一 上	卷十一 上	卷十一 上
水部 216 /487	水部 349 /487	水部 168 /487	水部 407 /487

减 jiǎn	渣 tà	浪 làng	溇 lóu
卷十一 上	卷十一 上	卷十一 上	卷十一 上
水部 456 /487	水部 383 /487	水部 27 /487	水部 331 /487

滇 diān	沮 jū	湏 jí	淩 líng
卷十一 上	卷十一 上	卷十一 上	卷十一 上
水部 17 /487	水部 121 /487	水部 417 /487	水部 85 /487

渴 kě	津 jīn	潏 yù	漏 lòu
卷十一 上	卷十一 上	卷十一 上	卷十一 上
水部 359 /487	水部 295 /487	水部 189 /487	水部 460 /487

湮 yān	湲 yuán	滔 tāo	淖 nào
卷十一 上	卷十一 上	卷十一 上	卷十一 上
水部 311 /487	水部 476 /487	水部 157 /487	水部 247 /487

rù 洳	huó 活	shèn 渗	wéi 涠
卷十一 上	卷十一 上	卷十一 上	卷十一 上
水部 338 /487	水部 167⁽⁺⁾/487	水部 221 /487	水部 222 /487

gòu 遘	wéi 违	dì 递	jìn 进
卷二 下	卷二 下	卷二 下	卷二 下
辵部 38 /131	辵部 68 /131	辵部 59 /131	辵部 22 /131

huàn 逭	yùn 运	bū 逋	féng 逢
卷二 下	卷二 下	卷二 下	卷二 下
辵部 80 /131	辵部 47 /131	辵部 82 /131	辵部 39 /131

suì 遂	qiú 道	dì 递	sù 遡
卷二 下	卷二 下	卷二 下	卷十一 上
辵部 84 /131	辵部 88⁽⁺⁾/131	辵部 42 /131	水部 301⁽⁺⁾/487

dài 逮	yáo 遥	tōng 通	chí 迟
卷二 下	卷二 下	卷二 下	卷二 下
辵部 56 /131	辵部 131 /131	辵部 43 /131	辵部 57 /131

xuǎn 选	chuán 遄	xuàn 衒	dé 德
卷二 下	卷二 下	卷二 下	卷二 下
辵部 52 /131	辵部 29 /131	行部 10 /12	彳部 2 /37

xián 衔	jiào 徼	biàn 遍	wēi 微
卷十四 上	卷二 下	卷二 下	卷二 下
金部 164 /204	彳部 10 /37	彳部 25 /37	彳部 14 /37
huī 徽	tǐng 颋	zī 赼	zhān 邅
卷七 下	卷九 上	卷二 上	卷二 上
巾部 35 /71	頁部 46 /93	走部 65 /85	走部 14 /85
qiū 趥	yīn 阴	chú 除	yuàn 院
卷二 上	卷十四 下	卷十四 下	卷七 下
走部 21 /85	𨸏部 5 /94	𨸏部 74 /94	宀部 14⁽⁺⁾ /74
pí 陴	táo 陶	jiàng 降	qiào 峭
卷十四 下	卷十四 下	卷十四 下	卷十四 下
𨸏部 84 /94	𨸏部 71 /94	𨸏部 31 /94	𨸏部 20 /94
wù 坞	zhì 陟	dī 堤	yú 隅
卷十四 下	卷十四 下	卷十四 下	卷十四 下
𨸏部 88 /94	𨸏部 25 /94	𨸏部 41 /94	𨸏部 12 /94
yǔn 陨	guī 归	qǐ 綮	hé 阁
卷十四 下	卷二 上	卷十三 上	卷十二 上
𨸏部 32 /94	止部 10 /14	糸部 87 /257	門部 40 /62

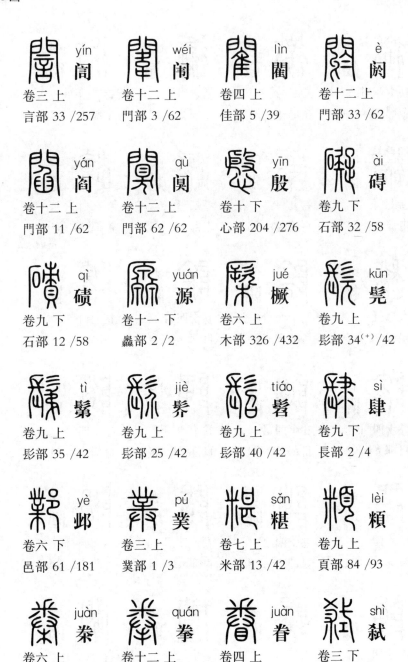

誾 yín
卷三 上
言部 33 /257

闈 wéi
卷十二 上
門部 3 /62

闧 lìn
卷四 上
佳部 5 /39

闧 è
卷十二 上
門部 33 /62

闇 yán
卷十二 上
門部 11 /62

闃 qù
卷十二 上
門部 62 /62

慇 yīn
卷十 下
心部 204 /276

礙 ài
卷九 下
石部 32 /58

磧 qì
卷九 下
石部 12 /58

源 yuán
卷十一 下
蟲部 2 /2

橛 jué
卷六 上
木部 326 /432

髡 kūn
卷九 上
髟部 34 (＋) /42

鬄 tì
卷九 上
髟部 35 /42

髻 jiè
卷九 上
髟部 25 /42

髫 tiáo
卷九 上
髟部 40 /42

肆 sì
卷九 下
長部 2 /4

鄴 yè
卷六 下
邑部 61 /181

業 pú
卷三 上
丵部 1 /3

糣 sǎn
卷七 上
米部 13 /42

頪 lèi
卷九 上
頁部 84 /93

棻 juàn
卷六 上
木部 324 /432

拳 quán
卷十二 上
手部 5 /278

眷 juàn
卷四 上
目部 76 /119

弒 shì
卷三 下
殺部 2 /2

蜾 guǒ
卷十三 上
虫部 69⁽⁺⁾/160

蚓 yǐn
卷十三 上
虫部 6 /160

蠖 huò
卷十三 上
虫部 46 /160

蠓 měng
卷十三 上
虫部 92 /160

蟏 xiāo
卷十三 上
虫部 95 /160

贵 guì
卷六 下
貝部 58 /68

确 què
卷九 下
石部 19 /58

学 xué
卷三 下
教部 2⁽⁺⁾/2

与 yǔ
卷三 上
舁部 3 /4

巀 zhì
卷九 下
丵部 2 /5

辈 bèi
卷十四 上
車部 66 /102

蠃 luǒ
卷十三 上
虫部 70 /160

鉅 jù
卷二 下
齒部 18 /45

齡 líng
卷二 下
齒部 45 /45

齞 yàn
卷二 下
齒部 7 /45

齘 xiè
卷二 下
齒部 6 /45

煮 zhǔ
卷三 下
弼部 12⁽⁺⁾/13

躯 qū
卷八 上
身部 2 /2

戏 xì
卷十二 下
戈部 11 /26

暴 bào
卷五 上
虎部 16 /17

覷 qù
卷八 下
見部 18 /46

彪 bīn
卷五 上
虍部 8 /9

歃 shà
卷八 下
欠部 50 /66

嗤 shuì
卷二 上
口部 30 /190

237

yì 嗌	zhūn 啍	sì 嗣	jiào 噍
卷二 上	卷二 上	卷二 下	卷二 上
口部 11 /190	口部 52 /190	册部 2 /3	口部 28 /190
zǔn 噂	zǎn 噆	fěng 嗿	zé 啧
卷二 上	卷二 上	卷二 上	卷二 上
口部 78 /190	口部 152 /190	口部 83 /190	口部 136 /190
pēn 喷	jìn 噤	shì 噬	xiào 啸
卷二 上	卷二 上	卷二 上	卷二 上
口部 129 /190	口部 56 /190	口部 32 /190	口部 88 /190
rán 然	tóng 犝	bèi 牬	cù 鼀
卷二 上	卷二 上	卷二 上	卷十三 下
口部 82 /190	牛部 47 /47	牛部 33 /47	黽部 5 /14
kào 靠	jué 珏	kòu 㲋	què 愨
卷十一 下	卷一 上	卷五 下	卷十 下
非部 4 /5	珏部 1⁽⁺⁾/3	缶部 2 /22	心部 12 /276
qìng 罄	zàn 赞	xī 熹	xǐ 喜
卷五 下	卷六 下	卷十 上	卷五 上
缶部 19 /22	貝部 14 /68	火部 45 /118	喜部 2 /3

238

嘉 jiā
卷五 上
壴部 5 /5

劓 yì
卷四 下
刀部 57⁽⁺⁾/68

嵯 cuó
卷九 下
山部 40 /65

崩 bēng
卷九 下
山部 45 /65

峄 yì
卷九 下
山部 6 /65

豳 bīn
卷六 下
邑部 18⁽⁺⁾/181

辥 xuē
卷十四 下
辛部 4 /6

款 kuǎn
卷八 下
欠部 16 /66

薪 xīn
卷一 下
艸部 383 /458

薏 yì
卷一 下
艸部 86 /458

叶 yè
卷一 下
艸部 257 /458

蕤 ruí
卷一 下
艸部 269 /458

蠢 chǔn
卷十三 下
蚰部 25 /25

蠢 chǔn
卷十 下
心部 163 /276

荟 huì
卷一 下
艸部 297 /458

菊 jú
卷一 下
艸部 177⁽⁺⁾/458

蒟 jǔ
卷一 下
艸部 243 /458

葱 cōng
卷一 下
艸部 394 /458

蓍 shī
卷一 下
艸部 198 /458

菂 dí
卷一 下
艸部 289 /458

参 shēn
卷一 下
艸部 388 /458

萑 huán
卷一 下
艸部 405 /458

耘 yún
卷四 下
耒部 6⁽⁺⁾/7

菏 hé
卷十一 上
水部 92 /487

shā 莎 卷一下 艸部 399 /458	zū 菹 卷一下 艸部 352 /458	fān 蕃 卷一下 艸部 436 /458	fēng 葑 卷一下 艸部 160 /458
rù 蓐 卷一下 蓐部 1 /2	yāo 葽 卷一下 艸部 237 /458	qú 蘧 卷一下 艸部 25 /458	jīng 菁 卷一下 艸部 37 /458
jiàn 荐 卷十上 廌部 3 /4	wèi 蔚 卷一下 艸部 203 /458	jiān 蒹 卷一下 艸部 48 /458	fú 葍 卷一下 艸部 39 /458
sūn 荪 卷一下 艸部 451 /458	shí 蒔 卷一下 艸部 303 /458	mù 墓 卷十三下 土部 123 /144	mó 摹 卷十二上 手部 197 /278
mó 嫫 卷十二下 女部 220 /245	mào 鄚 卷六下 邑部 69 /181	áo 嶅 卷九下 山部 19 /65	áo 聱 卷十二上 耳部 33 /33
lí 嫠 卷九上 文部 4 /4	kuǎn 款 卷八下 欠部 16(+) /66	mào 茂 卷十下 心部 87 /276	tóng 橦 卷六上 木部 262 /432

240

gé 槅	chū 樗	jiǎn 检	zhēn 榛
卷六 上	卷六 上	卷六 上	卷六 上
木部 365 /432	木部 95 /432	木部 357 /432	木部 56 /432
kē 榼	huǎng 幌	xí 檄	bīng 拼
卷六 上	卷六 上	卷六 上	卷六 上
木部 302 /432	木部 308 /432	木部 358 /432	木部 47 /432
fú 榑	chá 槎	qì 槭	yàng 样
卷六 上	卷六 上	卷六 上	卷六 上
木部 202 /432	木部 393 /432	木部 99 /432	木部 67 /432
què 榷	cōng 枞	lì 枥	xiè 榭
卷六 上	卷六 上	卷六 上	卷六 上
木部 371 /432	木部 136 /432	木部 410 /432	木部 423 /432
huì 槽	shù 树	mó 模	péng 棚
卷六 上	卷六 上	卷六 上	卷六 上
木部 417 /432	木部 148 /432	木部 211 /432	木部 318 /432
yíng 楹	guī 巂	biāo 麃	cháo 朝
卷六 上	卷四 上	卷十 上	卷七 上
木部 216 /432	佳部 6 /39	鹿部 17 /26	倝部 3 /3

cáo 曹 卷五 上 曰部 7 /7	xūn 熏 卷一 下 屮部 7 /7	gāo 纍 卷六 下 纍部 4 /5	zhāi 摘 卷十二 上 手部 111 /278
zhuàng 撞 卷十二 上 手部 187 /278	cuò 挫 卷十二 上 手部 27 /278	chōu 抽 卷十二 上 手部 167 /278	chū 摢 卷十二 上 手部 277 /278
nuò 搦 卷十二 上 手部 180 /278	jiǎn 捡 卷十二 上 手部 15 /278	bó 博 卷十二 上 手部 38 /278	què 摧 卷十二 上 手部 231 /278
miè 搣 卷十二 上 手部 76 /278	jué 撅 卷十二 上 手部 248 /278	jiǎn 剪 卷十二 上 手部 75 /278	cuī 摧 卷十二 上 手部 25 /278
jìn 搢 卷十二 上 手部 268 /278	bīng 掤 卷十二 上 手部 257 /278	zé 择 卷十二 上 手部 71 /278	xiē 歇 卷八 下 欠部 12 /66
mài 卖 卷六 下 出部 3 /5	yè 叶 卷五 上 竹部 25 /149	jū 鞠 卷十 下 牵部 7⁽⁺⁾ /7	chóu 筹 卷五 上 竹部 135 /149

箝 qián
卷五 上
竹部 89 /149

筛 shāi
卷五 上
竹部 60 /149

简 jiǎn
卷五 上
竹部 28 /149

箸 zhù
卷五 上
竹部 63 /149

篆 lù
卷五 上
竹部 79⁽⁺⁾ /149

篁 huáng
卷五 上
竹部 23 /149

簏 lù
卷五 上
竹部 79 /149

筲 shāo
卷五 上
竹部 56 /149

篚 fěi
卷五 上
竹部 103 /149

簸 fú
卷五 上
竹部 111 /149

簬 lù
卷五 上
竹部 4 /149

骸 hái
卷四 下
骨部 16 /25

膀 páng
卷四 下
肉部 26⁽⁺⁾ /145

鹕 hú
卷四 上
鳥部 11 /119

帻 zé
卷七 下
巾部 13 /71

罢 bà
卷七 下
网部 29 /37

罨 yǎn
卷七 下
网部 2 /37

罳 sī
卷七 下
网部 36 /37

罪 zuì
卷七 下
网部 10 /37

罩 zhào
卷七 下
网部 8 /37

腻 nì
卷四 下
肉部 114 /145

膊 bó
卷四 下
肉部 95 /145

腆 tiǎn
卷四 下
肉部 81 /145

划 huá
卷四 下
刀部 37 /68

書 书 shū
卷三 下
聿部 4 /4

賮 赆 jìn
卷六 下
貝部 15 /68

龑 龑 guǎng
卷十 下
齐部 5 /5

賔 夤 yín
卷七 上
夕部 5 /9

貓 猫 māo
卷九 下
豸部 21 /21

貌 貌 mào
卷八 下
皃部 2 /2

觥 觥 gōng
卷四 下
角部 27⁽⁺⁾ /39

觶 觯 zhì
卷四 下
角部 28⁽⁺⁾ /39

觸 触 chù
卷四 下
角部 14 /39

毚 毚 chán
卷十 上
兔部 2 /4

剿 剿 jié
卷四 下
刀部 61 /68

騖 鹜 wù
卷十 上
馬部 75 /120

慰 慰 wèi
卷十 下
心部 78 /276

翠 翠 cuì
卷四 上
羽部 6 /37

翯 翯 hè
卷四 上
羽部 29 /37

翏 翏 liù
卷四 上
羽部 20 /37

壁 壁 bì
卷十三 下
土部 30 /144

檗 檗 bò
卷六 上
木部 96 /432

擘 擘 bò
卷十二 上
手部 192 /278

臂 臂 bì
卷四 下
肉部 34 /145

嬖 嬖 bì
卷十二 下
女部 161 /145

甓 甓 pì
卷十二 下
瓦部 18 /27

態 态 tài
卷十 下
心部 130 /276

鼤 鼤 liè
卷十 下
鼡部 2 /3

觊 jì
卷八 下
見部 32 /46

愉 yú
卷十 下
心部 121 /276

伤 shāng
卷十 下
心部 220 /276

悚 sǒng
卷十 下
心部 69 /276

憎 zēng
卷十 下
心部 178 /276

憪 xián
卷十 下
心部 120 /276

忾 kài
卷十 下
心部 192 /276

情 qíng
卷十 下
心部 3 /276

惶 huáng
卷十 下
心部 245 /276

慑 shè
卷十 下
心部 236 /276

愠 yùn
卷十 下
心部 176 /276

嫡 dí
卷十二 下
女部 129 /245

婕 huì
卷十二 下
女部 194 /245

嫱 qiáng
卷十二 下
女部 239 /245

嫭 gū
卷十二 下
女部 144 /245

袅 niǎo
卷十二 下
女部 99 /245

姘 pīn
卷十二 下
女部 229 /245

鹆 yù
卷四 上
鳥部 97⁽⁺⁾/119

睾 qiǎn
卷十四 下
自部 54 /94

嫛 yī
卷十二 下
女部 29 /245

监 jiān
卷八 上
卧部 2 /4

鉴 jiàn
卷十四 上
金部 16 /204

鷗 yǎn
卷四 上
鳥部 40 /119

汇 huì
卷十二 下
匚部 17 /19

dòu 斗	hài 骇	qí 骐	qí 骑
卷三 下 鬥部 2 /11	卷十 上 馬部 83 /120	卷十 上 馬部 7 /120	卷十 上 馬部 51 /120
zhuī 骓	máng 駹	qīn 骎	qū 驱
卷十 上 馬部 13 /120	卷十 上 馬部 18 /120	卷十 上 馬部 65 /120	卷十 上 馬部 73 /120
zhèn 朕	yōng 雍	hú 糊	rú 孺
卷八 下 舟部 9 /16	卷四 上 隹部 22 /39	卷三 下 弼部 4 /13	卷十四 下 子部 7 /15
qú 瞿	yīng 嬰	jiǎn 睑	jiàn 贱
卷四 上 瞿部 1 /2	卷十二 下 女部 151 /245	卷四 上 目部 114 /119	卷六 下 貝部 46 /68
shùn 瞤	wěi 韙	tí 题	hàn 焊
卷四 上 目部 55 /119	卷二 下 是部 2 /3	卷九 上 頁部 11 /93	卷七 上 日部 60 /86
xiàng 向	tuǎn 疃	chī 魑	yú 逾
卷七 上 日部 43 /86	卷十三 下 田部 28 /29	卷九 上 鬼部 18 /20	卷二 下 足部 16 /92

jí
蹐

卷二 下

足部 59 /92

 cèng
蹭

卷二 下

足部 87 /92

 chuǎn
踳

卷五 下

舛部 1⁽⁺⁾/3

 zhì
踬

卷二 下

足部 54 /92

 niè
蹑

卷二 下

足部 26 /92

 xiǎng
蠁

卷十三 上

虫部 9 /160

 quān
圈

卷六 下

囗部 13 /26

14 画

璋 zhāng
璋
卷一 上
玉部 34 /140

瑾 jǐn
瑾
卷一 上
玉部 10 /140

琵 pí
琵
卷十二 下
琴部 3 /4

璀 cuǐ
璀
卷一 上
玉部 136 /140

禱 dǎo
祷
卷一 上
示部 42 /67

禧 xǐ
禧
卷一 上
示部 4 /67

頋 kē
颏
卷九 上
頁部 88 /93

敵 dí
敌
卷三 下
攴部 35 /77

韻 yùn
韵
卷三 上
音部 7 /7

該 gāi
该
卷三 上
言部 245 /257

謗 bàng
谤
卷三 上
言部 139 /257

講 jiǎng
讲
卷三 上
言部 108 /257

誩 jìng
誩
卷三 上
誩部 1 /4

諱 huì
讳
卷三 上
言部 55 /257

誣 wū
诬
卷三 上
言部 137 /257

諗 shěn
谂
卷三 上
言部 66 /257

誰 shuí
谁
卷三 上
言部 230 /257

誕 dàn
诞
卷三 上
言部 172 /257

詩 shī
诗
卷三 上
言部 16 /257

諶 chén
谌
卷三 上
言部 49 /257

诉 sù
卷三 上
言部 211 /257

志 zhì
卷三 上
言部 256 /257

诵 sòng
卷三 上
言部 19 /257

撰 zhuàn
卷三 上
言部 24 /257

谄 chǎn
卷三 上
言部 119$^{(+)}$ /257

讴 ōu
卷三 上
言部 99 /257

辨 biàn
卷四 下
刀部 25 /68

鋆 qióng
卷十四 上
金部 78 /204

蛙 wā
卷十三 下
黾部 4 /14

埻 zhǔn
卷十三 下
土部 61 /144

塳 cūn
卷一 上
土部 4 /4

坟 fén
卷十三 下
土部 124 /144

鞲 gōu
卷五 下
韋部 6 /17

韗 yùn
卷三 下
革部 6$^{(+)}$ /63

韠 bì
卷五 下
韋部 2 /17

蛊 gǔ
卷五 上
皿部 8 /26

协 xié
卷十三 下
劦部 4 /4

錾 zān
卷十四 上
金部 81 /204

罄 qì
卷五 下
缶部 20 /22

轮 lún
卷十四 上
車部 83 /102

输 shū
卷十四 上
車部 64 /102

辙 zhé
卷十四 上
車部 102 /102

輾 huàn
卷十四 上
車部 95 /102

辒 wēn
卷十四 上
車部 5 /102

燹 xiǎn
卷十上
火部 5 /118

懇 kěn
卷十下
心部 269 /276

猪 zhū
卷九下
豕部 2 /22

戲 zhàn
卷五上
虎部 6 /17

鞥 ēng
卷三下
革部 31 /63

鞠 jū
卷三下
革部 20 /63

鞬 jiàn
卷三下
革部 51 /63

鄞 yín
卷六下
邑部 112 /181

霅 zhá
卷十一下
雨部 5 /51

霎 shà
卷十一下
雨部 49 /51

电 diàn
卷十一下
雨部 6 /51

霓 ní
卷十一下
雨部 42 /51

雾 wù
卷十一下
雨部 39 /51

疆 jiāng
卷十三下
畕部 2 (+) /2

颈 jǐng
卷九上
頁部 19 /93

畐 fǔ
卷三下
鬲部 8 /13

鹢 yì
卷四上
鳥部 74 (+) /119

醵 jù
卷十四下
酉部 41 /73

酝 yùn
卷十四下
酉部 6 /73

锜 qí
卷十四上
金部 71 /204

铗 jiá
卷十四上
金部 27 /204

锥 zhuī
卷十四上
金部 107 /204

铺 pū
卷十四上
金部 176 /204

锤 chuí
卷十四上
金部 118 /204

鋋 chán
卷十四 上
金部 142 /204

鋌 tǐng
卷十四 上
金部 29 /204

鍵 jiàn
卷十四 上
金部 54 /204

鍾 zhōng
卷十四 上
金部 128⁽⁺⁾/204

錙 zī
卷十四 上
金部 117 /204

盦 ān
卷五 上
皿部 22 /26

敛 liǎn
卷三 下
支部 30 /77

覦 yú
卷八 下
見部 33 /46

饯 jiàn
卷五 下
食部 44 /64

饘 zhān
卷三 下
弼部 2⁽⁺⁾/13

餲 ài
卷五 下
食部 51 /64

餱 hóu
卷五 下
食部 12 /64

饼 bǐng
卷五 下
食部 9 /64

矰 zēng
卷五 下
矢部 4 /11

智 zhì
卷四 上
白部 6 /7

瓶 píng
卷五 下
缶部 7 /22

垫 diàn
卷十三 下
土部 67 /144

挚 zhì
卷十二 上
手部 34 /278

赫 hè
卷十 下
赤部 8 /10

赪 chēng
卷十 下
赤部 5⁽⁺⁾/10

鹝 yì
卷四 上
鳥部 74⁽⁺⁾/119

面 miàn
卷五 下
麥部 7 /13

麸 qù
卷五 下
麥部 10 /13

麳 móu
卷五 下
麥部 2 /13

慈 cí	頰 jiá	弃 qì	瘖 yīn
卷十 下	卷九 上	卷四 下	卷七 下
心部 43 /276	頁部 15 /93	菶部 4 /4	疒部 30 /102
瘦 shòu	痱 fèi	瘻 lòu	癲 diān
卷七 下	卷七 下	卷七 下	卷七 下
疒部 76 /102	疒部 42 /102	疒部 32 /102	疒部 10 /102
瘅 dàn	疬 lì	殣 jìn	覃 tán
卷七 下	卷七 下	卷四 下	卷五 下
疒部 78 /102	疒部 53 /102	歺部 16 /32	旱部 2 /3
齐 qí	替 tì	靖 jìng	杂 zá
卷七 上	卷十 下	卷十 下	卷八 上
齊部 1 /2	竝部 2 /2	立部 8 /19	衣部 80 /119
褊 biǎn	襗 zé	鸇 zhān	顫 chàn
卷八 上	卷八 上	卷四 上	卷九 上
衣部 66 /119	衣部 40 /119	鳥部 91 /119	頁部 79 /93
庑 wǔ	废 fèi	么 mǒ	窥 qīn
卷九 下	卷九 下	卷四 下	卷七 下
广部 10 /55	广部 41 /55	幺部 3 /3	宀部 30 /74

寤 wù
卷七 下
寢部 4 /10

窺 kuī
卷七 下
穴部 28 /51

窍 qiào
卷七 下
穴部 18 /51

康 kāng
卷七 下
宀部 18 /74

寧 nǐng
卷五 上
丂部 3 /4

鵾 kūn
卷四 上
鳥部 28 /119

雔 chóu
卷四 上
雔部 1 /3

顇 chuí
卷九 上
頁部 23 /93

乐 yuè
卷六 上
木部 350 /432

几 jī
卷四 下
丝部 3 /3

缔 dì
卷十三 上
糸部 62 /257

线 xiàn
卷十三 上
糸部 161 /257

绠 gěng
卷十三 上
糸部 205 /257

縡 zài
卷十三 上
糸部 255 /257

缩 suō
卷十三 上
糸部 48 /257

绳 shéng
卷十三 上
糸部 178 /257

绉 zhòu
卷十三 上
糸部 226 /257

缌 sī
卷十三 上
糸部 229 /257

缣 jiān
卷十三 上
糸部 81 /257

緂 tián
卷十三 上
糸部 119 /257

缄 jiān
卷十三 上
糸部 184 /257

绸 chóu
卷十三 上
糸部 240 /257

缕 lǚ
卷十三 上
糸部 160 /257

缎 duàn
卷五 下
韋部 11 (+) /17

缘 yuán 卷十三 上 糸部 143 /257	绯 fēi 卷十三 上 糸部 251 /257	绫 líng 卷十三 上 糸部 88 /257	缡 lí 卷十三 上 糸部 171 /257
穗 suì 卷十三 上 糸部 140 /257	缦 màn 卷十三 上 糸部 89 /257	纲 gāng 卷十三 上 糸部 157 /257	缑 gōu 卷十三 上 糸部 172 /257
緟 chóng 卷十三 上 糸部 154 /257	缓 huǎn 卷十三 上 素部 6(+) /6	绰 chuò 卷十三 上 素部 5(+) /6	蚍 pí 卷十三 下 蟲部 3 /6
鹙 qiū 卷四 上 鳥部 48(+) /119	巍 wēi 卷九 上 嵬部 2 /2	获 huò 卷七 上 禾部 47 /89	积 jī 卷七 上 禾部 49 /89
鉴 tiáo 卷十四 上 金部 12 /204	冀 jì 卷八 上 北部 2 /2	侥 yáo 卷八 上 人部 242 /263	拟 nǐ 卷八 上 人部 169 /263
倦 juàn 卷八 上 人部 233 /263	佣 yōng 卷八 上 人部 69 /263	儋 dān 卷八 上 人部 77 /263	伪 wěi 卷八 上 人部 186 /263

敷 fū
卷三 下
支部 14 /77

蹙 cù
卷二 下
足部 91 /92

羯 jié
卷四 上
羊部 13 /26

翔 xiáng
卷四 上
羽部 27 /37

雚 guàn
卷四 上
雈部 3 /4

旧 jiù
卷四 上
雈部 4 /4

敬 jìng
卷十 下
心部 40 /276

薨 hōng
卷四 下
死部 2 /4

藉 jí
卷四 下
耒部 4 /7

锄 chú
卷四 下
耒部 7 /7

猃 xiǎn
卷十 上
犬部 10 /87

犷 guǎng
卷十 上
犬部 33 /87

獘 yà
卷十 上
犬部 87 /87

鸯 yāng
卷四 上
鳥部 50 /119

毙 bì
卷十 上
犬部 63 /87

蹩 bié
卷二 下
足部 36 /92

虩 xì
卷五 上
虎部 12 /17

典 diǎn
卷三 下
支部 15 /77

禜 yòng
卷一 上
示部 43 /67

荥 xíng
卷十一 上
水部 269 /487

粦 lín
卷十 上
炎部 8 /8

豁 huò
卷十一 下
谷部 3 /8

盛 chéng
卷五 上
皿部 4 /26

熯 hàn
卷十 上
火部 19 /118

yè 烨	guì 刿	tú 涂	liú 鎏
卷十 上	卷四 下	卷十三 下	卷一 上
火部 93 /118	刀部 21 /68	土部 132 /144	玉部 55 /140
xiè 渫	sī 澌	gǎng 港	lún 沦
卷十一 上	卷十一 上	卷十一 上	卷十一 上
水部 434 /487	水部 354 /487	水部 479 /487	水部 194 /487
yú 渝	kuài 浍	chǎn 浐	yǎn 演
卷十一 上	卷十一 上	卷十一 上	卷十一 上
水部 455 /487	水部 39 /487	水部 33 /487	水部 164 /487
shēn 深	jìn 浸	chí 坻	tāo 涛
卷十一 上	卷十一 上	卷十三 下	卷十一 上
水部 60 /487	水部 107 /487	土部 68$^{(+)}$/144	水部 477 /487
jiàn 涧	rù 溽	chún 湣	lì 灅
卷十一 上	卷十一 上	卷十一 上	卷十一 上
水部 283 /487	水部 249 /487	水部 260 /487	水部 308$^{(+)}$/487
pān 潘	zhǔ 渚	lù 渌	zǎo 澡
卷十一 上	卷十一 上	卷十一 上	卷十一 上
水部 392 /487	水部 110 /487	水部 391$^{(+)}$/487	水部 429 /487

清 qīng
卷十一 上
水部 218 /487

湟 huáng
卷十一 上
水部 29 /487

漆 qī
卷十一 上
水部 32 /487

漉 lù
卷十一 上
水部 391 /487

漱 shù
卷十一 上
水部 421 /487

涣 huàn
卷十一 上
水部 165 /487

淀 diàn
卷十一 上
水部 396 /487

温 wēn
卷十一 上
水部 14 /487

潞 lù
卷十一 上
水部 42 /487

惯 guàn
卷二 下
辵部 20 /131

遮 zhē
卷二 下
辵部 95 /131

怂 sóng
卷十 下
心部 137 /276

逖 tì
卷二 下
辵部 108 /131

送 sòng
卷二 下
辵部 53 /131

逵 kuí
卷十四 下
九部 2⁽⁺⁾/2

遏 è
卷二 下
辵部 94 /131

进 bèng
卷二 下
辵部 126 /131

遹 yù
卷二 下
辵部 66 /131

迈 mài
卷二 下
辵部 5 /131

逴 chuō
卷二 下
辵部 110 /131

道 dào
卷二 下
辵部 114 /131

遝 tà
卷二 下
辵部 25 /131

徯 xī
卷二 下
彳部 22 /37

御 yù
卷一 上
示部 47 /67

chōng 冲 卷二 下 行部 5 /12	zhēng 征 卷八 上 壬部 2 /4

趜 jú
卷二 上
走部 64 /85

趨 qū
卷二 上
走部 2 /85

趜 diān
卷二 上
走部 79 /85

趠 chuò
卷二 上
走部 55 /85

陔 gāi
卷十四 下
自部 78 /94

陪 péi
卷十四 下
自部 81 /94

婀 ē
卷十二 下
女部 188 /245

陉 xíng
卷十四 下
自部 43 /94

隔 gé
卷十四 下
自部 49 /94

隋 qí
卷十四 下
自部 61 /94

陕 shǎn
卷十四 下
自部 58 /94

狭 xiá
卷十四 下
自部 24 /94

陲 chuí
卷十四 下
自部 87 /94

队 duì
卷十四 下
自部 30 /94

䤜 fù
卷十四 下
䤜部 1 /4

陈 chén
卷十四 下
自部 70 /94

陷 xiàn
卷十四 下
自部 26 /94

陛 bì
卷十四 下
自部 77 /94

岖 qū
卷十四 下
自部 28 /94

阳 yáng
卷十四 下
自部 6 /94

暗 àn
卷十二 上
門部 41 /62

阉 yān
卷十二 上
門部 46 /62

làng 阆 卷十二 上 門部 21 /62	tián 阗 卷十二 上 門部 44 /62	chǎn 阐 卷十二 上 門部 24 /62	yīn 阴 卷十二 上 門部 13 /62
kǎi 阊 卷十二 上 門部 26 /62	qiāo 硗 卷九 下 石部 28 /58	ài 碍 卷九 下 石部 32 /58	yā 压 卷十三 下 土部 99 /144
jì 髻 卷九 上 彡部 41 /42	fà 发 卷九 上 彡部 2 /42	duì 对 卷三 上 丵部 4 (+) /4	duì 对 卷三 上 丵部 4 /4
cóng 丛 卷三 上 丵部 3 /4	zòng 粽 卷七 上 米部 41 /42	lì 粝 卷七 上 米部 5 /42	juàn 劵 卷十三 下 力部 30 /44
náo 蛲 卷十三 上 虫部 15 /160	miè 蠛 卷十三 上 虫部 156 /160	xiè 蟹 卷十三 上 虫部 134 /160	cuì 祟 卷一 上 示部 37 /67
é 鹅 卷四 上 鳥部 54 /119	zhuī 雏 卷四 上 鳥部 10 /119	tī 鹈 卷四 上 鳥部 63 /119	yì 鹢 卷四 上 鳥部 74 /119

ōu 鸥	xué 嶨	xīng 兴	fěi 蜚
卷四 上	卷九 下	卷三 上	卷十三 下
鳥部 71 /119	山部 18 /65	舁部 4 /4	蟲部 5 /6
yíng 嬴	dèng 邓	zú 齰	qǔ 齲
卷十二 下	卷六 下	卷二 下	卷二 下
女部 6 /245	邑部 81 /181	齒部 26 /45	牙部 3⁽⁺⁾ /3
zī 齜	jiù 齨	yín 齦	yú 齵
卷二 下	卷二 下	卷二 下	卷二 下
齒部 5 /45	齒部 37 /45	齒部 24 /45	齒部 10 /45
jiān 煎	dǔ 睹	xiàn 县	yǎn 甗
卷十 上	卷四 上	卷九 上	卷十二 下
火部 46 /118	目部 46⁽⁺⁾ /119	㬪部 2 /2	瓦部 6 /27
kuī 亏	lú 卢	lǐ 豊	yī 噫
卷五 上	卷五 上	卷五 上	卷二 上
亏部 2 /5	皿部 7 /26	豊部 1 /2	口部 41 /190
xiāo 哓	yē 噎	kàn 㟴	yuē 啰
卷二 上	卷二 上	卷五 上	卷二 上
口部 135 /190	口部 102 /190	血部 13 /15	口部 106 /190

嚴 yán 严
卷二 上
吅部 3 /6

靚 jìng 靓
卷八 下
見部 38 /46

慧 huì 慧
卷十 下
心部 31 /276

犉 chún 犉
卷二 上
牛部 19 /47

賣 yù 賣
卷六 下
貝部 57 /68

轂 gǔ 毂
卷十四 上
車部 37 /102

瞽 gǔ 瞽
卷四 上
目部 103 /119

鼾 hān 鼾
卷四 上
鼻部 3 /5

嶷 yí 嶷
卷九 下
山部 8 /65

嶺 lǐng 岭
卷九 下
山部 60 /65

僰 bō 僰
卷八 上
人部 240 /263

蒜 suàn 蒜
卷一 下
艸部 392 /458

薪 xīn 薪
卷一 下
艸部 383 /458

董 dǒng 董
卷一 下
艸部 163 /458

莝 cuò 莝
卷一 下
艸部 376 /458

墐 jǐn 墐
卷一 下
艸部 401 /458

蒻 ruò 蒻
卷一 下
艸部 94 /458

蔹 liǎn 蔹
卷一 下
艸部 167 /458

蓁 zhēn 蓁
卷一 下
艸部 293 /458

蓋 gài 盖
卷一 下
艸部 347 /458

薔 qiáng 蔷
卷一 下
艸部 424 /458

蓨 tiáo 蓨
卷一 下
艸部 131 /458

蔽 bì 蔽
卷一 下
艸部 312 /458

葵 tǎn 葵
卷一 下
艸部 183 /458

蕆 chǎn
卷一 下
艸部 457 /458

萍 píng
卷十一 上
水部 462 /487

落 luò
卷一 下
艸部 311 /458

藕 ǒu
卷一 下
艸部 196 /458

蔫 biān
卷一 下
艸部 57 /458

蕨 jué
卷一 下
艸部 398 /458

蕲 qí
卷一 下
艸部 89 /458

蔟 cù
卷一 下
艸部 380 /458

荨 xún
卷一 下
艸部 103 /458

蔡 cài
卷一 下
艸部 318 /458

莽 píng
卷一 下
艸部 119 /458

薜 bì
卷一 下
艸部 147 /458

蓦 mò
卷四 下
夊部 13 /32

慕 mù
卷十 下
心部 88 /276

募 mù
卷十三 下
力部 40 /44

獒 áo
卷十 上
犬部 36 /87

熬 áo
卷十 上
火部 47 /118

縻 chí
卷十一 上
水部 161 /487

里 lí
卷十三 下
里部 2 /3

樊 fán
卷三 上
𠬜部 2 /3

樵 qiáo
卷六 上
木部 132 /432

样 yàng
卷六 上
木部 67 /432

槌 chuí
卷六 上
木部 304 /432

橙 chéng
卷六 上
木部 3 /432

樴 zhì 栵
卷六 上
木部 270 /432

榻 tà 榻
卷六 上
木部 426 /432

植 zhí 植
卷六 上
木部 237^{(+)} /432

麋 mí 麋
卷十 上
鹿部 6 /26

塵 zhǔ 塵
卷十 上
鹿部 18 /26

麂 jǐ 麂
卷十 上
鹿部 12 /26

蚨 fú 蜉
卷十三 下
蚰部 23 /25

擬 nǐ 拟
卷十二 上
手部 148 /278

擩 rǔ 擩
卷十二 上
手部 141 /278

搹 è 扼
卷十二 上
手部 73 /278

儐 bìn 摈
卷八 上
人部 83^{(+)} /263

撜 zhěng 撜
卷十二 上
手部 134^{(+)} /278

揆 kuí 揆
卷十二 上
手部 147 /278

拜 bài 拜
卷十二 上
手部 16 /278

撩 liáo 撩
卷十二 上
手部 67 /278

撚 niǎn 捻
卷十二 上
手部 242 /278

旛 fān 幡
卷七 上
㫃部 21 /23

戩 jiǎn 戩
卷十二 下
戈部 21 /26

臻 zhēn 臻
卷十二 上
至部 3 /6

鼫 shí 鼫
卷十 上
鼠部 8 /20

夒 náo 夒
卷五 下
夊部 14 /16

憂 yōu 忧
卷五 下
夊部 6 /16

築 zhù 筑
卷六 上
木部 207 /432

箁 bù 箁
卷五 上
竹部 30 /149

簾 lián 帘
卷五 上
竹部 43 /149

篇 piān 篇
卷五 上
竹部 21 /149

箭 jiàn 箭
卷五 上
竹部 2 /149

彗 huì 彗
卷三 下
又部 25 (+) /28

骾 gěng 骾
卷四 下
骨部 21 /25

髏 lóu 髏
卷四 下
骨部 3 /25

骿 pián 骿
卷四 下
骨部 6 /25

幟 zhì 帜
卷七 下
巾部 64 /71

蜜 mì 蜜
卷十三 下
蚰部 16 /25

罰 fá 罚
卷四 下
刀部 55 /68

网 wǎng 网
卷七 下
网部 1 (+) /37

罾 zēng 罾
卷七 下
网部 9 /37

署 shǔ 署
卷七 下
网部 28 /37

臑 nào 臑
卷四 下
肉部 35 /145

朦 méng 朦
卷七 上
月部 9 /10

彧 yù 彧
卷七 上
有部 2 /3

盡 jìn 尽
卷五 上
皿部 20 /26

鷂 yào 鹞
卷四 上
鳥部 87 /119

貔 pí 貔
卷九 下
豸部 5 /21

觶 zhì 觯
卷四 下
角部 8 /39

觬 ní 觬
卷四 下
角部 6 /39

觽 duān 觽
卷四 下
角部 19 /39

鮫 jiāo 鲛
卷十一 下
魚部 76 /106

鮑 bào 鲍
卷十一 下
魚部 85 /106

bó 鮊	sū 穌	fáng 魴	tái 鮐
卷十一 下 魚部 74 /106	卷七 上 禾部 76 /89	卷十一 下 魚部 27 /106	卷十一 下 魚部 73 /106
móu 鍪	wù 鶩	yì 羿	bì 璧
卷十四 上 金部 42 /204	卷四 上 鳥部 56 /119	卷四 上 羽部 15 /37	卷一 上 玉部 26 /140
bì 襞	zhuān 顓	chōng 憧	kǎi 慨
卷八 上 衣部 82 /119	卷九 上 頁部 56 /93	卷十 下 心部 145 /276	卷十 下 心部 27 /276
bèi 愈	měng 懵	tiǎn 惙	yì 怿
卷十 下 心部 249 /276	卷十 下 心部 157 /276	卷十 下 心部 252 /276	卷十 下 心部 276 /276
yǐng 潁	rú 嬬	jí 嫉	pín 嬪
卷十一 上 水部 78 /487	卷十二 下 女部 206 /245	卷八 上 人部 201(+) /263	卷十二 下 女部 139 /245
lǎn 懒	huà 嫿	luǎn 孌	yuān 嬽
卷十二 下 女部 212 /245	卷十二 下 女部 89 /245	卷十二 下 女部 93 /245	卷十二 下 女部 86 /245

	kuì 聩		guì 匮		hòng 哄		nào 闹
卷十二 上		卷十二 下		卷三 下		卷三 下	
耳部 23 /33		匚部 14 /19		鬥部 3 /11		鬥部 11 /11	

	qū 驱		zōu 驺		xīng 骍		fēi 騑
卷十 上		卷十 上		卷十 上		卷十 上	
馬部 73 /120		馬部 98 /120		馬部 120 /120		馬部 53 /120	

	zōng 鬃		pián 骈		cān 骖		guó 馘
卷十 上		卷十 上		卷十 上		卷十二 上	
馬部 118 /120		馬部 54 /120		馬部 55 /120		耳部 27⁽⁺⁾/33	

	jiǎo 剿		yīng 罂		shùn 瞬		jú 鹙
卷十三 下		卷五 下		卷四 上		卷四 上	
力部 29 /44		缶部 4 /22		目部 109 /119		鳥部 16⁽⁺⁾/119	

	jú 鹙		zèng 赠		kuí 暌		dǔ 赌
卷四 上		卷六 下		卷四 上		卷六 下	
鳥部 16 /119		貝部 21 /68		目部 48 /119		貝部 62 /68	

	méng 朦		xiǎo 晓		hào 颢		xiǎn 显
卷四 上		卷七 上		卷九 上		卷七 上	
目部 97 /119		日部 69 /86		頁部 65 /93		日部 57 /86	

bào 暴

卷十下

柰部 3 /6

 yì 斁

卷三下

支部 38 /77

 qíng 黥

卷十上

黑部 35⁽⁺⁾/37

 méng 盟

卷七上

囧部 2⁽⁺⁾/2

 dí 蹢

卷二下

足部 41 /92

 cuō 蹉

卷二下

足部 89 /92

 pián 蹁

卷二下

足部 69 /92

 jué 蹶

卷二下

足部 44 /92

15　画

瑾 jǐn
卷一 上
玉部 10 /140

璇 xuán
卷一 上
玉部 23 /140

瑟 sè
卷十二 下
琴部 2 /4

琫 běng
卷一 上
玉部 47 /140

瑛 yīng
卷一 上
玉部 20 /140

禄 lù
卷一 上
示部 6 /67

祀 sì
卷一 上
示部 22⁽⁺⁾/67

毅 yì
卷三 下
殳部 17 /20

瓣 bàn
卷七 下
瓜部 6 /7

谛 dì
卷三 上
言部 43 /257

谙 ān
卷三 上
言部 238 /257

诫 jiè
卷三 上
言部 53 /257

讴 ōu
卷三 上
言部 99 /257

歌 gē
卷八 下
欠部 19⁽⁺⁾/66

谚 yàn
卷三 上
言部 105 /257

谦 qiān
卷三 上
言部 83 /257

谐 xié
卷三 上
言部 75 /257

谈 tán
卷三 上
言部 5 /257

诚 chéng
卷三 上
言部 52 /257

调 tiáo
卷三 上
言部 77 /257

fěi 诽 卷三 上 言部 138 /257	yú 谀 卷三 上 言部 118 /257	zhì 志 卷三 上 言部 256 /257	nuò 诺 卷三 上 言部 12 /257
yè 谒 卷三 上 言部 10 /257	mán 谩 卷三 上 言部 124 /257	jué 谲 卷三 上 言部 195 /257	xǔ 诩 卷三 上 言部 85 /257
xuān 谖 卷三 上 言部 120 /257	lóng 砻 卷九 下 石部 37 /58	yì 勚 卷十三 下 力部 28 /44	yōng 墉 卷十三 下 土部 64 /144
huài 坏 卷十三 下 土部 100 /144	ào 墺 卷十三 下 土部 5 /144	wěi 韡 卷六 下 𠦎部 2 /2	duàn 缎 卷五 下 韋部 11 /17
tāo 韬 卷五 下 韋部 5 /17	bì 韠 卷五 下 韋部 2 /17	hōng 轰 卷十四 上 車部 99 /102	zòng 猣 卷九 下 豕部 5 /22
qín 勤 卷十三 下 力部 31 /44	tàn 叹 卷八 下 欠部 31 /66	jiān 艰 卷十三 下 堇部 2 /2	lì 丽 卷十 上 鹿部 25 /26

mù 霂	fēi 霏	mài 霡	hǎi 醢
卷十一下	卷十一下	卷十一下	卷十四下
雨部 17 /51	雨部 48 /51	雨部 16 /51	酉部 59 /73
zōng 谿	hè 翮	yōng 廱	qián 钱
卷三下	卷四上	卷六下	卷十四上
高部 4 /13	羽部 13 /37	邑部 97 /181	金部 88 /204
róng 镕	juān 镌	lián 镰	kǎi 错
卷十四上	卷十四上	卷十四上	卷十四上
金部 26 /204	金部 82 /204	金部 96 /204	金部 11 /204
cuò 错	suǒ 锁	tán 锬	jiàn 键
卷十四上	卷十四上	卷十四上	卷十四上
金部 69 /204	金部 200 /204	金部 146 /204	金部 54 /204
zhēn 针	lòu 镂	duàn 锻	láng 锒
卷十四上	卷十四上	卷十四上	卷十四上
金部 74 /204	金部 13 /204	金部 28 /204	金部 170 /204
zhèn 镇	chā 锸	xuàn 镟	màn 镘
卷十四上	卷十四上	卷十四上	卷十四上
金部 100 /204	金部 72 /204	金部 65 /204	金部 110 /204

jué 鐍	kǎi 铠	yuè 龠	gāo 糕
卷四 下	卷十四 上	卷二 下	卷五 下
角部 34⁽⁺⁾/39	金部 153 /204	龠部 1 /5	食部 64 /64
xì 饩	fū 麸	yìn 愁	wú 无
卷七 上	卷五 下	卷十 下	卷十二 下
米部 29⁽⁺⁾/42	麥部 6 /13	心部 49 /276	亼部 4 /5
xī 癣	yù 瘉	shuāi 衰	yīng 鹰
卷七 下	卷七 下	卷七 下	卷四 上
疒部 27 /102	疒部 100 /102	疒部 99 /102	隹部 18 /39
xián 痫	tú 瘏	nüè 虐	bān 瘢
卷七 下	卷七 下	卷七 下	卷七 下
疒部 14 /102	疒部 18 /102	疒部 54 /102	疒部 72 /102
qiáng 墙	qiàng 跄	hè 毃	jìn 殣
卷五 下	卷二 下	卷四 下	卷四 下
嗇部 2 /2	足部 13 /92	殳部 2⁽⁺⁾/5	歺部 16 /32
bìn 殡	kuì 殨	níng 凝	yán 颜
卷四 下	卷四 下	卷十一 下	卷九 上
歺部 14 /32	歺部 18 /32	仌部 2⁽⁺⁾/17	頁部 3 /93

襦 rú
卷八 上
衣部 65 /119

鷲 jiù
卷四 上
鳥部 20 /119

敦 dūn
卷三 下
支部 45 /77

孰 shú
卷三 下
丮部 3 /8

鷓 zhè
卷四 上
鳥部 116 /119

庞 páng
卷九 下
广部 29 /55

庑 wǔ
卷九 下
广部 10 /55

魔 mó
卷九 上
鬼部 19 /20

庙 miào
卷九 下
广部 44 /55

廖 liào
卷九 下
广部 55 /55

廱 yōng
卷九 下
广部 3 /55

廙 yǐng
卷九 下
广部 32 /55

鹔 sù
卷四 上
鳥部 6^(＋) /119

窥 qīn
卷七 下
宀部 30 /74

宝 bǎo
卷七 下
宀部 38 /74

宠 chǒng
卷七 下
宀部 43 /74

寒 hán
卷七 下
宀部 60 /74

褰 qiān
卷八 上
衣部 44 /119

雏 chú
卷四 上
隹部 14 /39

鞾 yè
卷六 下
華部 2 /2

绁 xiè
卷十三 上
糸部 201^(＋) /257

缰 jiāng
卷十三 上
糸部 192 /257

纶 lún
卷十三 上
糸部 137 /257

绘 huì
卷十三 上
糸部 92 /257

cuī 縗 缞 卷十三 上 糸部 232 /257	zǒng 総 总 卷十三 上 糸部 51 /257	zēng 繒 缯 卷十三 上 糸部 75 /257	fān 幡 翻 卷十三 上 糸部 47 /257
rù 縟 缛 卷十三 上 糸部 121 /257	xù 緒 绪 卷十三 上 糸部 5 /257	lù 綠 绿 卷十三 上 糸部 96 /257	qiāo 繰 缲 卷十三 上 糸部 113 /257
suì 穗 穗 卷十三 上 糸部 140 /257	huán 繯 缳 卷十三 上 糸部 58 /257	wēn 緼 缊 卷十三 上 糸部 241 /257	jī 畿 畿 卷十三 下 田部 12 /29
lí 犛 犁 卷二 上 牛部 34 /47	tuí 頹 颓 卷八 下 秃部 2 /2	kāng 穅 糠 卷七 上 禾部 57 /89	wěn 穩 稳 卷七 上 禾部 88 /89
yì 億 亿 卷八 上 人部 150 /263	yí 儀 仪 卷八 上 人部 135 /263	pú 僕 仆 卷三 上 美部 2 /3	zǎn 儹 攒 卷八 上 人部 93 /263
lù 僇 僇 卷八 上 人部 222 /263	fán 羳 羳 卷四 上 羊部 15 /26	què 鵲 鹊 卷四 上 烏部 2 (+) /3	niè 齧 啮 卷二 下 齒部 35 /45

xū 须	zī 頿	rán 髯	yù 狱
卷十 下	卷九 上	卷九 上	卷十 上
立部 13 /19	須部 2 /5	須部 3 /5	犾部 3 /3
huò 获	tǎ 獭	liáo 獠	shēn 燊
卷十 上	卷十 上	卷十 上	卷十 下
犬部 62 /87	犬部 81 /87	犬部 59 /87	焱部 3 /3
yíng 萦	bān 羰	hàn 熯	tūn 焞
卷十三 上	卷三 上	卷十 上	卷十 上
糸部 180 /257	羹部 3 /3	火部 19 /118	火部 80 /118
qiáo 燋	shān 煽	liáo 燎	kǎn 顑
卷十 上	卷十 上	卷十 上	卷九 上
火部 30 /118	火部 114 /118	火部 70 /118	頁部 80 /93
diāo 雕	wù 鋈	fèi 沸	miǎo 淼
卷四 上	卷十四 上	卷三 下	卷十一 上
佳部 17 /39	金部 4 /204	鬲部 13 /13	水部 482 /487
dī 滴	zhāng 漳	tóng 潼	hóng 鸿
卷十一 上	卷十一 上	卷十一 上	卷四 上
水部 290 /487	水部 43 /487	水部 7 /487	鳥部 47 /119

溜 liù
卷十一 上
水部 65 /487

汉 hàn
卷十一 上
水部 26 /487

沄 yún
卷十一 上
水部 192 /487

溺 nì
卷十一 上
水部 21 /487

洫 xù
卷十一 上
水部 478 /487

溱 qín
卷十一 上
水部 59 /487

溘 kè
卷十一 上
水部 485 /487

淹 yān
卷十一 上
水部 20 /487

涩 sè
卷十一 上
水部 237 /487

滋 zī
卷十一 上
水部 251 /487

流 liú
卷十一 下
林部 2 /3

浚 jùn
卷十一 下
谷部 7⁽⁺⁾/8

溧 lì
卷十一 上
水部 56 /487

洼 wā
卷十一 上
水部 271 /487

激 jī
卷十一 上
水部 204 /487

溉 gài
卷十一 上
水部 102 /487

涤 dí
卷十一 上
水部 416 /487

潃 xiǔ
卷十一 上
水部 395 /487

溠 zhā
卷十一 上
水部 49 /487

溥 pǔ
卷十一 上
水部 150 /487

灭 miè
卷十一 上
水部 457 /487

润 rùn
卷十一 上
水部 367 /487

沥 lì
卷十一 上
水部 390 /487

漹 jiān
卷十一 上
水部 12 /487

澍 shù
卷十一 上
水部 322 /487

漠 mò
卷十一 上
水部 148 /487

浔 xún
卷十一 上
水部 230 /487

潍 wēi
卷十一 上
水部 332 /487

粱 liáng
卷七 上
米部 2 /42

泽 zé
卷十一 上
水部 238 /487

渭 wèi
卷十一 上
水部 24 /487

逾 yú
卷二 下
辵部 24 /131

达 dá
卷二 下
辵部 72 /131

逯 lù
卷二 下
辵部 73 /131

遽 jù
卷二 下
辵部 115 /131

遑 huáng
卷二 下
辵部 121 /131

迦 jiā
卷二 下
辵部 103 /131

逊 xùn
卷二 下
辵部 49 /131

还 huán
卷二 下
辵部 51 /131

御 yù
卷一 上
示部 47 /67

愆 qiān
卷二 下
心部 158 /276

卫 wèi
卷二 下
行部 12 /12

征 zhēng
卷八 上
壬部 2 /4

衡 héng
卷四 下
角部 18 /39

岖 qū
卷十四 下
𨸏部 28 /94

阶 jiē
卷十四 下
𨸏部 75 /94

隙 xì
卷十四 下
𨸏部 80 /94

陆 lù
卷十四 下
𨸏部 7 /94

陵 líng
卷十四 下
自部 2 /94

陧 niè
卷十四 下
自部 33 /94

隋 suí
卷四 下
肉部 77 /145

隈 wēi
卷十四 下
自部 53 /94

阇 dū
卷十二 上
門部 14 /62

闕 què
卷十二 上
門部 15 /62

闞 kàn
卷十二 上
門部 54 /62

闤 huán
卷十二 上
門部 58 /62

辰 chén
卷五 下
會部 3 /3

悁 yān
卷十 下
心部 93 /276

剔 tì
卷九 上
彡部 17 /42

糖 táng
卷七 上
米部 42 /42

精 jīng
卷七 上
米部 6 /42

糗 qiǔ
卷七 上
米部 21 /42

粮 liáng
卷七 上
米部 24 /42

糞 fèn
卷四 下
華部 3 /4

豢 huàn
卷九 下
豕部 15 /22

蛉 líng
卷十三 上
虫部 71 /160

鷗 ōu
卷四 上
鳥部 71 /119

輿 yú
卷十四 上
車部 14 /102

票 piào
卷十 上
火部 71 /118

瞁 qiǎn
卷十四 下
自部 54 /94

鶴 yù
卷四 上
鳥部 97⁽⁺⁾ /119

蚕 cán
卷十三 下
蚰部 2 /25

裸 luǒ
卷八 上
衣部 90 /119

齬 yǔ
卷二 下
齒部 38 /45

颠 diān
卷九 上
頁部 8 /93

献 xiàn
卷十 上
犬部 64 /87

亏 kuī
卷五 上
亏部 2⁽⁺⁾ /5

齰 yín
卷五 上
齺部 2 /3

咙 lóng
卷二 上
口部 6 /190

嘮 láo
卷二 上
口部 126 /190

嚻 xiāo
卷三 上
㗊部 3 /6

嘲 cháo
卷二 上
口部 189 /190

嚶 yīng
卷二 上
口部 173 /190

静 jìng
卷五 下
青部 2 /2

縠 hú
卷十三 上
糸部 79 /257

祊 bēng
卷一 上
示部 28 /67

歕 pǐ
卷五 上
喜部 3 /3

嶢 yáo
卷九 下
山部 48 /65

嵘 róng
卷九 下
山部 43 /65

散 sàn
卷四 下
肉部 126 /145

孽 niè
卷十四 下
子部 10 /15

蘖 niè
卷六 上
木部 390⁽⁺⁾ /432

隶 lì
卷三 下
隶部 3⁽⁺⁾ /3

蔎 shè
卷一 下
艸部 334 /458

董 jǐn
卷一 下
艸部 401 /458

姜 jiāng
卷一 下
艸部 22 /458

278

藉 zí
卷一 下
艸部 282 /458

蒋 jiǎng
卷一 下
艸部 231 /458

葬 zàng
卷一 下
茻部 4 /4

蕉 jiāo
卷一 下
艸部 385 /458

蕕 yōu
卷一 下
艸部 120 /458

莲 lián
卷一 下
艸部 192 /458

稂 láng
卷一 下
艸部 12 /458

蓟 jì
卷一 下
艸部 258 /458

蕡 fén
卷一 下
艸部 336 /458

萧 xiāo
卷一 下
艸部 204 /458

埋 mái
卷一 下
艸部 387 /458

蒉 kuì
卷一 下
艸部 369 /458

芗 xiāng
卷一 下
艸部 455 /458

赘 zhuì
卷六 下
貝部 36 /68

离 lí
卷四 上
隹部 16 /39

隶 lì
卷三 下
隶部 3 /3

麓 lù
卷六 上
林部 7 /10

桡 náo
卷六 上
木部 181 /432

桩 zhuāng
卷六 上
木部 430 /432

杉 shān
卷六 上
木部 55 /432

檐 yán
卷六 上
木部 234 /432

麟 lín
卷十 上
鹿部 9 /26

麋 mí
卷十 上
鹿部 10 /26

韩 hán
卷五 下
韋部 16 /17

gàn 韓 卷十 下 赤部 7 /10	hé 鶡 卷四 上 鳥部 102 /119	náo 挠 卷十二 上 手部 106 /278	xié 撷 卷八 上 衣部 94⁽⁺⁾ /119
nǐ 拟 卷十二 上 手部 148 /278	fǔ 抚 卷十二 上 手部 94 /278	juǎn 捲 卷十二 上 手部 218 /278	bō 拨 卷十二 上 手部 152 /278
qià 撘 卷十二 上 手部 110 /278	zhé 折 卷十二 上 手部 115 /278	huī 撝 卷十二 上 手部 193 /278	yòu 鼬 卷十 上 鼠部 15 /20
bǒ 簸 卷五 上 箕部 2 /2	jiǎng 箑 卷五 上 竹部 24 /149	guǐ 簋 卷五 上 竹部 74 /149	yuè 籥 卷五 上 竹部 38 /149
zān 簪 卷八 下 兂部 1⁽⁺⁾ /2	ài 籏 卷五 上 竹部 139 /149	dēng 簦 卷五 上 竹部 100 /149	zé 簀 卷五 上 竹部 44 /149
lài 籁 卷五 上 竹部 126 /149	xiāo 箫 卷五 上 竹部 124 /149	fú 幞 卷七 下 巾部 70 /71	liǔ 罶 卷七 下 网部 14 /37

yǎn 罨	yì 臆	dǎn 胆	jìn 尽
卷七 下	卷四 下	卷四 下	卷五 上
网部 2 /37	肉部 23⁽⁺⁾/145	肉部 16 /145	皿部 20 /26
yǔ 貐	gōng 觥	sāi 鰓	zhì 觯
卷九 下	卷四 下	卷四 下	卷四 下
豸部 7 /21	角部 27 /39	角部 4 /39	角部 28 /39
nián 鲇	shā 鲨	tí 鳀	xīng 鮏
卷十一 下	卷十一 下	卷十一 下	卷十一 下
魚部 50 /106	魚部 67 /106	魚部 52 /106	魚部 80 /106
tóng 鲖	pí 鲏	lǔ 鲁	yù 鹆
卷十一 下	卷十一 下	卷四 上	卷四 上
魚部 20 /106	魚部 30 /106	白部 3 /7	鳥部 61 /119
yàn 焰	tún 臀	zhǎn 展	shà 翣
卷十 上	卷八 上	卷八 上	卷四 上
炎部 2 /8	尸部 9⁽⁺⁾/24	尸部 6 /24	羽部 34 /37
huī 翬	dí 翟	fèi 狒	yǐ 顗
卷四 上	卷四 上	卷十四 下	卷九 上
羽部 19 /37	羽部 4 /37	内部 6 /7	頁部 69 /93

281

懝 ài
卷十下
心部 127 /276

懦 nuò
卷十下
心部 113 /276

憞 dūn
卷十下
心部 25 /276

憯 cǎn
卷十下
心部 196 /276

憤 fèn
卷十下
心部 188 /276

憒 kuì
卷十下
心部 167 /276

乱 luàn
卷三下
攴部 48 /77

嬈 ráo
卷十二下
女部 216 /245

嬟 yàn
卷十二下
女部 60 /245

妩 wǔ
卷十二下
女部 76 /245

妫 guī
卷十二下
女部 8 /245

职 zhí
卷十二上
耳部 14 /33

联 lián
卷十二上
耳部 8 /33

医 yī
卷十四下
酉部 49 /73

舜 shùn
卷五下
舜部 1 /2

椟 dú
卷十二下
匚部 15 /19

阅 xì
卷三下
鬥部 9 /11

骢 cōng
卷十上
馬部 16 /120

胁 xié
卷四下
肉部 25 /145

鞶 pán
卷三下
革部 10 /63

螣 téng
卷十三上
虫部 3 /160

鬻 yù
卷三下
鬲部 3 /13

鬻 bó
卷三下
鬲部 13 /13

赚 zhuàn
卷六下
貝部 65 /68

赙 fù
卷六 下
貝部 67 /68

瞻 zhān
卷四 上
目部 62 /119

戄 jué
卷四 上
瞿部 2 /2

昽 lóng
卷七 上
日部 72 /86

暴 pù
卷七 上
日部 58 /86

累 lèi
卷十三 上
糸部 170 /257

墨 mò
卷十三 下
土部 58 /144

黔 qián
卷十 上
黑部 21 /37

黜 chù
卷十 上
黑部 27 /37

疣 yóu
卷四 下
肉部 67 (+)/145

蹲 dūn
卷二 下
足部 62 /92

蹯 fán
卷二 下
采部 2 (+)/5

蹬 dēng
卷二 下
足部 88 /92

迹 jì
卷二 下
辵部 2 (+)/131

踏 tà
卷二 下
足部 28 /92

蹊 xī
卷二 下
彳部 22 (+)/37

16 画

璨 càn
璨
卷一 上
玉部 137 /140

瓊 qióng
琼
卷一 上
玉部 14 /140

禳 jiào
醮
卷十四 下
酉部 31⁽⁺⁾ /73

禮 lǐ
礼
卷一上
示部 3 /67

辬 bān
斑
卷九 上
文部 3 /4

辡 biǎn
辡
卷十 下
心部 107 /276

辨 bàn
办
卷十三 下
力部 44 /44

諜 dié
谍
卷三 上
言部 244 /257

論 lùn
论
卷三 上
言部 38 /257

諭 yù
谕
卷三 上
言部 28 /257

誑 kuáng
诳
卷三 上
言部 132 /257

諸 zhū
诸
卷三 上
言部 15 /257

謼 hū
呼
卷三 上
言部 103 /257

謔 xuè
谑
卷三 上
言部 174 /257

譟 zào
噪
卷三 上
言部 181 /257

請 qǐng
请
卷三 上
言部 9 /257

憙 xī
嘻
卷三 上
言部 150 /257

讄 lěi
讄
卷三 上
言部 239 /257

諠 xuān
譞
卷三 上
言部 91 /257

檧 lóng
椥
卷六 上
木部 241 /432

lóng 聋
卷十二 上
耳部 20 /33

lǒng 垄
卷十三 下
土部 125 /144

dié 堞
卷十三 下
土部 65 /144

xūn 埙
卷十三 下
土部 55 /144

jì 系
卷十三 上
糸部 216 /257

fén 豮
卷九 下
豕部 8 /22

biān 鞭
卷三 下
革部 55 /63

bó 䪙
卷三 下
革部 40 /63

bèi 鞴
卷十三 上
糸部 188(+) /257

tàn 叹
卷八 下
欠部 31 /66

jiān 艰
卷十三 下
堇部 2 /2

jìn 觐
卷八 下
見部 40 /46

líng 酃
卷六 下
邑部 108 /181

bà 霸
卷七 上
月部 4 /10

zhān 沾
卷十一 下
雨部 29 /51

léi 雷
卷十一 下
雨部 2 /51

lù 露
卷十一 下
雨部 37 /51

zèng 䰝
卷三 下
鬲部 7 /13

xī 醯
卷五 上
皿部 16 /26

chún 醇
卷十四 下
酉部 14 /73

jiào 醮
卷十四 下
酉部 31 /73

lǐ 醴
卷十四 下
酉部 12 /73

chǎn 铲
卷十四 上
金部 63 /204

zhù 铸
卷十四 上
金部 19 /204

鍥 qiè 锲
卷十四 上
金部 97 /204

鏜 tāng 镗
卷十四 上
金部 135 /204

鐺 dāng 铛
卷十四 上
金部 171 /204

鐧 jiàn 锏
卷十四 上
金部 157 /204

檽 nòu 鎒
卷六 上
木部 273 (+) /432

錄 lù 录
卷十四 上
金部 18 /204

鍠 huáng 锽
卷十四 上
金部 131 /204

餾 liù 馏
卷五 下
食部 3 /64

饁 yè 馌
卷五 下
食部 26 /64

餅 bǐng 饼
卷五 下
食部 9 /64

憃 chōng 惷
卷十 下
心部 126 /276

赭 zhě 赭
卷十 下
赤部 6 /10

璽 xǐ 玺
卷十三 下
土部 57 /144

橆 wú 无
卷十二 下
亾部 4 /5

瘄 cuó 瘥
卷七 下
疒部 44 /102

瘤 liú 瘤
卷七 下
疒部 43 /102

墅 yì 瘗
卷十三 下
土部 119 /144

瘥 chài 瘥
卷七 下
疒部 98 /102

憊 bèi 惫
卷十 下
心部 249 (+) /276

瘲 zòng 疯
卷七 下
疒部 19 /102

瘼 mò 瘼
卷七 下
疒部 11 /102

瘵 zhài 瘵
卷七 下
疒部 9 /102

殪 yì 殪
卷四 下
歺部 12 /32

蜻 qī 蛴
卷十三 上
虫部 39 /160

剂 jì
卷四 下
刀部 40 /68

凝 níng
卷十一 下
仌部 2(+) /17

歠 chuò
卷八 下
歠部 2 /2

袄 ǎo
卷八 上
衣部 119 /119

襜 chān
卷八 上
衣部 37 /119

襄 xiāng
卷八 上
衣部 69 /119

褻 xiè
卷八 上
衣部 74 /119

庐 lú
卷九 下
广部 5 /55

縻 mí
卷十三 上
糸部 200 /257

糜 mí
卷七 上
米部 15 /42

窜 cuàn
卷七 下
穴部 35 /51

憖 qiān
卷十 下
心部 158(+) /276

蹇 jiǎn
卷二 下
足部 68 /92

双 shuāng
卷四 上
雔部 3 /3

翱 áo
卷四 上
羽部 26 /37

氣 qì
卷七 上
米部 29(+) /42

纩 kuàng
卷十三 上
糸部 212 /257

缏 biàn
卷十三 上
糸部 234 /257

缚 fù
卷十三 上
糸部 63 /257

毯 tǎn
卷十三 上
糸部 116 /257

纵 zòng
卷十三 上
糸部 38 /257

编 biān
卷十三 上
糸部 186 /257

繐 suì
卷十三 上
糸部 15 /257

缙 jìn
卷十三 上
糸部 104 /257

繅 繅 sāo
卷十三 上
糸部 3 /257

繹 绎 yì
卷十三 上
糸部 4 /257

穮 穮 biāo
卷七 上
禾部 43 /89

儕 侪 chái
卷八 上
人部 88 /263

儼 俨 yán
卷八 上
人部 55 /263

優 优 yōu
卷八 上
人部 141 /263

醝 醝 cuó
卷十二 上
鹵部 2 /3

羨 羡 xiàn
卷八 下
次部 2 /4

羹 羹 gēng
卷三 下
弻部 5(+) /13

驚 惊 jīng
卷十 上
馬部 82 /120

兢 兢 jīng
卷八 下
兄部 2 /2

盨 盨 xǔ
卷五 上
皿部 13 /26

獟 獟 yào
卷十 上
犬部 66 /87

飆 飙 biāo
卷十三 下
風部 4 /16

獙 獙 bì
卷十 上
犬部 63(+) /87

粼 粼 lín
卷十一 下
巜部 2 /2

鎣 鎣 yíng
卷十四 下
金部 57 /204

鶯 莺 yīng
卷四 上
鳥部 95 /119

熾 炽 chì
卷十 上
火部 98 /118

燒 烧 shāo
卷十 上
火部 11 /118

燦 灿 càn
卷十 上
火部 117 /118

燠 燠 yù
卷十 上
火部 99 /118

燬 毁 huǐ
卷十 上
火部 4 /118

熠 熠 yì
卷十 上
火部 86 /118

288

盗 dào
卷八 下
次部 4 /4

汉 hàn
卷十一 上
水部 26 /487

濡 rú
卷十一 上
水部 114 /487

溢 yì
卷十一 上
水部 414 /487

淳 chún
卷十一 上
水部 432 /487

潪 kuò
卷十一 上
水部 88 /487

演 yǎn
卷十一 上
水部 164 /487

沈 shěn
卷十一 上
水部 418 /487

漾 yàng
卷十一 上
水部 25 /487

滃 wěng
卷十一 上
水部 315 /487

涟 lián
卷十一 上
水部 193⁽⁺⁾ /487

涡 wō
卷十一 上
水部 81 /487

泐 lè
卷十一 上
水部 350 /487

潜 qián
卷十一 上
水部 304 /487

涉 shè
卷十一 下
林部 3 /3

澧 lǐ
卷十一 上
水部 72 /487

濞 bì
卷十一 上
水部 185 /487

渍 zì
卷十一 上
水部 341 /487

潸 shān
卷十一 上
水部 449 /487

濆 fén
卷十一 上
水部 256 /487

濛 méng
卷十一 上
水部 333 /487

湊 còu
卷十一 上
水部 309 /487

瀬 lài
卷十一 上
水部 255 /487

潦 liǎo
卷十一 上
水部 325 /487

潚 sù
卷十一 上
水部 163 /487

瀺 yú
卷十一 下
鱟部 2⁽⁺⁾/2

瀸 kuì
卷十一 上
水部 242 /487

遾 shì
卷二 下
辵部 18 /131

遯 dùn
卷二 下
辵部 81 /131

辨 bèng
卷二 下
辵部 126 /131

避 bì
卷二 下
辵部 67 /131

邁 mài
卷二 下
辵部 5⁽⁺⁾/131

衝 chōng
卷二 下
行部 5 /12

徽 huī
卷十三 上
糸部 175 /257

趖 suō
卷二 上
走部 27 /85

趫 jué
卷二 上
走部 11 /85

趩 chì
卷二 上
走部 49 /85

隃 yú
卷十四 下
自部 62 /94

隆 lóng
卷六 下
生部 4 /6

渚 zhǔ
卷十四 下
自部 69 /94

隌 xià
卷十三 下
土部 102 /144

隍 huáng
卷十四 下
自部 85 /94

陳 chén
卷三 下
攴部 34 /77

鷴 xián
卷四 上
鳥部 86 /119

窺 kuī
卷十二 上
門部 48 /62

閹 yān
卷十二 上
門部 46 /62

闔 hé
卷十二 上
門部 18 /62

闊 kuò
卷十二 上
門部 55 /62

辟 pì
卷十二 上
門部 22 /62

闒 tà
卷十二 上
門部 8 /62

砾 lì
卷九 下
石部 10 /58

矶 jī
卷九 下
石部 52 /58

岩 yán
卷九 下
石部 25 /58

魇 yǎn
卷九 上
鬼部 20 /20

肆 sì
卷九 下
長部 2(+) /4

黻 fú
卷七 下
黹部 4 /6

糒 bèi
卷七 上
米部 20 /42

释 shì
卷二 上
采部 5 /5

蟫 yín
卷十三 上
虫部 30 /160

虮 jǐ
卷十三 上
虫部 25 /160

鹢 jīng
卷四 上
鳥部 80 /119

农 nóng
卷三 上
晨部 2 /2

嚳 kù
卷二 上
告部 2 /2

觉 jué
卷八 下
見部 36 /46

举 jǔ
卷十二 上
手部 131 /278

肆 sì
卷九 下
希部 5 /5

翡 fěi
卷四 上
羽部 5 /37

赢 yíng
卷六 下
貝部 28 /68

齯 ní
卷二 下
齒部 19 /45

蒯 jiǎn
卷四 上
羽部 7 /37

夔 kuí
卷五 下
夂部 15 /16

饕 tāo
卷五 下
食部 47 /64

jī 叽	tuó 鼍	huì 噦	piāo 犥
卷二 上	卷十三 下	卷二 上	卷二 上
口部 34 /190	黽部 7 /14	口部 81⁽⁺⁾/190	牛部 18 /47

口部 81(+)/190

rè 热	shì 势	kòu 縠	hú 觳
卷十 上	卷十三 下	卷四 上	卷四 下
火部 97 /118	力部 42 /44	鳥部 112 /119	角部 38 /39

qǐng 謦	táo 鞀	zàn 酇	yǔ 屿
卷三 上	卷三 下	卷六 下	卷九 下
言部 3 /257	革部 21⁽⁺⁾/63	邑部 6 /181	山部 59 /65

jùn 峻	niè 嶭	ráo 荛	tì 薙
卷九 下	卷九 下	卷一 下	卷一 下
山部 28 /65	山部 12 /65	艸部 382 /458	艸部 328 /458

wú 芜	qióng 䓖	níng 苧	lí 藜
卷一 下	卷一 下	卷一 下	卷一 下
艸部 306 /458	艸部 46 /458	艸部 309 /458	艸部 433 /458

xuān 萱	pú 蒲	shēn 参	dàng 荡
卷一 下	卷一 下	卷一 下	卷十一 上
艸部 44⁽⁺⁾/458	艸部 93 /458	艸部 76 /458	水部 45 /487

薇 wēi
卷一下
艸部 26 /458

薮 sǒu
卷一下
艸部 325 /458

兰 lán
卷一下
艸部 47 /458

秽 huì
卷一下
艸部 307 /458

蘩 fán
卷一下
艸部 430 /458

薤 xiè
卷一下
艸部 174 /458

藑 qióng
卷一下
艸部 128 /458

蒸 zhēng
卷一下
艸部 384 /458

蒿 hāo
卷一下
蒿部 2 /2

荔 lì
卷一下
艸部 409 /458

暮 mò
卷十上
馬部 50 /120

氂 lí
卷二上
犛部 3 /3

榇 chēn
卷六上
木部 416 /432

桃 lóng
卷六上
木部 413 /432

棂 líng
卷六上
木部 243 /432

朴 pǔ
卷六上
木部 195 /432

槽 cáo
卷六上
木部 346 /432

槛 jiàn
卷六上
木部 412 /432

樱 yīng
卷六上
木部 431 /432

麒 qí
卷十上
鹿部 8 /26

鄜 fū
卷六上
邑部 31 /181

麇 ní
卷十上
鹿部 19 /26

翰 hàn
卷四上
羽部 3 /37

抚 fǔ
卷十二上
手部 94 /278

pū 扑	xié 携	chān 搀	yōng 拥
卷十二上	卷十二上	卷十二上	卷十二上
手部 222 /278	手部 52 /278	手部 267 /278	手部 140 /278

jú 㧅	fēng 丰	fén 鼢	qú 鼩
卷十二上	卷五上	卷十上	卷十上
手部 36 /278	豐部 1 /2	鼠部 4 /20	鼠部 12 /20

xià 夏	pián 骿	jì 罻	lí 羀
卷五下	卷四下	卷七下	卷七下
夊部 11 /16	骨部 6 /25	网部 11 /37	网部 37 /37

lóng 朧	shàn 膳	jiāo 胶	là 腊
卷七上	卷四下	卷四下	卷四下
月部 10 /10	肉部 78 /145	肉部 134 /145	肉部 73 /145

qú 臞	xiào 啸	sǎng 颡	mò 獏
卷四下	卷八下	卷九上	卷九下
肉部 58 /145	欠部 30 /66	頁部 10 /93	豸部 8 /21

fán 膰	shāng 觞	jié 鮚	jīng 鲸
卷十下	卷四下	卷十一下	卷十一下
炙部 2 /3	角部 30 /39	魚部 92 /106	魚部 77[(+)] /106

鰝 hào
卷十一下
魚部 88 /106

鮒 fù
卷十一下
魚部 32 /106

鲅 bō
卷十一下
魚部 98 /106

鮪 wěi
卷十一下
魚部 11 /106

鮸 miǎn
卷十一下
魚部 60 /106

鯫 zōu
卷十一下
魚部 58 /106

鯉 lǐ
卷十一下
魚部 17 /106

鰋 yǎn
卷十一下
魚部 51 /106

玩 wán
卷四上
習部 2 /2

猴 hóu
卷四上
羽部 12 /37

繴 bì
卷十三上
糸部 208 /257

怃 wǔ
卷十下
心部 75 /276

慵 yōng
卷十下
心部 264 /276

怀 huái
卷十下
心部 60 /276

憺 dàn
卷十下
心部 94 /276

懈 xiè
卷十下
心部 135 /276

恸 tòng
卷十下
心部 272 /276

慑 shè
卷十下
心部 240 /276

协 xié
卷十三下
劦部 2 /4

妩 wǔ
卷十二下
女部 76 /245

孂 zàn
卷十二下
女部 92 /245

嫪 lào
卷十二下
女部 169 /245

繄 yī
卷十三上
糸部 173 /257

揽 lǎn
卷十二上
手部 45 /278

聩 kuì
聩
卷十二 上
耳部 23 /33

骝 liú
骝
卷十 上
馬部 11 /120

验 yàn
验
卷十 上
馬部 40 /120

骜 ào
骜
卷十 上
馬部 32 /120

驿 yì
驿
卷十 上
馬部 99 /120

塍 chéng
塍
卷十三 下
土部 23 /144

飦 zhān
飦
卷三 下
弼部 2 /13

氍 qú
氍
卷八 上
毛部 8 /13

曙 shǔ
曙
卷七 上
日部 81 /86

疁 liú
疁
卷十三 下
田部 5 /29

点 diǎn
点
卷十 上
黑部 14 /37

默 mò
默
卷十 上
犬部 16 /87

黟 yī
黟
卷十 上
黑部 37 /37

鹭 lù
鹭
卷四 上
鳥部 45 /119

躔 chán
躔
卷二 下
足部 31 /92

17　画

珑 lóng 卷一 上 玉部 32 /140	琎 jīn 卷一 上 玉部 87 /140	玙 yú 卷一 上 玉部 9 /140	瓒 zàn 卷一 上 玉部 19 /140
琼 qióng 卷一 上 玉部 14⁽⁺⁾ /140	球 qiú 卷一 上 玉部 24⁽⁺⁾ /140	谪 zhé 卷三 上 言部 215 /257	谨 jǐn 卷三 上 言部 47 /257
诳 kuáng 卷三 上 言部 132 /257	谥 shì 卷三 上 言部 240 /257	谝 piǎn 卷三 上 言部 162 /257	谢 xiè 卷三 上 言部 98 /257
谲 yú 卷三 上 言部 186⁽⁺⁾ /257	谟 mó 卷三 上 言部 35 /257	译 yì 卷三 上 言部 246 /257	谓 wèi 卷三 上 言部 6 /257
袭 xí 卷八 上 衣部 19 /119	恭 gōng 卷三 上 収部 15 /17	戴 dài 卷三 上 異部 2 /2	垆 lú 卷十三 下 土部 14 /144

鑘 guī	鷚 liú	獯 yì	鞹 kuò
鬹	鷚	獯	鞹
卷三 下	卷四 上	卷九 下	卷三 下
鬲部 3 /13	鳥部 33 /119	豸部 13 /22	革部 2 /63
鞵 xié	霤 liù	靃 hé	靈 líng
鞋	霤	靃	灵
卷三 下	卷十一 下	卷七 下	卷一 上
革部 18 /63	雨部 31 /51	兩部 3⁽⁺⁾/4	玉部 126 /140
霻 xuě	鏑 dí	鏡 jìng	鐘 zhōng
雪	镝	镜	钟
卷十一 下	卷十四 上	卷十四 上	卷十四 上
雨部 8 /51	金部 152 /204	金部 31 /204	金部 128 /204
銼 cuò	鏐 liú	鐵 tiě	鎡 zī
锉	镏	铁	镃
卷十四 上	卷十四 上	卷十四 上	卷七 上
金部 44 /204	金部 186 /204	金部 10⁽⁺⁾/204	鼎部 2⁽⁺⁾/4
鎛 bó	鏃 zú	鐸 duó	龕 kān
镈	镞	铎	龛
卷十四 上	卷十四 上	卷十四 上	卷十一 下
金部 130 /204	金部 183 /204	金部 125 /204	龍部 3 /5
顃 yǎn	歙 xī	饉 jǐn	饙 fēn
顃	歙	馑	馈
卷九 上	卷八 下	卷五 下	卷五 下
頁部 25 /93	欠部 57 /66	食部 53 /64	食部 2 /64

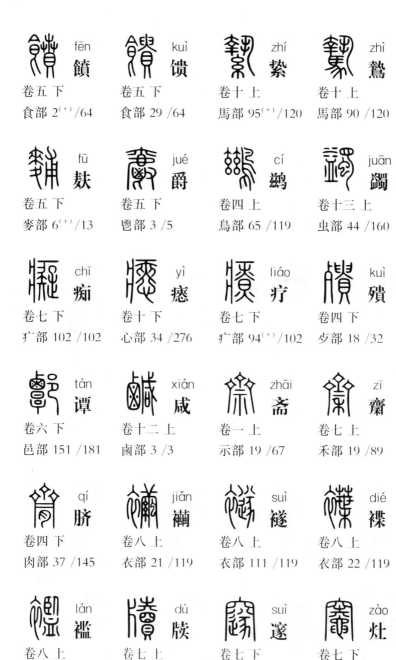

fēn 饋 卷五 下 食部 2(+)/64	kuì 馈 卷五 下 食部 29/64	zhí 縶 卷十 上 馬部 95(+)/120	zhì 鷙 卷十 上 馬部 90/120
fū 麩 卷五 下 麥部 6(+)/13	jué 爵 卷五 下 鬯部 3/5	cí 鷀 卷四 上 鳥部 65/119	juān 蠲 卷十三 上 虫部 44/160
chī 痴 卷七 下 疒部 102/102	yì 癔 卷十 下 心部 34/276	liáo 疗 卷七 下 疒部 94(+)/102	kuì 殨 卷四 下 歺部 18/32
tán 谭 卷六 下 邑部 151/181	xián 咸 卷十二 上 鹵部 3/3	zhāi 斋 卷一 上 示部 19/67	zī 齑 卷七 上 禾部 19/89
qí 脐 卷四 下 肉部 37/145	jiǎn 襇 卷八 上 衣部 21/119	suì 襚 卷八 上 衣部 111/119	dié 褋 卷八 上 衣部 22/119
lán 襤 卷八 上 衣部 28/119	dú 牍 卷七 上 片部 4/8	suì 邃 卷七 下 穴部 44/51	zào 灶 卷七 下 穴部 6(+)/51

犨 chōu
犨
卷二 上
牛部 23 /47

繻 xū
繻
卷十三 上
糸部 120 /257

縊 yì
縊
卷十三 上
糸部 246 /257

縋 zhuì
縋
卷十三 上
糸部 182 /257

績 jì
绩
卷十三 上
糸部 220 /257

繚 liáo
缭
卷十三 上
糸部 54 /257

繡 xiù
绣
卷十三 上
糸部 90 /257

繢 huì
缋
卷十三 上
糸部 23 /257

頹 tuí
颓
卷八 下
禿部 2 /2

穧 jì
穧
卷七 上
禾部 46 /89

韯 xiān
韯
卷七 下
韭部 5 /6

儷 lì
俪
卷八 上
人部 154 /263

儡 lěi
儡
卷八 上
人部 116 /263

嗟 jiē
嗟
卷三 上
言部 198 /257

羲 xī
羲
卷五 上
兮部 3 /4

警 jǐng
警
卷三 上
言部 81 /257

獵 liè
猎
卷十 上
犬部 58 /87

鶴 hè
鹤
卷四 上
鳥部 44 /119

鄰 lín
邻
卷六 下
邑部 5 /181

燮 xiè
燮
卷三 下
又部 8 /28

藚 qǐng
苘
卷七 下
林部 2 /3

爓 yàn
焰
卷十 上
火部 94 /118

懣 mèn
懑
卷十 下
心部 187 /276

澆 jiāo
浇
卷十一 上
水部 409 /487

潕 wǔ
卷十一 上
水部 67 /487

瀄 xī
卷十一 上
水部 187 /487

澳 ào
卷十一 上
水部 284 /487

洁 jié
卷十一 上
水部 483 /487

澜 lán
卷十一 上
水部 193 /487

秽 huì
卷十一 上
水部 463 /487

澹 dàn
卷十一 上
水部 229 /487

瀣 xiè
卷十一 上
水部 147 /487

澄 chéng
卷十一 上
水部 217 /487

烽 fēng
卷十 上
火部 109 /118

蜂 fēng
卷十三 下
虫部 15 /25

率 shuài
卷二 下
辵部 4 /131

遵 zūn
卷二 下
辵部 17 /131

辽 liáo
卷二 下
辵部 106 /131

遗 yí
卷二 下
辵部 83 /131

导 dǎo
卷三 下
寸部 7 /7

衞 shuài
卷二 下
行部 11 /12

徽 huī
卷十三 上
糸部 175 /257

衡 héng
卷四 下
角部 18 /39

衢 qú
卷二 下
行部 4 /12

障 zhàng
卷十四 下
𨸏部 50 /94

隔 gé
卷十四 下
𨸏部 49 /94

险 xiǎn
卷十四 下
𨸏部 13 /94

隆 lóng
卷六 下
生部 4 /6

坠 zhuì
卷十三 下
土部 142 /144

际 jì
卷十四 下
自部 79 /94

顾 gù
卷九 下
頁部 52 /93

阕 què
卷十二 上
門部 53 /62

闼 tà
卷十二 上
門部 8 /62

阓 huì
卷十二 上
門部 12 /62

靥 yè
卷九 上
面部 5 /5

髫 tiáo
卷九 上
髟部 10 /42

鬒 zhěn
卷九 上
彡部 3⁽⁺⁾ /10

剃 tì
卷九 上
髟部 33 /42

类 lèi
卷十 上
犬部 69 /87

糟 zhuō
卷七 上
米部 3 /42

翻 fān
卷四 上
羽部 35 /37

剽 piāo
卷四 下
刀部 43 /68

脓 nóng
卷五 上
血部 7 /15

盥 guàn
卷五 上
皿部 24 /26

斆 xué
卷三 下
教部 2 /2

汇 huì
卷九 下
帚部 4 /5

羸 léi
卷四 上
羊部 18 /26

骡 luó
卷十 上
馬部 108 /120

龃 jǔ
卷二 下
齿部 11 /45

翥 zhù
卷四 上
羽部 16 /37

嘌 piāo
卷二 上
口部 85 /190

轾 zhì
卷十四 上
車部 74 /102

pí 鼙 卷五 上 鼓部 4 /10	dú 犢 卷二 上 牛部 6 /47	lín 嶙 卷九 下 山部 54 /65	yán 岩 卷九 下 山部 34 /65
lóng 茏 卷一 下 艸部 197 /458	wú 芜 卷一 下 艸部 306 /458	cáng 藏 卷一 下 艸部 456 /458	xuān 萱 卷一 下 艸部 44 /458
líng 菱 卷一 下 艸部 172 /458	ài 蔼 卷一 下 艸部 349 /458	píng 萍 卷一 下 艸部 400 /458	péng 蓬 卷一 下 艸部 432 /458
suì 穗 卷七 上 禾部 36⁽⁺⁾/89	wēi 薇 卷一 下 艸部 26 /458	yìn 荫 卷一 下 艸部 286 /458	chú 蒢 卷一 下 艸部 92 /458
lìn 蔺 卷一 下 艸部 91 /458	dàn 菡 卷一 下 艸部 191 /458	kuì 蒉 卷一 下 艸部 369 /458	xuē 薛 卷一 下 艸部 83 /458
biāo 藨 卷一 下 艸部 170 /458	xūn 薰 卷一 下 艸部 55 /458	tuò 萚 卷一 下 艸部 313 /458	jì 蓟 卷一 下 艸部 69 /458

蓼 liǎo
卷一 下
艸部 23 /458

蓝 lán
卷一 下
艸部 43 /458

謷 áo
卷三 上
言部 121 /257

櫟 lì
卷六 上
木部 118 /432

机 jī
卷六 上
木部 312 /432

权 quán
卷六 上
木部 109 /432

栌 lú
卷六 上
木部 221 /432

椟 dú
卷六 上
木部 269 /432

蟑 cáo
卷十三 下
蟲部 12 /25

勋 xūn
卷十三 下
力部 2 /44

挤 jǐ
卷十二 上
手部 23 /278

攀 pān
卷三 上
収部 1^(+) /3

扰 rǎo
卷十二 上
手部 107 /278

鸑 zhuó
卷四 上
鳥部 5 /119

顨 xùn
卷五 上
丌部 4 /7

礁 jiāo
卷九 上
面部 4 /5

笼 lóng
卷五 上
竹部 91 /149

篞 niè
卷五 上
竹部 99 /149

簠 fǔ
卷五 上
竹部 75 /149

篨 chú
卷五 上
竹部 49 /149

篹 zuǎn
卷五 上
竹部 71 /149

籀 zhòu
卷五 上
竹部 20 /149

篮 lán
卷五 上
竹部 66 /149

馔 zhuàn
卷五 下
食部 15 /64

纂 zuǎn
卷十三 上
糸部 135 /257

髌 bìn
卷四 下
骨部 11 /25

髋 kuān
卷四 下
骨部 10 /25

体 tǐ
卷四 下
骨部 19 /25

罴 pí
卷十 上
熊部 2 /2

肌 jī
卷四 下
肉部 8 /145

胪 lú
卷四 下
肉部 6 /145

飗 liáo
卷十三 下
風部 7 /16

繇 yáo
卷十二 下
系部 4 /4

鲩 huàn
卷十一 下
魚部 46 /106

鲜 xiān
卷十一 下
魚部 69 /106

虾 xiā
卷十一 下
魚部 87 /106

鳏 yǎn
卷十一 下
魚部 51⁽⁺⁾ /106

戮 lù
卷十二 下
戈部 17 /26

勠 lù
卷十三 下
力部 20 /44

譬 pì
卷三 上
言部 25 /257

怃 wǔ
卷十 下
心部 75 /276

愦 kuì
卷十 下
心部 167 /276

惧 jù
卷十 下
心部 70 /276

溪 xī
卷十一 下
谷部 2 /8

辞 cí
卷十四 下
辛部 6 /6

嫟 dú
卷十二 下
女部 159 /245

听 tīng
卷十二 上
耳部 12 /33

鹥 yī
卷四 上
鳥部 57 /119

gǔ 鹽	jiū 鬮	kuí 骙	zhòu 骤
卷十二 上	卷三 下	卷十 上	卷十 上
鹽部 2 /3	鬥部 5 /11	馬部 63 /120	馬部 70 /120
líng 凌	shèng 胜	wèng 瓮	chǎo 炒
卷十一 下	卷十三 下	卷五 下	卷三 下
仌部 6 /17	力部 18 /44	缶部 8 /22	彌部 10 /13
yīng 嚶	lín 瞵	shàn 赡	guì 赗
卷三 上	卷四 上	卷六 下	卷六 下
言部 2 /257	目部 23 /119	貝部 68 /68	貝部 6 /68
shài 晒	xiá 黠	qíng 黥	dǎn 黕
卷七 上	卷十 上	卷十 上	卷十 上
日部 59 /86	黑部 20 /37	黑部 35 /37	黑部 22 /37
xuān 翾	xiǎng 飨		
卷四 上	卷五 下		
羽部 18 /37	食部 30 /64		

18　画

璣 jī
玑
卷一 上
玉部 117 /140

瓘 guàn
瓘
卷一 上
玉部 3 /140

禰 ní
祢
卷一 上
示部 64 /67

辬 biàn
辬
卷十三 上
糸部 59 /257

競 jìng
竞
卷三 上
誩部 3 /4

謹 jǐn
谨
卷三 上
言部 47 /257

謚 shì
谥
卷三 上
言部 248 /257

諄 zhūn
谆
卷三 上
言部 30 /257

譙 qiáo
谯
卷三 上
言部 218 /257

護 hù
护
卷三 上
言部 90 /257

謐 mì
谧
卷三 上
言部 82 /257

譖 zèn
谮
卷三 上
言部 212 /257

證 zhèng
证
卷三 上
言部 224 /257

望 wàng
望
卷三 上
言部 222 /257

繫 xì
系
卷十二 下
系部 1$^{(+)}$ /4

轜 líng
轪
卷十四 上
車部 27$^{(+)}$ /102

鞾 xuē
靴
卷三 上
革部 62 /63

鞬 jiān
鞯
卷三 上
革部 61 /63

鸏 nán
难
卷四 上
鳥部 34$^{(+)}$ /119

鸏 nán
难
卷四 上
鳥部 34 /119

lì	kuò	mái	xūn
郦	霩	霾	醺
卷六 下	卷十一 下	卷十一 下	卷十四 下
邑部 179 /181	雨部 36 /51	雨部 40 /51	酉部 45 /73

láo	huò	zūn	jiāo
醪	镬	鐏	鐎
卷十四 下	卷十四 上	卷十四 上	卷十四 上
酉部 13 /73	金部 40 /204	金部 149 /204	金部 51 /204

liàn	shā	dēng	zān
链	铩	镫	鐕
卷十四 上	卷十四 上	卷十四 上	卷十四 上
金部 9 /204	金部 76 /204	金部 60 /204	金部 106 /204

āo	liào	hé	ráo
鏖	镣	龢	饶
卷十四 上	卷十四 上	卷二 下	卷五 下
金部 48 /204	金部 3 /204	龠部 4 /5	食部 41 /64

yì	wèi	jù	zhī
饐	饖	鼅	蜘
卷五 下	卷五 下	卷五 下	卷十三 下
食部 50 /64	食部 49 /64	㐆部 4 /5	黽部 11 /14

guàn	zhōu	zhì	wǔ
罐	鼗	鸷	舞
卷五 下	卷十 下	卷四 上	卷五 下
缶部 22 /22	夲部 5 /7	鳥部 93 /119	舛部 2 /3

chī 痴	yīng 膺	fèi 废	jì 齌
卷七 下	卷四 下	卷七 下	卷十 上
疒部 102 /102	肉部 22 /145	疒部 17 /102	火部 44 /118
chún 鹑	shú 塾	mí 靡	xià 厦
卷四 上	卷十三 下	卷十一 下	卷九 下
隹部 29 /39	土部 137 /144	非部 3 /5	广部 50 /55
liáo 廖	sè 塞	mèng 梦	dòu 窦
卷九 下	卷五 上	卷七 下	卷七 下
广部 49 /55	珡部 2 /2	寢部 1 /10	穴部 13 /51
qiān 骞	qiáo 憔	zhī 织	rào 绕
卷十 上	卷九 上	卷十三 上	卷十三 上
馬部 85 /120	頁部 85 /93	糸部 17 /257	糸部 56 /257
pèi 辔	chán 缠	quǎn 绻	zhù 纻
卷十三 上	卷十三 上	卷十三 上	卷十三 上
絲部 2 /3	糸部 55 /257	糸部 257 /257	糸部 228(+) /257
sāo 缲	tuí 颓	chǔ 储	tiáo 鲦
卷十三 上	卷八 下	卷八 上	卷十一 下
糸部 3 /257	禿部 2 /2	人部 80 /263	魚部 24 /106

xiān 仙	zhǎ 鮺	huǎn 缓	chuò 绰
卷八 上	卷十一 下	卷十三 上	卷十三 上
人部 239 /263	魚部 83 /106	素部 6 /6	素部 5 /6
yì 翼	shān 膻	gēng 羹	quān 劝
卷十一 下	卷四 上	卷三 下	卷十三 下
飛部 2 /2	羴部 1 /2	弼部 5⁽⁺⁾/13	力部 17 /44
náo 獿	biē 鳖	dǎng 党	tán 燂
卷十 上	卷十三 下	卷十 上	卷十 上
犬部 22 /87	黽部 2 /14	黑部 23 /37	火部 79 /118
shuò 烁	fǎ 法	dàng 荡	lóng 泷
卷十 上	卷十 上	卷五 上	卷十一 上
火部 116 /118	廌部 4 /4	皿部 25 /26	水部 328 /487
wǔ 潕	wéi 潍	lào 涝	chú 滁
卷十一 上	卷十一 上	卷十一 上	卷十一 上
水部 67 /487	水部 103 /487	水部 31 /487	水部 473 /487
kuì 溃	jiàn 洊	biāo 瀌	cáo 漕
卷十一 上	卷十一 上	卷十一 上	卷十一 上
水部 242 /487	水部 233 /487	水部 348 /487	水部 458 /487

瓚 zàn
卷十一 上
水部 445 /487

渴 kě
卷八 下
欠部 40 /66

漻 liáo
卷十一 上
水部 176 /487

滥 làn
卷十一 上
水部 197 /487

边 biān
卷二 下
辵部 118 /131

邂 xiè
卷二 下
辵部 119 /131

隘 ài
卷十四 下
自部 3⁽⁺⁾/4

燧 suì
卷十四 下
自部 4⁽⁺⁾/4

隥 dèng
卷十四 下
自部 22 /94

嶞 duò
卷九 下
山部 29 /65

檃 yǐn
卷六 上
木部 340 /432

翩 piān
卷四 上
羽部 21 /37

关 guān
卷十二 上
門部 42 /62

檐 yán
卷十二 上
門部 4 /62

鬐 qí
卷九 上
髟部 39 /42

鬃 xiū
卷六 下
㮚部 2 /3

鬟 huán
卷九 上
髟部 42 /42

黼 fǔ
卷七 下
㡀部 3 /6

怼 duì
卷十 下
心部 183 /276

颣 lèi
卷十三 上
糸部 27 /257

蠰 náng
卷十三 上
虫部 58 /160

鷦 jiāo
卷四 上
鳥部 31 /119

鹲 méng
卷四 上
鳥部 60 /119

瓢 piáo
卷七 下
瓠部 2 /2

xué 鸴 卷四 上 鳥部 19 /119	yú 欤 卷八 下 欠部 9 /66	bīn 瀕 卷十一 下 瀕部 1 /2	zhì 豑 卷五 上 豊部 2 /2
yuè 岳 卷九 下 山部 2 /65	jú 蘜 卷一 下 艸部 210 /458	liǎn 蔹 卷一 下 艸部 167⁽⁺⁾ /458	zū 菹 卷一 下 艸部 352⁽⁺⁾ /458
xùn 蕈 卷一 下 艸部 240 /458	jì 荠 卷一 下 艸部 161 /458	yào 药 卷一 下 艸部 337 /458	jiè 藉 卷一 下 艸部 342 /458
fān 藩 卷一 下 艸部 351 /458	zǎo 藻 卷一 下 艸部 411⁽⁺⁾ /458	yùn 蕴 卷一 下 艸部 314 /458	cóng 藂 卷一 下 艸部 439 /458
lú 芦 卷一 下 艸部 38 /458	jìn 荩 卷一 下 艸部 65 /458	sū 苏 卷一 下 艸部 17 /458	áo 鳌 卷十三 下 黽部 14 /14
pú 朴 卷六 下 木部 82 /432	tuǒ 椭 卷六 下 木部 303 /432	biāo 标 卷六 下 木部 170 /432	lǔ 橹 卷六 下 木部 349 /432

櫂 zhào
棹
卷六 下
木部 428 /432

鷯 liáo
鹩
卷四 上
鳥部 39 /119

攐 qiān
攘
卷十二 上
手部 10 /278

撻 tà
挞
卷十二 上
手部 215 /278

摽 biào
摽
卷十二 上
手部 103 /278

擢 zhuó
擢
卷十二 上
手部 168 /278

攫 jué
攫
卷十二 上
手部 156 /278

㫋 yú
旟
卷七 上
㫃部 6 /23

壚 lú
垆
卷十二 下
甾部 5⁽⁺⁾ /5

籢 lián
奁
卷五 上
竹部 70 /149

簟 diàn
簟
卷五 上
竹部 47 /149

籍 jí
籍
卷五 上
竹部 22 /149

羈 jī
羁
卷七 下
网部 34⁽⁺⁾ /37

羅 luó
罗
卷七 下
网部 19 /37

膘 biāo
膘
卷四 下
肉部 88 /145

鷫 sù
鹔
卷四 上
鳥部 6 /119

鰟 páng
鳑
卷十一 下
魚部 27⁽⁺⁾ /106

鰋 yǎn
鰋
卷十一 下
魚部 51⁽⁺⁾ /106

鯕 qí
鲯
卷十一 下
魚部 100 /106

鰒 fù
鳆
卷十一 下
魚部 75 /106

鱣 zhān
鱣
卷十一 下
魚部 18 /106

鯽 jì
鲫
卷十一 下
魚部 72⁽⁺⁾ /106

鯀 gǔn
鲧
卷十一 下
魚部 15 /106

鰍 qiū
鳅
卷十一 下
魚部 45 /106

ní 鲵	yáo 鳐	zéi 鰂	yì 翼
卷十一下 魚部 43 /106	卷十一下 魚部 106 /106	卷十一下 魚部 72 /106	卷十一下 飛部 2⁽⁺⁾/2
huān 欢	lián 怜	ruǐ 蕊	jī 鸡
卷十下 心部 98 /276	卷十下 心部 257 /276	惢部 2 /2 卷十下	卷四上 隹部 13 /39
piáo 嫖	yì 翳	lǎn 览	xiāo 骁
卷十二 下 女部 197 /245	卷四上 羽部 33 /37	卷八 下 見部 13 /46	卷十上 馬部 35 /120
biāo 骉	téng 滕	shèng 剩	gēng 羹
卷十上 馬部 115 /120	卷十一 上 水部 188 /487	卷六 下 貝部 20 /68	卷三 下 弼部 5 /13
zhǔ 煮	piǎo 瞟	nǎng 曩	dǎn 黵
卷三 下 弼部 12 /13	卷四上 目部 44 /119	卷七 上 日部 44 /86	卷十上 黑部 33 /37
yuàn 颙	jī 跻		
卷九 上 頁部 7 /93	卷二 下 足部 22 /92		

19　画

禫 dàn	礼 lǐ	辯 biàn	识 shí
卷一 上	卷一 上	卷十四 下	卷三 上
示部 63 /67	示部 3 /67	辡部 2 /2	言部 44 /257
谱 pǔ	谜 mí	谰 lán	譓 huì
卷三 上	卷三 上	卷三 上	卷三 上
言部 252 /257	言部 255 /257	言部 232 /257	言部 178 /257
哗 huā	讹 é	龏 gōng	顤 yáo
卷三 上	卷三 上	卷三 上	卷九 上
言部 185 /257	言部 187 /257	共部 2 /2	頁部 36 /93
壤 rǎng	袜 wà	轹 lì	辚 lín
卷十三 下	卷五 下	卷十四 上	卷十四 上
土部 11 /144	韋部 12 /17	車部 69 /102	車部 101 /102
系 xì	翳 yì	鞯 jiān	弥 mí
卷十二 下	卷四 上	卷三 上	卷十二 下
系部 1 (⁺) /4	羽部 33 /37	革部 61 /63	弓部 18 /27

醴 lǐ 醴 卷十四 下 酉部 12 /73	鐃 náo 铙 卷十四 上 金部 124 /204	鏺 pō 钹 卷十四 上 金部 92 /204	鏞 yōng 镛 卷十四 上 金部 127 /204
饋 kuì 馈 卷五 下 食部 29 /64	饡 zàn 饡 卷五 下 食部 20 /64	舞 wǔ 舞 卷五 下 舛部 2 /3	應 yīng 应 卷十 下 心部 9 /276
癆 lào 痨 卷七 下 疒部 97 /102	瘳 chōu 瘳 卷七 下 疒部 101 /102	癕 yōng 痈 卷七 下 疒部 47 /102	癭 yǐng 瘿 卷七 下 疒部 31 /102
鹻 jiǎn 碱 卷十二 上 鹽部 3 /3	賷 jī 赍 卷六 下 貝部 16 /68	懟 duì 怼 卷十 下 心部 175 /276	麋 méi 糜 卷七 上 黍部 2 /8
孌 luán 孌 卷三 上 言部 146 /257	繕 shàn 缮 卷十三 上 糸部 168 /257	縫 féng 缝 卷十三 上 糸部 163 /257	繢 huì 缋 卷十三 上 糸部 23 /257
繃 bēng 绷 卷十三 上 糸部 64 /257	纘 zuǎn 缵 卷十三 上 糸部 34 /257	纔 cái 纔 卷十三 上 糸部 115 /257	繆 móu 缪 卷十三 上 糸部 239 /257

纓 yīng
缨
卷十三 上
糸部 125 /257

穰 ráng
穰
卷七 上
禾部 65 /89

儺 nuó
傩
卷八 上
人部 40 /263

儵 shù
倏
卷十 上
黑部 30 /37

緩 huǎn
缓
卷十三 上
素部 6 /6

綽 chuò
绰
卷十三 上
素部 5 /6

歡 huān
欢
卷八 下
欠部 13 /66

觀 guān
观
卷八 下
見部 11 /46

觱 bì
觿
卷四 下
角部 39 /39

爚 yuè
爚
卷十 上
火部 25 /118

熛 biāo
熛
卷十 上
火部 26 /118

燿 yào
耀
卷十 上
火部 88 /118

爆 bào
爆
卷十 上
火部 52 /118

灌 huàn
逭
卷二 下
辵部 80⁽⁺⁾ /131

潴 zhū
潴
卷十一 上
水部 480 /487

潭 tán
潭
卷十一 上
水部 61 /487

济 jì
济
卷十一 上
水部 112 /487

泞 nìng
泞
卷十一 上
水部 268 /487

泺 luò
泺
卷十一 上
水部 87 /487

灌 guàn
灌
卷十一 上
水部 52 /487

瀛 yíng
瀛
卷十一 上
水部 472 /487

泸 lú
泸
卷十一 上
水部 470 /487

澧 lǐ
澧
卷十一 上
水部 72 /487

渎 dú
渎
卷十一 上
水部 278 /487

灝 hào
卷十一 上
水部 413 /487

湿 shì
卷十一 上
水部 90 /487

迩 ěr
卷二 下
辵部 93 /131

遘 zhù
卷二 下
辵部 61 /131

遗 yí
卷二 下
辵部 83 /131

遭 zāo
卷二 下
辵部 37 /131

邈 miǎo
卷二 下
辵部 123 /131

邋 lā
卷二 下
辵部 90 /131

惩 chéng
卷十 下
心部 262 /276

衢 qú
卷二 下
行部 4 /12

趱 qú
卷二 上
走部 33 /85

隩 yù
卷十四 下
自部 52 /94

骘 zhì
卷十 上
馬部 2 /120

隐 yǐn
卷十四 下
自部 51 /94

阓 huì
卷十二 上
門部 12 /62

鬣 mí
卷九 下
長部 3 /4

鬏 zhuā
卷九 上
髟部 38 /42

鬂 bàng
卷九 上
髟部 36 /42

黼 chǔ
卷七 下
黹部 2 /6

颣 lèi
卷十三 上
糸部 27 /257

糟 zāo
卷七 上
米部 19 /42

鹢 yì
卷四 上
鳥部 66 /119

鹒 qú
卷四 上
鳥部 70 /119

鹴 yóng
卷四 上
鳥部 73 /119

飄 piāo
卷十三 下
風部 5 /16

嚼 jiáo
卷二 上
口部 28⁽⁺⁾/190

蔑 miè
卷五 上
血部 15 /15

酆 fēng
卷六 下
邑部 26 /181

覿 dí
卷八 下
見部 46 /46

糵 niè
卷七 上
米部 10 /42

蘥 yuè
卷一 下
艸部 178 /458

蘜 jú
卷一 下
艸部 177 /458

藹 ǎi
卷三 上
言部 61 /257

薔 qiáng
卷一 下
艸部 211 /458

薄 bó
卷一 下
艸部 323 /458

菹 zū
卷一 下
艸部 352⁽⁺⁾/458

萍 píng
卷一 下
艸部 400 /458

藻 zǎo
卷一 下
艸部 411 /458

蘧 qú
卷一 下
艸部 33 /458

藜 lí
卷一 下
艸部 52 /458

蓳 jìn
卷一 下
艸部 65 /458

蘭 yòu
卷一 下
艸部 116 /458

獐 zhāng
卷十 上
鹿部 14 /26

麝 shè
卷十 上
鹿部 23 /26

攘 rǎng
卷十二 上
手部 13 /278

擿 zhì
卷十二 上
手部 100⁽⁺⁾/278

攪 jiǎo
卷十二 上
手部 185 /278

籭 shì
卷五 上
竹部 35 /149

shāi 筛 卷五 上 竹部 50 /149	yuè 籥 卷五 上 竹部 26 /149	jū 鞠 卷三 下 革部 20⁽⁺⁾/63	qū 麹 卷七 上 米部 18 /42
qú 籧 卷五 上 竹部 48 /149	nóng 脓 卷五 上 血部 7⁽⁺⁾/15	gěng 鲠 卷十一 下 魚部 78 /106	qiàn 鳒 卷十一 下 魚部 23 /106
diāo 鲷 卷十一 下 魚部 96 /106	shàn 鳝 卷十一 下 魚部 59 /106	mán 鳗 卷十一 下 魚部 36 /106	guān 鳏 卷十一 下 魚部 16 /106
chàn 羼 卷四 上 羼部 2 /2	duò 惰 卷十 下 心部 136 /276	piào 慓 卷十 下 心部 112 /276	niáng 孃 卷十二 下 女部 222 /245
téng 縢 卷十三 上 系部 185 /257	téng 腾 卷十 上 馬部 101 /120	lú 舻 卷八 下 舟部 6 /16	yōng 饔 卷五 下 食部 5 /64
sù 觫 卷三 下 彌部 6 /13	shú 赎 卷六 下 貝部 39 /68	dǎn 黵 卷十 上 黑部 33 /37	jué 蹶 卷二 下 足部 44⁽⁺⁾/92

yuè 跃

卷二 下

足部 23 /92

響 xiǎng 响

卷三 上

音部 2 /7

20　画

yì 议	chán 谗	miù 谬	zhé 詟
卷三 上	卷三 上	卷三 上	卷三 上
言部 39 /257	言部 213 /257	言部 190 /257	言部 199 /257
qiào 翘	líng 灵	shī 釃	tiě 铁
卷四 上	卷一 上	卷十四 下	卷十四 上
羽部 11 /37	玉部 126⁽⁺⁾/140	酉部 9 /73	金部 10 /204
fēng 锋	zuàn 钻	xī 鑴	biāo 镳
卷十四 上	卷十四 上	卷十四 上	卷十四 上
金部 147 /204	金部 111 /204	金部 39 /204	金部 165 /204
chán 镵	liú 镠	jiàn 鉴	cí 瓷
卷十四 上	卷十四 上	卷十四 上	卷五 下
金部 108 /204	金部 150 /204	金部 35 /204	食部 10⁽⁺⁾/64
jī 饥	duǒ 饳	liáo 疗	zī 齍
卷五 下	卷十 下	卷七 下	卷五 上
食部 52 /64	奢部 2 /2	广部 94 /102	皿部 5 /26

窃 qiè
卷七 上
米部 36 /42

飐 xié
卷十三 下
劦部 3 /4

断 duàn
卷十四 上
斤部 12 /15

鑪 lú
卷十三 上
糸部 221 /257

续 xù
卷十三 上
糸部 33 /257

馥 fù
卷七 上
香部 3 /3

傩 nuó
卷八 上
人部 40 /263

傥 tǎng
卷八 上
人部 251 /263

善 shàn
卷三 上
誩部 2 /4

烂 làn
卷十 上
火部 55 /118

洒 sǎ
卷十一 上
水部 440 /487

瀹 yuè
卷十一 上
水部 400 /487

瀣 xiè
卷十一 上
水部 469 /487

濮 pú
卷十一 上
水部 86 /487

濆 fèn
卷十一 上
水部 371 /487

漂 piāo
卷十一 上
水部 195 /487

灊 qián
卷十一 上
水部 15 /487

净 jìng
卷十一 上
水部 373 /487

潇 xiāo
卷十一 上
水部 471 /487

浣 huàn
卷十一 上
水部 435 /487

濯 zhuó
卷十一 上
水部 436 /487

瀑 bào
卷十一 上
水部 321 /487

潔 luò
卷十一 上
水部 120 /487

遴 lín
卷二 下
辵部 69 /131

lā 邋 卷二 下 辵部 90 /131	lì 趱 卷二 上 走部 76 /85	lǒng 陇 卷十四 下 自部 56 /94	tuí 隤 卷十四 下 自部 29 /94
duò 隋 卷九 下 山部 39 /65	mò 磨 卷九 下 石部 39 /58	bìn 鬓 卷九 上 髟部 3 /42	tán 糰 卷七 上 米部 16 /42
liù 鹨 卷四 上 鳥部 17 /119	xìn 衅 卷三 上 爨部 3 /3	yù 誉 卷三 上 言部 96 /257	yí 彝 卷十三 上 糸部 248 /257
huì 翙 卷四 上 羽部 28 /37	xī 牺 卷二 上 牛部 45 /47	xīn 馨 卷七 上 香部 2 /3	tāng 鼟 卷五 上 鼓部 7 /10
xiù 嗅 卷四 上 鼻部 2 /5	shǔ 薯 卷一 下 艸部 108 /458	zhàn 蘸 卷一 下 艸部 458 /458	ráng 蘘 卷一 下 艸部 36 /458
zú 蒩 卷五 上 血部 9 /15	ruò 爇 卷十 上 火部 9 /118	jiān 欜 卷六 上 木部 255 /432	xiān 攕 卷十二 上 手部 7 /278

旚 piāo 卷七 上 㫃部 15 /23	䉞 jū 卷十 下 𡴤部 7 /7	籯 yíng 卷五 上 竹部 72 /149	貛 huān 卷九 下 豸部 19 /21
觹 xī 卷四 下 角部 26 /39	鑣 biāo 卷十四 上 金部 165⁽⁺⁾/204	鰈 dié 卷十一 下 魚部 104 /106	鰒 fù 卷十一 下 魚部 75 /106
鯨 jīng 卷十一 下 魚部 77 /106	鯽 jì 卷十一 下 魚部 34 /106	鷚 liù 卷四 上 鳥部 17 /119	纖 xiān 卷十二 下 女部 100 /245
驔 diàn 卷十 上 馬部 27 /120	驥 jì 卷十 上 馬部 33 /120	驩 huān 卷十 上 馬部 39 /120	驢 lú 卷十 上 馬部 109 /120
誊 téng 卷三 上 言部 109 /257	羹 gēng 卷三 下 弼部 5⁽⁺⁾/13	鬻 yù 卷三 下 弼部 7 /13	鸚 yīng 卷四 上 鳥部 104 /119
黯 àn 卷十 上 黑部 4 /37	黝 yǒu 卷十 上 黑部 12 /37	蹮 xiān 卷二 下 足部 86 /92	

325

21 画

襀 ráng
襀
卷一 上
示部 44 /67

鏨 jī
鏨
卷七 下
韭部 3 /6

贛 gàn
贛
卷六 下
貝部 23 /68

囍 tà
囍
卷三 上
言部 249 /257

讥 jī
讥
卷三 上
言部 136 /257

欢 huān
欢
卷三 上
言部 184 /257

讍 tà
讍
卷三 上
言部 157 /257

读 dú
读
卷三 上
言部 20 /257

霁 jì
霁
卷十一 下
雨部 34 /51

霍 huò
霍
卷四 上
雠部 2 /3

酿 niàng
酿
卷十四 下
酉部 5 /73

醲 nóng
醲
卷十四 下
酉部 18 /73

镡 xín
镡
卷十四 上
金部 137 /204

铄 shuò
铄
卷十四 上
金部 21 /204

钖 yáng
钖
卷十四 上
金部 163 /204

炉 lú
炉
卷十四 上
金部 64 /204

馓 sǎn
馓
卷五 下
食部 8 /64

歼 jiān
歼
卷四 下
歺部 24 /32

麾 huī
麾
卷十二 下
手部 259 /278

塞 sài
塞
卷十三 下
土部 75 /144

雠 chóu
雠
卷三 上
言部 14 /257

雥 zá
雥
卷四 上
雥部 1 /3

盭 jī
盭
卷五 上
血部 10 /15

彎 wān
弯
卷十二 下
弓部 14 /27

蠻 mán
蛮
卷十三 上
虫部 148 /160

孌 luán
孪
卷十四 下
子部 6 /15

纚 lí
纚
卷十三 上
糸部 122 /257

纀 pú
纀
卷十三 上
糸部 144 /257

縹 piǎo
缥
卷十三 上
糸部 97 /257

繖 sǎn
伞
卷十三 上
糸部 253 /257

獮 xiǎn
狝
卷十 上
犬部 57 /87

爝 jué
爝
卷十 上
火部 110 /118

濕 shī
湿
卷十一 上
水部 361 /487

灂 liú
浏
卷十一 上
水部 172 /487

濃 nóng
浓
卷十一 上
水部 347 /487

瀾 lán
澜
卷十一 上
水部 393 /487

瀏 jì
澜
卷十一 上
水部 212 /487

邐 lǐ
逦
卷二 下
辵部 55 /131

邍 yuán
原
卷二 下
辵部 113 /131

隨 suí
随
卷二 下
辵部 11 /131

遣 qiǎn
遣
卷二 下
辵部 54 /131

鷸 yù
鹬
卷四 上
鳥部 61(+) /119

趏 yuè
趏
卷二 上
走部 56 /85

趯 yuè
趯
卷二 上
走部 10 /85

趯 jué	隤 dú	隰 xí	钥 yuè
卷二 上	卷十四 下	卷十四 下	卷十二 上
走部 57 /85	自部 39 /94	自部 27 /94	門部 43 /62

闒 tà	鬈 quán	糴 dí	鸛 guàn
卷十二 上	卷九 上	卷七 上	卷四 上
門部 59 /62	髟部 7 /42	米部 26 /42	鳥部 90 /119

鸬 lú	颅 lú	欗 jì	攤 tān
卷四 上	卷九 上	卷六 上	卷十二 上
鳥部 64 /119	頁部 6 /93	木部 114 /432	手部 275 /278

挡 dǎng	籤 qiān	雘 yuē	鳜 guì
卷十二 上	卷五 上	卷四 上	卷十一 下
手部 89 /278	竹部 116 /149	萑部 2(+) /4	魚部 57 /106

鯿 biān	骊 lí	骠 piào	显 xiǎn
卷十一 下	卷十 上	卷十 上	卷九 上
魚部 26(+) /106	馬部 8 /120	馬部 20 /120	頁部 91 /93

22 画

霭 ǎi
卷十一 下
雨部 51 /51

霰 xiàn
卷十一 下
雨部 10 /51

镖 biāo
卷十四 上
金部 140 /204

镢 jué
卷十四 上
金部 89 /204

篪 chí
卷二 下
龠部 3 /5

饷 xiǎng
卷五 下
食部 27 /64

应 yìng
卷三 上
言部 13 /257

癃 lóng
卷七 下
疒部 89 /102

鐓 duī
卷十四 上
金部 192 /204

塞 sè
卷十 下
心部 56 /276

戾 lì
卷十二 下
弦部 2 /4

峦 luán
卷九 下
山部 25 /65

栾 luán
卷六 上
木部 104 /432

挛 luán
卷十二 上
手部 172 /278

脔 luán
卷四 下
肉部 61 /145

娈 luán
卷十二 下
女部 157 /245

矕 mǎn
卷四 上
目部 16 /119

繼 jì
卷十三 上
糸部 245 /257

鷽 yuè
卷四 上
鳥部 4 /119

滩 tān
卷十一 上
水部 286⁽⁺⁾ /487

329

滩
tān
卷十一 上
水部 286 /487

 迁
qiān
卷二 下
辵部 46 /131

 鬣
liè
卷九 上
髟部 26 /42

 蘱
hàn
卷一 下
艸部 404 /458

 萝
luó
卷一 下
艸部 201 /458

 羚
líng
卷十 上
鹿部 21 /26

 箯
biān
卷五 上
竹部 76 /149

 鱼
yú
卷十一 下
鱻部 1 /2

 鲿
cháng
卷十一 下
魚部 41 /106

 鳟
zūn
卷十一 下
魚部 7 /106

 鲢
lián
卷十一 下
魚部 29 /106

 鳢
lǐ
卷十一 下
魚部 39 /106

 鳎
tǎ
卷十一 下
魚部 6 /106

 盐
yán
卷十二 上
鹽部 1 /3

 纷
fēn
卷三 下
鬥部 7 /11

 骧
xiāng
卷十 上
馬部 49 /120

 躖
duàn
卷二 下
足部 14 /92

330

23—33 画

 ràng
让
卷三 上
言部 217 /257

 xiāng
镶
卷十四 上
金部 25 /204

 xié
鱚
卷二 下
龠部 5 /5

 yì
懿
卷十 下
壹部 2 /2

 lóng
癃
卷七 下
疒部 89 /102

 xuǎn
癣
卷七 下
疒部 49 /102

 jī
齑
卷七 下
韭部 3(+) /6

 dí
籴
卷五 下
入部 4 /6

 sài
赛
卷六 下
貝部 66 /68

 biàn
变
卷三 下
攴部 26 /77

 xiān
纤
卷十三 上
糸部 43 /257

 qiǎn
缱
卷十三 上
糸部 256 /257

 shàn
鄯
卷六 下
邑部 13 /181

 tān
滩
卷十一 上
水部 286(+) /487

 tān
滩
卷十一 上
水部 286 /487

 yáo
邎
卷二 下
辵部 9 /131

 méi
霉
卷十 上
黑部 26 /37

 yǎn
黡
卷十 上
黑部 5 /37

 yù
鬱
卷五 下
鬯部 2 /5

 yù
郁
卷六 上
林部 3 /10

lín
麟
卷十 上
鹿部 3 /26

 xī
鼷
卷十 上
鼠部 11 /20

 suǐ
髓
卷四 下
骨部 17 /25

 yōng
鯒
卷十一 下
魚部 71 /106

 xiè
蟹
卷十三 上
虫部 134⁽⁺⁾/160

 xí
鰼
卷十一 下
魚部 44 /106

 luó
骡
卷十 上
馬部 108⁽⁺⁾/120

 zhǔ
煮
卷三 下
弻部 12⁽⁺⁾/13

 chèn
讖
卷三 上
言部 17 /257

 jiān
鐵
卷十四 上
金部 58 /204

 jí
集
卷四 上
雥部 3 /3

 jì
继
卷十三 上
糸部 32 /257

  yuē
謢
卷四 上
萑部 2⁽⁺⁾/4

 chuì
吹
卷二 下
龠部 2 /5

 luó
逻
卷二 下
辵部 128 /131

zuò
鑿
卷七 上
毇部 2 /2

 pín
颦
卷十一 下
瀕部 2 /2

 líng
菱
卷一 下
艸部 172⁽⁺⁾/458

 tiào
祟
卷六 下
出部 4 /5

 dǎn
黵
卷十 上
黑部 25 /37

 zhuàng
戆
卷十 下
心部 124 /276

 dǎng
谠
卷三 上
言部 251 /257

 jiāo
焦
卷十 上
火部 73 /118

qiǎn
缱
卷十三 上
糸部 256 /257

凿 záo
卷十四 上
金部 83 /204

爨 cuàn
卷三 上
爨部 1 /3

藿 huò
卷一 下
艸部 10 /458

鱏 xún
卷十一 下
魚部 42 /106

鱗 lín
卷十一 下
魚部 79 /106

鱧 lǐ
卷十一 下
魚部 39 /106

黛 dài
卷十 上
黑部 29 /37

龖 dá
卷十一 下
龍部 5 /5

鑾 luán
卷十四 上
金部 161 /204

鸞 luán
卷四 上
鳥部 3 /119

艷 yàn
卷五 上
豐部 2 /2

顝 yù
卷九 上
頁部 90 /93

鱺 lí
卷十一 下
魚部 35 /106

黷 dú
卷十 上
黑部 24 /37

纘 qiǎn
卷十三 上
糸部 256 /257

漁 yú
卷十一 下
鱟部 2 /2

粗 cū
卷十 上
麤部 1 /2

譴 qiǎn
卷三 上
言部 214 /257

讀 dú
卷三 上
誩部 4 /4

尘 chén
卷十 上
麤部 2 /2

燧 suì
卷十四 下
皕部 4 /4

鱻 xiān
卷十一 下
魚部 103 /106

333

后 记

我生于二十世纪六十年代初,从上学到退休一直安然平淡。好多年前,在得到了一本《说文解字》后,我喜欢上了小篆。

经常翻阅《说文解字》却也经常为此犯难,因为带着字去书中找答案是件非常困难的事。《说文解字》的"部首"对字的归类方式和我们学过的现在字典常用的"部首"归类方式大相径庭,面对《说文解字》,手中需查询的篆文是在第几卷内?又系在哪个部首下等等的问题一直让我很困扰,无奈之时常常希望能有破解这些难题的方法。

退休后有了自己可以支配的时间,便萌生了自己做个对应的工具来解题的想法。

惶惶然九年,终于做成了今天这个样子。希望这本书能对那些与我当初有同样的困扰与需求的读者有一些帮助。

衷心感谢林子序老师,一直悉心扶助,多次拨冗给予专业指导,极大地提高了《索引》的品质。

衷心感谢张巍巍女士、周滢漪女士、陈燕静女士和沈祖勇先生在整个过程中倾情给予的大力支持和热情帮助。

衷心感谢上海书店出版社团队为这本书的出版付出的辛勤劳动。

衷心感谢所有给予我帮助与关心的朋友们。

因学识有限,书中难免留有错漏与不妥,敬请大家批评指正。

范 敏

2021 年 3 月

图书在版编目(CIP)数据

《说文解字》循篆索引/范敏著.—上海:上海
书店出版社,2023.5
ISBN 978-7-5458-2257-1

Ⅰ.①说… Ⅱ.①范… Ⅲ.①《说文》-篆书-索引
Ⅳ.①Z89:H161

中国国家版本馆 CIP 数据核字(2023)第 030416 号

责任编辑 何人越
封面设计 汪 昊

《说文解字》循篆索引

范 敏 著

出 版	上海书店出版社
	(201101 上海市闵行区号景路 159 弄 C 座)
发 行	上海人民出版社发行中心
印 刷	上海叶大印务发展有限公司
开 本	635×965 1/16
印 张	21.75
版 次	2023 年 5 月第 1 版
印 次	2023 年 5 月第 1 次印刷

ISBN 978-7-5458-2257-1/Z·101

定 价 78.00 元